Conservations
with
Chinese Pathfinders

中國尋路者

訪談錄

高淵 著

目錄

媒體巨變

入世風雲

東京歸來

站在高處的記錄者

李泓冰

（《人民日報》社上海分社副社長、高級記者）

2019 年是新中國成立 70 週年。

這 70 年，中國從戰亂後的積貧積弱，直到通過持續改革初步建立社會主義市場經濟體系，一躍成為世界第二大經濟體，"摸著石頭過河" 的中國，走出了一條史無前例的發展道路。新中國 70 年的波瀾壯闊，事關一個億兆人口的古老民族的前途命運，無論是在中國上下五千年，還是在人類文明發展史上，都是一場極其醒目的歷史敘事。這 70 年的中國，從數千年的封建觀念籠罩中，從盤根錯節、積重難返的舊體制中，銳意革新、艱難突圍，其間究竟發生過什麼？改革開放究竟是由哪些人、哪些事一一促成的？碰到過哪些坎坷，採取過哪些應對措施？如何處理好政府與市場的關係？解放思想在各個領域具體所指的又是什麼？

這本《中國尋路者訪談錄》，或許可以藉助採寫的人物之口，一一解開這些與改革史息息相關的扣兒。開卷之益，就在於彷彿讀了一部新中國強國之路的縮微版 "史記"。

這本書選自作者的 "高訪" 系列訪談，該系列甫一問世便頗引人注目。很有一些同行欽羨，一是羨慕高淵的文字，二是羨慕身為黨報記者，有這樣自定主題、採寫人物的 "隨心所欲"。

作者確實得天獨厚。借力上海報業的全方位改革，他成為《解放日報》的特聘首席記者，這個 "特首"，讓他沒有了職務和條線的羈絆，可以做一些頗具學術意味的採訪調研，也就有了重磅的 "高訪" 人物系列。

其實，即便有了這樣的 "得天獨厚"，也不是誰都能像作者一樣成為如此水準的高訪主筆。細數他筆下的人物，你會發現，都是在新中國歷史上有一定分量的人物。沒有充分的積累、學養和見識，是不可能在他們面前，擁有平等對話的機緣和底氣的。

且看他曾採訪的那些人物：

陳錫文，黑龍江知青出身的前中財辦副主任，一直是中國制定農村政策的參與者之一，連續參與了 17 份農村改革 "一號文件" 的起草工作。他回憶 80 年代初成立 "中國農村發展問題研究組" 之際，鄧力群和杜潤生都來了，他還記得當時讓他感覺振聾發聵的一席話，"中國是一個農業和農民大國，農民如果還貧困，那麼國家就富裕不了……就不可能現代化"。

石廣生，前外經貿部部長，主持中國入世談判，代表中國政府在多哈簽署《中國加入 WTO 議定書》。十幾年後他感嘆："實踐已經回答了我的擔心，中國入世是成功的！如果當時再拖下去，不僅中國會晚受益，而且為入世付出的代價會很大。"

王新奎，曾經和一些青年學者一起，同幾任上海市主要領導定期務虛，感受了上海科學決策、民主決策的歷程。他作為上海 WTO 事務諮詢中心總裁，深度參與了浦東改革開放進程。他認為，改革 "是實實在在為老百姓解決問題"。

王賡武，出生在印尼的澳大利亞公民，國際影響力頗大的中國問題專家、香港大學前任校長。他提出中國正面臨第四次崛起，"目前中國的改革動力，可以和兩千多年前秦第一次統一中國的爆發力相提並論"。

鄭永年，浙江農村家庭走出的書生，繼王賡武之後擔任新加坡國立大學東亞研究所所長。他說："我總覺得 80 年代是很好的時代……那代大學生可以說是思考的一代，當然有點過於理想主義。"

……

這些人，構成了新中國 70 年崛起之路上不可或缺的一部分；這些話，在歷史長廊中餘音繞樑、經久不息。在高淵的書寫下，新中國道路上的諸多細節纖毫畢現、熠熠生輝。這樣的一些人物，顯然是高淵有意識的選擇，是有意在為新中國、為中國改革史留下珍貴實錄，這些實錄發人深省，也深具史料價值。畢竟，我們和我們的後人，都太需要了解改革的來處，都不能忘了當年為什麼"非改革不可",也由此才能更深刻地理解為什麼決策層不曾動搖過改革共識,包括當下對"改革再出發、思想再創新"的一再鞭策。也許,越到後來,如"高訪"這樣的人物選擇、這樣"保真"式的書寫,會愈發凸顯出其分量。

看得出,每訪一個人物,作者都做足了功課。他的發問不溫不火,盡量隱沒自己的主觀意志;同時又有和受訪者平視、對等的姿態,仔細拿捏著訪談的節奏。中國從來沒有停頓過攻關克難,"正入萬山圈子裏,一山放過一山攔"。他像是一位熟門熟路的嚮導,帶同讀者一起,隨著受訪者一同重走新中國 70 年的深川和大山、泥淖與渡口。

作者有時會出人意表地從 ABC 問起,比如問王新奎:今天我們聊天的主題是上海的改革開放歷程,在你的心目中,"改革"是什麼?引出了王新奎很棒的回答:"'改革'這個詞,是在 1978 年黨的十一屆三中全會之後開始廣泛流傳的。原來不說這個詞,講的都是革命。""'改革'有它的特定含義。簡單地說,改革往往沒有預設的抽象目標,更沒有一條鋪滿鮮花的道路,改革都是被現實逼出來的……"之後,上海以及浦東改革開放的繁花,從王新奎的敘述中一一過眼。

有時是閒到不能再閒的閒筆。比如作者問鄭永年:"我關注你的微信朋友圈,發現你每隔一兩週都要寫一個"週日徒步日誌",每次都要走上三四十公里,只走不跑嗎?"結果引出鄭永年的回答:"我一直覺得,男人需要三種感覺:飢餓感、疲勞感和孤獨感。走路可以同時獲得這三種感覺。"他還提及在浙江四明山區的童年,"經常吃不飽飯,而且幹農活很累,劈山造田、修公路、種樹,等等,我都幹過。當農民其實是很孤獨的"。農民的兒子這條線,一直在訪談中若隱若現,或能解釋網友眼中鄭永年"曲線救國"的心路歷程。

當然,"高訪"的採訪對象,並非都是"改革人物",比如也有東京審判的中國檢察組首席顧問、法學界泰斗倪徵燠的女兒倪乃先,還有媒體人白岩松……但是,儘管不在改革的核心位置,他們的工作仍然和新中國的過去和當下有千絲萬縷的聯繫,拓寬了新中國復興之路的歷史背景和現實維度。

從新聞業務的角度，本書也值得一讀，甚至具備某種教科書的意義。

新聞人物的"高訪"，在 20 世紀有一位標杆式的記者 —— 法拉奇。她開創了一種嶄新的採訪方式，以迂迴、逼問甚至挑釁的提問方式採訪世界政要，具有濃重的"法拉奇"標籤。在採訪中，她就彷彿站在聚光燈下，當仁不讓，咄咄逼人，甚至會把對方問到氣急失態，由此採訪出了很多經典作品。

高淵的人物訪談卻完全不同。他的公號署名"水米糕"，頗能說明他的採寫風格 —— 很糯、很溫潤、很純淨，沒有華麗的描寫、銳利的詞鋒，也沒有炫技式的枝枝蔓蔓，卻使記者和受訪者、新聞和歷史、人物和時代不落痕跡地深度交融，難分彼此。他訪談的每個人物，幾乎都有驚心動魄或至少起伏跌宕的人生故事，都和國家命運和改革的命運休戚相關。但在他，每每只是閒閒地起個頭兒，或在受訪者沉浸或稍歇的時候，悠悠地隨意遞個話兒，話題就這麼長江大河地流淌下去、漫過歷史的溝溝坎坎……在看似溫糯和軟的訪談中，卻充盈著某種"雖九死其猶未悔""雖千萬人吾往矣"的氣息，透出屬於新中國、新時代的痛與快樂、愛與哀愁。

高淵和法拉奇也不無相似之處：比如善於把握談話節奏，訪談中的控制能力，以及在權威面前的平等姿態和獨立人格 —— 這一切，唯有站在"高"處，方能做到。

其實沒有資格作序，就算一篇導讀罷。

自序

我當記者這些年

雖然幹這行已經 25 年，但我似乎還沒有厭倦，所以才有了這本書。

20 世紀 80 年代末，我上大學時，記者是個很光鮮的職業，包括我在內的很多人都心嚮往之。隨著時間的推移，尤其是這些年自媒體的崛起，這個職業看上去已經沒有了門檻，每個公眾號的經營者都是"記者"，每天都能把自己的觀察體悟發送給讀者，並與公眾頻繁互動。

這個新媒體時代還需要傳統意義上的記者嗎？我們該如何理解記者這個看似要消亡的職業？我沒有答案，只有一些記憶的片段。

那題

20 世紀 90 年代初，我大學畢業。一年多前，鄧小平同志大冬天去了趟南方，吹來的卻是春風，政經時局一下子變得熱起來，媒體也重新振奮。對於報紙來說，或許比不上改革開放初期的巔峰狀態，但肯定也算開啓了一個新的黃金期。

那天，很偶然地在報紙上看到一則招聘啓事，說是《人民日報》即將創辦華東分社，定址上海，公開招聘編輯記者。於是便投了簡歷，沒過幾天，接到面試通知。記得當時小屋子裏坐了四五個京味十足的面試官，其中一位問我："對浦東改革開放有何建言獻策？"

我是怎麼回答的，早已忘得一乾二淨。但這有點像宋代科舉取士策論的考題，現在想來真夠大的，也算讓我初步領教了《人民日報》的格局。

進了華東分社後，遇到一批特別的領導和同事。他們大多來自《人民日報》總社，也有來自上海媒體的，討論佈置選題時，總讓我疑惑他們正坐在中南海的某間辦公室裏，思考這個泱泱大國當下遇到的問題，殫精竭慮地尋找破解之道。

十多年間，這批人陸續離開，或回到總社，或轉任他媒。對我來說，華東分社就是我的"研究生院"，都說"什麼媒體培養什麼記者"，其中的關鍵或許就是思考問題的高度和角度。

那島

2003 年 7 月的一天，洋山深水港工程現場匯報會在上海蘆潮港舉行。上海方面租用兩輛大巴，邀請中外記者同赴現場，這是這一重大工程的首次公開亮相。中途停車休息，前面那輛大巴上跑過來兩個人，其中一位與我相識，她說："這是我的實習生，她看了你寫的洋山港報道，想見見作者。"

聽起來，這位實習生是想見見"生蛋的母雞"，而"雞蛋"就在那天的《人民日報》"長三角專刊"上。報紙以"長三角'最敏感工程'面紗輕褪"為主題，刊登了我採寫的三篇調查報道：《坎坷九年洋山夢》《洋山港牽動長三角格局新變》和《嵊泗的心思》。這是我歷時三年採訪的首次公開報道。

這個"蛋"生得不容易。20 世紀 90 年代末，由於長江口周邊水深不足，上海港發展受限。這時，隸屬浙江省嵊泗縣的大小洋山島進入視野，那裏具備深水良港的各項條件，問題是要跨行政區劃而動，這使工程一度變得有點敏感。

我受報社指派，開始了跟蹤採訪，數次登上大小洋山島。2003 年上半年，有消息說，洋山港工程即將舉行公開儀式。這意味著，我準備已久的報道可以出爐了。

但我當時面臨一個問題：雖然手頭積累了大量採訪資料，卻始終沒有找到一個精巧的切入角度。於是，我決定再去一趟洋山島，專門找切口。

那兩天，洋山鄉的宣傳委員陪我採訪了不少人，從政府官員到洋山漁民，但都收穫不大。中午時分，宣傳委員說："飯總是要吃的，下午繼續採訪吧。"不容分說帶我進了"洋山大酒店",老闆陳祥根很熱情地陪我們吃飯。席間,我問他為何要建這三層樓的酒店,他略帶神秘地說:"當年就是因為聽說對面小洋山要造深水港,東拼西湊借錢造了這個酒店,差點讓我傾家蕩產。"

這時候,我已經放下碗筷,掏出了筆記本。以陳祥根的洋山大酒店的經營起伏切入,帶出洋山建港坎坷歷程的寫法,在我心中確定。

這些年來,我的不少作品得過大大小小的獎。但時隔多年,當年的老領導、老同事見到我,最常提起的還是這篇稿子。而這,是一篇因篇幅超長從未參評任何獎項的稿子。

對於一個記者而言,作品被記住或許是最高的獎勵。這也讓我愈發相信一句話:"要像寫故事那樣寫思想,像寫思想那樣寫故事。"

那夜

以前一直覺得,記者是一個"年中無休"的職業,後來一個凌晨來電,我才真切地感受到,"年中無休"說得輕描淡寫了。

那是 2014 年 12 月 31 日晚上,12 點多了,我正準備上床睡覺。當時,我負責《解放日報》社的新媒體"上海觀察"(後更名為"上觀新聞"),第二天一早要上線的稿子都已看過,放在待發稿庫了。我看了一眼手機,猶豫了一下,想到第二天是元旦放假,今晚應該不會有什麼事,於是就把手機留在了書房。

一覺睡到凌晨三點多,忽然覺得不太踏實,起身從臥室走到客廳,便聽到手機在書房裏響。走過去一看,是個陌生的固話號碼,估計又是半夜騷擾電話,便按掉了。

但手機立刻再次響起,還是那個號碼,心想騙子真是鍥而不捨,那就接起來懟回去吧。一聽才知,這是報社一位總編辦的同事用家裏電話打來的,說是外灘發生了踩踏事件,領導要求"上海觀察"發佈相關消息。當下心中一驚,立刻翻看來電記錄,才發現已經有七八個未接來電,最早的一個在半個多小時前。接下來便是一通忙碌，叫醒能打通電話的每位編輯，準備上線稿子，安排第二天採訪等。

那夜之後，晚上睡覺時，手機再也沒有離開我超過半米。即便後來不再負責新媒體，這個習慣也沒有改掉，或者說是改不掉了，因為手機若不在觸手可及處，便無法入睡。

那人

2015 年 6 月，我擔任《解放日報》首位特聘首席記者，不再負責具體的部門，又像很多年前那樣，重新做起了採訪。

幾乎沒有猶豫，就決定從人物訪談著手。在《解放日報》和"上觀新聞"上開設專欄，一開始叫"首席會客廳"，後來改為"高訪"。之所以這麼改，一是因為我的定位是高端人物訪談，對象是各界翹楚；二是因為我姓高，新媒體時代需要有點個性。對此，還有年輕同事誇我姓得好。

第一位採訪的是原上海市市長、原中國工程院院長徐匡迪。那天採訪前，他的秘書跟我說，領導出差剛回來，腸胃不適去看了病，希望採訪控制在一小時左右。結果一聊就是兩個半小時，結束後，徐匡迪邀我去他辦公室參觀。他的秘書送我出來時說，這次真是特別，以往只有老朋友來，他才會請到辦公室。

這之後，我陸續做了三十多篇"高訪"，其中有居於廟堂之高的政界人士 —— 陳錫文、高尚全、王新奎等，也有處於江湖之遠的海外學者 —— 王賡武、鄭永年、張五常等，還有居於象牙塔中的校長、教授 —— 陳佳洱、吳啓迪、方漢奇等，更有我的同行媒體人 —— 白岩松、張力奮、胡錫進等。

同時，還穿插做了兩個專題訪談。其一是"入世風雲"系列。2016 年正值中國入世 15 週年，在王新奎先生的推薦下，中國世貿組織研究會孫振宇、陳鵬和王成安三位前輩大力促成，我採訪了中國復關入世談判的歷任首席談判代表，透露了中國 30 年復關入世談判很多鮮為人知的故事。

其二是"東京歸來"系列。1946 年，"二戰"落幕不久，審判日本戰犯的遠東國際軍事法庭在東京組成，中國法律團隊隨即奔赴日本。在這個團隊中，有三位特別引人注目：檢察官向哲濬、法官梅汝璈，以及中途馳援的首席顧問倪徵噢，他們被稱為"中國法律界三傑"。70 年後，我分別採訪了向哲濬的兒子向隆萬、梅汝璈的兒子梅小璈、倪徵噢的女兒倪乃先，聽他們說說父輩們從東京歸來後，或榮耀、或平淡、或悲涼的後半生。

口述歷史作為一種重要的搜集史料的方法，通過訪談親歷歷史的見證人，整理他們的口述作為歷史資料，無論在中國還是西方，古已有之。我們身處巨變的年代，撰寫重要人物的口述史，能幫助我們記錄不平凡的歷史細節，留給後人理解他們未曾親歷的時代。

記者是與人打交道的職業。從當記者第一天起，我的工作幾乎就是天天採訪不同的人。但真正將採訪重點完全放在採訪對象的個人經歷上，是從做"高訪"開始的，這也讓我更加真切感受到了作為一個媒體人的責任。

這些年，隨著自媒體的崛起，記者不再是少數人從事的職業。然而，擔負社會責任的深度分析與思考，依然需要職業記者來做。每一天都是歷史，每一個維度、每一刻都值得被以客觀、真實、專業的方式記錄。

2019 年 2 月 14 日於上海

廟堂之高

陳錫文　　　王新奎　　　高尚全　　　邵寧

他們都是省部級官員，可謂居廟堂之高。不過，他們對自己的定位，並非純官員，而是居於廟堂的專家。

從 20 世紀 80 年代中期開始，陳錫文一直是中國制定農村政策的參與者之一，更被視為中國權威的農村問題專家，也被稱作是真懂中國農村的官員。

1956 年，高尚全在《人民日報》上發文，呼籲要給企業一點自主權，這是他發出的第一次改革呼聲。此後在中國改革的幾乎每一次重要關口，高尚全均未缺席。

在很多國企高管眼中，邵寧是一位真懂國企的領導，也是一位學者。那天，邵寧不用看一眼筆記本，便把二十多年來的國企改革梳理了一遍。

王新奎更是坦言："我從來沒把自己當官員看，我擔任過的職務除大學校長外，都是半名譽性質的。確切地說，我的角色不是官，而是僚。"

他們作為"最懂行的官員"，究竟是怎樣為中國發展尋路的？

我與中國農村 50 年

陳錫文

1950 年 7 月生於上海。1968 年 9 月，赴黑龍江生產建設兵團，1978 年考入中國人民大學農業經濟系。畢業後，先後在中國社會科學院、中央農村政策研究室和國務院發展研究中心工作，歷任中央財經領導小組辦公室副主任、中央農村工作領導小組副組長兼辦公室主任、全國政協常委、全國政協經濟委員會副主任。

"農民是中國社會最懂得感恩的階層，質樸、勤懇、誠實等性格都和這一條有關。現在的問題是，社會的價值取向不能把這些給泯滅了，我們制定制度和政策要把握好導向。農民保留的那些最傳統的東西，是做人最需要的。懂得了感恩，才知道敬畏，才知道應該限制自己的哪些行為，不然就會放縱。"

　　北京，博學胡同一號。

　　這是一座方方正正的建築，並不起眼，但位置特殊，隔著一條窄窄的府右街，與中南海緊鄰。而且大門口只有門牌號，以及站崗的軍人。這些都說明，這裏只是外表普通。

　　中共中央農村工作領導小組辦公室，就在這個院子裏。在二樓，67 歲的陳錫文走過來與我握手，微笑著略做幾句寒暄，便開始了我們歷時三個半小時的長談。

　　如果從他 1968 年去黑龍江生產建設兵團算起，他已經跟中國農村打了近半個世紀的交道；如果從他 1978 年考進中國人民大學農業經濟系算起，他研究中國農村已近 40 年。2016 年 6 月，陳錫文卸任中央農村工作領導小組副組長兼辦公室主任，但仍是全國政協經濟委員會副主任，他對中國農村的關注與思考，並未停歇。

　　從 20 世紀 80 年代中期開始，陳錫文一直是中國制定農村政策的參與者之一，更被視為中國權威的農村問題專家，也被稱作是真懂中國農村的官員。

　　我說，有一個敏感問題是繞不過去的，就是轉基因。現在各方的爭論越來越激烈，轉基因似乎成了一件沒法溝通的事，你對轉基因是什麼態度？陳錫文略思考，說："這是一個科學技術問題，按理來說，門外漢不適合談這個，因為不懂嘛。"

在陳錫文看來，現在最大的問題是，中國社會上對轉基因的討論過於情感化，都是情緒。比如，有些人很激動地說，美國人自己從來不吃轉基因食物，種了都賣給中國人吃。"這是天大的笑話！確實有很多美國老百姓不知道吃了轉基因食物，但不是不吃。美國的轉基因食品正式批准上市是1996年，已經過去20年了。"

但為何美國對此的爭論遠沒有我們激烈？

陳錫文坦率地表示，很重要的一條原因，是美國政府長期監管很嚴格，尤其是FDA（美國食品藥品監督管理局）的公信力很強。他們的管理程序也非常規範，凡是通過了FDA的嚴格論證，美國民眾就認可是安全的。"所以，美國人對這個問題不太關注，他們相信FDA。"

很多美國人不知道自己吃了轉基因食品，那現在國際上對轉基因的標注一般是怎麼規定的呢？

陳錫文透露，從全球來看，大致是三種類型。第一種是美國，不用標注，由FDA確保食品安全。現在也出現了一些不同聲音，但聯邦立法還是傾向於繼續不標，有些州可能會要求標注。

第二種是歐盟和日本，都是要求標注的，但他們有個限量。比如，歐盟規定加工食品中轉基因物質的含量超過0.5%，必須標注。日本是超過5%要標注。

第三種類型就是中國。我們規定不管加工食品中轉基因物質含量多少，只要有就必須標注。

這些不同的規定背後，其實反映的是各國對轉基因的不同態度。

2015年，陳錫文為轉基因問題去歐洲考察，發現法國已經基本停止研究了。他去了才知道，這裏面有政黨政治的因素。

薩爾科齊競選總統時，法國社會有兩大憂慮，一是核電，二是轉基因，反對主力是綠黨。薩爾科齊就跟綠黨談判，要求對方不要反對核電，因為核電在法國總發電量佔比相當高。作為交換條件，他答應上台後停止發展轉基因。後來奧朗德上台，也延續了這個政策。

"國際上的差別非常大。法國是最崇尚自由的國家吧，但他們對轉基因是最嚴厲的，以至於到現在，法國基本上已經沒有人研究轉基因了，試驗田都沒了，科學家都跑到別的國家去了。"

相比之下，西班牙和英國都比較開放，特別是西班牙，轉基因玉米種得非常多。因為它處在地中海沿岸，很適合種玉米，但又很容易生玉米螟蟲，如果大量使用農藥對環境污染太嚴重，所以他們接受轉基因。英國也在繼續搞試驗，沒有遭到太大的反對。

接下來必須言歸正傳，說說中國政府對轉基因究竟持什麼態度。陳錫文對我說，我們國家採取的政策是非常清晰的，主要是三點。

第一，轉基因是生物育種，是當今生命科學的前沿，作為一個農業大國，不能在這個領域沒有一席之地。法國本來在這方面的研究是很強的，但如果停頓一二十年，法國可能會吃大虧，種子市場可能就被人家佔了。

第二，批准上市的轉基因食品，必須經過極為嚴格的審查，確保安全才可以。到目前為止，我們批准上市的國產轉基因食用農產品，只有木瓜；允許種植的還有轉基因棉花；允許進口的有轉基因大豆、油菜籽和玉米。沒有別的。

第三，要確保公眾有足夠的知情權和選擇權，就是轉基因食用農產品和含有轉基因物質的加工食品必須標識。你願意吃就買，不願意吃就不買。

既然中國政府對轉基因的態度如此明確，為什麼關於轉基因的爭論近乎成了死結？在陳錫文看來，關鍵是現在不少反對轉基因的人，不是從科學的角度來證明這是有危害的，而更多是從陰謀論、意識形態的角度來解釋，那就沒有辦法討論了。

"很多事情，包括轉基因問題，不是只靠科普能夠解決的，有的人不是從科學角度討論問題，跟他們講科普沒用。"

轉基因之爭，最終要靠什麼來解決？陳錫文的回答非常簡單：時間。

"恐怕得讓時間來證明。美國人已經吃了 20 年轉基因食物了，如果當年是小孩的話，現在已經為人父母了。應該做個科學調查，看看這些人有沒有問題，他們生出來的孩子有沒有問題。如果沒有，但有些人還是固執地堅持認為有問題，是沒道理的。"

但有人說，他們自己沒問題，孩子也沒問題，但如果轉基因對人類的危害是隔代才能顯現的呢？陳錫文坦言："那我就沒有辦法說了，只能再等吧，現在是 20 年，也許要等到 50 年，或者更長的時間。但希望總有一天，能夠證明究竟有沒有危害。"

陳錫文當年在中國人民大學的老同學周其仁曾對我說："錫文黑黑的，很樸實，長得很像農民，他平等待人，非常有思想，保持了這些年農村政策的延續性。"

陳錫文生於上海，有不少人開玩笑說："一個上海人居然管了這麼多年中國農村。" 我問他現在還能說上海話嗎？他馬上用上海話回答，謙稱說得馬馬虎虎。

從下午一直聊到晚上，沒有人進來打擾，水也是陳錫文自己倒的。無論是自己的人生經歷，還是轉基因等熱點問題，或者是對中國農村未來的思考，陳錫文有問必答，非常坦率。他拿著一杯茶，無須任何提示，所有數字都信手拈來，這麼多年的農村政策都印刻在他的腦子裏。

數年前，有位媒體同行曾說，陳錫文給她最大的印象是實在。我的感受則是，他不僅實在，而且深刻犀利。

北大荒初識農業

高　淵：你從 20 世紀 80 年代初開始，就直接參與中國農村問題的決策。但讓很多人驚訝的是，你居然是上海人。

陳錫文：是啊，我祖籍江蘇丹陽，出生在上海，從幼兒園、小學到初中都在上海南匯縣的周浦鎮。解放前，我父親從老家到上海工作，認識了我母親，在上海成了家。

新中國成立後，國家需要培養幹部，我父親又去上了無錫文化教育學院，這是一所幹部速成學校。他上學的時候我出生了，所以我叫“錫文”。他畢業後響應國家號召支援老區建設，就去了泰山腳下的山東泰安中學教書，母親也帶著我去了。

但我母親身體不太好，就帶我從泰安回了她的老家杭州。到了我五歲的時候，父親調動工作，分配到了當時還屬於江蘇省的南匯縣周浦中學教書，這樣我們就在周浦安家了，後來上學一直在那兒。

高　淵：你初中畢業那年，正好碰上“文革”爆發？

陳錫文：對，1966 年我初中畢業，畢業前就亂了。一開始還有點熱情，到了那年 10 月底，我覺得實在沒意思，就約了幾個同學結伴去南方，到沒去過的地方看看。那時候“文革”搞串聯，坐火車不要錢。

我們一路跑到海南島，這時中央發通知了，要求停止乘車串聯，徒步可以，如果人已經在外地，可以領票返回。我們就在海南島待了一段時間，1967 年的春節在那兒過的。回來後到學校看看，還是亂哄哄的，就回杭州了。

高　淵：什麼時候去的北大荒？

陳錫文：到了 1968 年夏天，周浦中學給我發電報，說學校開始分配了，黑龍江生產建設兵團來招人，如果想去就趕緊回來。我馬上就回去了，8 月份報的名，9 月中旬就去黑龍江了。

我去的時候，毛主席還沒有作出“知識青年到農村去，接受貧下中農的再教育，很有必要”的指示，所以我們這批人走的時候，心態基本上差不多——既然有機會出去自食其力，那就去吧，別再讓家裏養著了。而且，當時把去黑龍江屯墾戍邊的意義提得很高，我們都有點激情。

到了1968年底，毛主席那個指示下來後，1969年就"一片紅"了，大家都得下去。我們屬於自願的被動選擇，所以也沒什麼好埋怨。

我被分到了黑河地區，是黑龍江緯度最高的地方之一。那個地方無霜期很短，一年只有110天左右，只能種小麥和大豆。我們所在的具體位置是五大連池，有水源，所以我們也試著種過水稻，但不成功。

那時候機械化水平不高，即使現在也沒有完全解決，下雨就要拿著鐮刀鋤頭下地幹活。各種農活我都幹過，後來到了機關，也經常要下去一起幹農活。

高　淵：建設兵團的真實狀況如何，生活苦不苦？

陳錫文：兵團雖然也是務農，但跟農村差別很大。兵團的前身是農墾局，我們叫農業工人，在當時的國家職工序列上有一欄就叫"農業工人"。所以去了之後，至少是衣食不愁。

後來不少上海知青到我們邊上的農村插隊，那待遇就不一樣了，得自己掙工分，掙了工分才能分口糧和現金，還要看所在的生產隊經營得怎麼樣。我們兵團是大鍋飯體制，實行糧食配給制，像我這樣的普通農業工人，一個月定量是42斤。

我們的固定工資是一個月32塊錢。但農業工人和工廠裏的工人不一樣，沒有八小時工作制，需要幹就得多幹。當時兵團的算法是，這32塊錢，刨除法定假日後是25天半的工資，折算過來，一天就是1.25元。

在農場，尤其是基層連排一級的幹部，都是當地老農場的工人，他們都想多掙一點。反正節假日也沒事幹，基本上每月要出勤30天，工資就有三十七八塊。所以兵團和在農村插隊很不一樣，我們沒有他們的那種後顧之憂。

高　淵：從18歲到28歲，人生中最美好的十年在黑龍江度過，你怎麼評價那十年？

陳錫文：不能說那一段對我有多好或者多不好，但畢竟從個人來講，還是一段很重要的歷練。

我在那兒待了十年，其實真正在基層幹活也就三年多。後來我做連隊的文書出納，再到團裏和師裏當新聞幹事，編簡報、辦讀書班、參加工作組下基層等，也有機會讀一些書。

這段時間讓我了解了農業的不易，了解了節氣，了解了各種作物不同的特性，了解春播夏鋤秋收，了解了農業機械，等等。另外，我們農場那些老職工，基本都是從山東、河北一帶來的，最早都被稱作"盲流"，因為老家吃不飽，自己跑過來了，本質上還是農民。所以，我對農業、農村、農民有了一些實際感受。

田埂上的廣播

高　淵：1977 年恢復高考的消息，你是從哪裏知道的？

陳錫文：那時我正在柳河"五七"幹校上學，算是後備幹部了。這所幹校在"文革"中很有名，跟現在的省委黨校差不多。就在報到的當晚，我和幾個同學吃過晚飯，到幹校邊的田埂上散步。這時，幹校的廣播喇叭響了，說要恢復高考了。

我們一聽都很激動，馬上去跟學校請假。學校說這可不行，你們是層層審批推薦來的，要想回去參加高考，必須得到原單位批准。

高　淵：這個不難吧？

陳錫文：我也是這麼想的。第二天一早，我就跑到縣城，給我所在的一師師部發電報，要求請假回來考試。但一連等了三天，根本沒有回覆。我想這樣等下去不行，就跟學校打了個招呼，跑回去了。

找到政治部主任，我說你怎麼可以這樣，你不同意也得回一個電報啊。他說，我就在想，這個電報我回也不好，不回也不好，但如果你意志堅定呢，肯定自己會跑回來的。

我記得很清楚，照片交了，五毛錢報名費也交了。大概過了十來天，省裏突然來了個通知，規定凡是 25 歲以上的，必須有高中學歷，才能參加高考。我那時已經 27 歲了，沒上過高中，這下真是踏空。

高　淵：這個政策是黑龍江自己制定的？

陳錫文：對，這是土政策。當時黑龍江最大的憂慮是，來這裏的外地知青太多，而且多數是從大城市來的，總體受教育程度比較高。如果讓這些知青都參加高考，當地人可能就沒機會了。

報名就這樣被退回來了，當然很沮喪。後來聽說中央批評了黑龍江的這個做法。

高　淵：好在不到半年，1978 年的高考就開始了。

陳錫文：是的，77 屆那年是冬天考試，1978 年春節過後開學。我們 78 屆是 6 月份考試，9 月份開學。考了政治、語文、歷史、地理、數學，當時不要求考外語，我五門課總分是 379 分，還算不錯。

填志願比考試難，我完全不懂，就去請教那位政治部主任，他是"文革"前的大學生。他也說不大清楚，只說了一些原則，比如學校要好、專業要自己喜歡，等等。

我就問他中國人民大學怎麼樣，他說那當然好。然後我看了半天，發現有個農業經濟專業，問他這是做什麼的，他說反正跟農業和經營管理有關吧。

他最後跟我說："你畢業以後，至少可以回來當個農業會計。"

杜潤生的三句話

高　淵：聽說人民大學還沒開學，你就去報到了？

陳錫文：我是人民大學 1978 年復校後，第一個報到的學生。那天是 9 月 22 日，有兩個軍人在校門口站崗，我給他們看了錄取通知書，他們一臉詫異地說："沒聽說開學啊，也沒有學生來報到。"但還是放我進去了。

後來我才知道，我在兵團接到的通知是 9 月中下旬開學，然後我就去了哈爾濱，因為有不少熟悉的知青已經在哈爾濱上大學了，我去找他們玩幾天，所以沒收到人民大學的第二份通知。那是通知我們因為校園還被部隊佔用，推遲一個月開學。

那時學校確實沒法住，我就只能先回上海了，到了 10 月中旬再去北京。

高　淵：你上大學時，農村問題是全社會關注的焦點吧？

陳錫文：那時候，全國有幾千萬知青下鄉，都在農村生活了好幾年。貧困在當時是普遍的，但大家到了農村才知道農村窮成了什麼樣。雖然已經離開農村了，但都盼著農村盡快好起來，也願意為農村做點事，特別是黨的十一屆三中全會召開了，通過了關於加快農業發展的決定，就更這樣想。這是我們普遍的心結。

我那時已經 28 歲了，離開學校 12 年後有機會再讀書，真是起早貪黑。在比我們年長些的青年教師和研究人員的啓發下，我們自發組織讀書會和討論會，還有北大、清華、北師大等學校的學生一起參加。主題從來沒有離開過農村，討論人民公社體制、農村社會主義的內涵、農業現代化等，也慢慢接觸西方經濟學和社會學。

高　淵：你們是怎麼討論的？

陳錫文：過程非常自由，願意來就來，來了不願意聽就走。經常今天在這個學校，明天在那個學校，最熱鬧的時候有一兩百人。慢慢地，我們就想，除了討論，能不能再做點事，比如對農村進行一些調查研究。

正好那個時候，中國社科院從中科院裏獨立出來了，在科研體制上也有一些改革，可以對外委託調研課題。我們就說能不能以一個研究組的名義，向社科院申請課題。

還有個機緣。這個讀書小組裏，北大經濟系的鄧英淘是鄧力群的兒子，我們人大經濟系的杜鷹是鄧力群的女婿，而鄧力群當時是中國社科院副院長。這樣，鄧力群就知道我們這批人在做農村問題研究，給了我們一筆 5000 元的課題費，這在當時就很不少了。

拿到經費後，我們就想：乾脆成立一個組織吧！那時候沒有什麼社團登記之類的，就在 1981 年初成立了 "中國農村發展問題研究組"。

我記得是 1981 年的 2 月，還在寒假中，在北京大學召開成立會議，因為當時北大經濟系的黨總支書記和北大的經濟學泰斗陳岱孫都很支持。鄧力群和杜潤生都來了，他們都講到國家百廢待興，非常需要年輕人關注國家大事，而農村問題是中國下一步發展的大難題。

　　杜潤生代表農口的老同志歡迎青年人加入這支隊伍。他說，中國是一個農業和農民大國，農民如果還貧困，那麼國家就富裕不了，農業如果還停留在古代，國家就不可能現代化。聽了這兩句話，我覺得真是振聾發聵。

　　高　淵：從那時起，你就決心這輩子研究農村問題了？

　　陳錫文：那天，杜老還說了一句話。他說，進入農村調查研究這個領域就不容易，堅持下去更難，堅持到底是難上加難。

　　我當時想，我已經當了十年農民，又是讀農業經濟專業的人，我以後做什麼呢？必須選擇這個工作了。就這樣一直做了三十多年，去年剛剛退出一線崗位，我算做到了杜老說的堅持到底。

下鄉調研的 "老大"

　　高　淵：這個研究組成立後，你們第一個去調研的地方是哪裏？

　　陳錫文：去了安徽滁縣，就是現在的滁州。那是 1981 年暑假，由國家農委出面，一共去了四五十個人，分成很多小組，深入到當地各個地方，調研包產到戶和包乾到戶以來的新變化。

　　我和一個同學被派到小崗村蹲點，一住就是 18 天。跟當初在生死狀上按手印的 18 戶農民朝夕相處，了解到改革前窮到什麼程度，改革過程中的擔驚受怕以及成為農村改革一面旗幟的全過程。

　　從 1978 年底開始，兩年多時間，農村發生了巨大變化。我們去的時候是夏天，還沒有夏收，但村裏的糧食已經多得吃不了了。村民跟我說，以前鄉裏的糧庫空得都能跑出鬼來，現在家家戶戶屋子裏都堆滿了稻穀和小麥，雞飛在上面吃也沒人管。在調研中，我確實感受到了體制的變化給農民帶來的巨大喜悅。

高　淵：你後來還多次去過小崗村吧？

陳錫文：去過很多次，有兩次還是分別陪著前後兩位總書記去的。每次去，村裏那些老人老遠就叫我，都上來跟我擁抱。

他們都叫我"老大"，1981 年在村裏蹲點的時候，就這麼叫的。我當時還說，你們歲數都比我大，怎麼可以這麼叫呢？他們說，你是中央來的啊。

後來我每次回小崗村，一進村他們就說"老大回來了"，關係非常好，有什麼情況和問題都願意告訴我。

高　淵：調研報告是什麼時候出來的？

陳錫文：後來形成了一個比較全面的調研報告，對每個層面都做了剖析，既講了變化，也講了下一步可能面臨的問題。報告出來已經是 1981 年秋冬了，鄧力群和杜潤生親自看、親自改，最後報到中央。

當時的中央領導做了批示，認為這個報告把"雙包到戶"以後的情況講明白了。於是，報告受到了各方面的關注，很多內部簡報都轉發了。

高　淵：這次調研的成功，對後來畢業分配有沒有產生影響？

陳錫文：因為"文革"的關係，當時國家機關已經有十多年沒進年輕人了，幹部年齡普遍老化。到了 1982 年的春天，中央書記處決定從高校選拔一批畢業生，進入中央國家機關工作，解決青黃不接的問題。

當時比較現成的就是我們這個農村發展組，正好都要畢業了，於是決定第一批留下我們。一下子批了 50 個編制，專門從事農村調查研究。

鄧力群和杜潤生專門討論過，把我們留下來後到底擱在哪兒？後來是鄧力群定的，他說不要去黨政機關，因為我們都是小字輩，去那裏每天無非就是擦桌子、掃地、打開水，還是乾脆放到社科院，這樣自由一些，可以集中精力搞調研。

就這樣，我們 50 個人的編制統統給了中國社科院，進了農業經濟研究所。而且，連"中國農村發展問題研究組"這個名稱也一起帶了過去，等於在農經所增設了一個研究室。

難忘的 "九號院"

高　淵：在中國社科院感覺怎麼樣？

陳錫文：其實我們去之前，上面是跟社科院講清楚的，這些人放在你們這兒，但工作要聽兩個研究室，就是中央書記處研究室和農村政策研究室，鄧力群和杜潤生已經分別調到這兩個研究室當主任了。我們很多調研工作，是由這兩個研究室直接派的任務。

高　淵：這個機制是否有點不順？

陳錫文：對啊，確實不太順。1982 年以後，全國改革的重點從農村轉到城市了，尤其是企業和價格改革。到了 1984 年在莫干山開中青年改革研討會前，中央就在考慮，在國家體改委下面設 "體制改革研究所"。這個研究所成立後，對我們這個組影響很大，去了不少人。當然，還有些人繼續堅守，只是人數已經大大減少。

再加上本來機制上就不順，杜老就想乾脆在他的農研室（它的另一塊牌子是 "國務院農村發展研究中心"）下面也成立一個研究所。到了 1985 年夏天，我們這些還留在社科院的人，包括那 50 個編制，一起轉到了農研室。

高　淵：在那個著名的九號院裏，當時名人不少吧？

陳錫文：我們這個所是 1986 年春天掛牌的，辦公並不在九號院裏，因為沒房子了。但西黃城根南街九號是中央農研室和國務院農研中心的辦公地點，杜老他們都在九號院辦公，因此我們經常要去匯報工作和領受任務。

九號院是清朝的禮王府，當時華國鋒、姚依林、張勁夫等都住在九號院，紀登奎也在農研中心任研究員。第一任所長是王岐山，我當副所長。所裏有周其仁、鄧英淘、杜鷹等。林毅夫當時還在社科院農村所，後來杜老下決心把他調過來，也當副所長。到了 1989 年初，王岐山正式去了中國農村信託投資公司，我就接任了所長，副所長除了林毅夫，還有杜鷹。

我們各自學的專業真的是五花八門，有學物理的、地質的、機械的，學什麼的都有，反而學農業和農業經濟的很少。

但讀什麼專業不重要，重要的是大家都有共同的經歷，都關注農村問題，都對“文革”有比較深刻的反思。而且大家來自各個學科，形成了多學科綜合研究的方法，這比在一個學科裏面討論問題，肯定要深刻得多。

高　淵：你們是什麼時候分開的？

陳錫文：那是 1990 年的中央機構改革，農研室撤銷了，我們被安排到了很多部門，包括農業部、體改委，以及中共中央和國務院兩個政策研究室。我去了國務院發展研究中心，先後擔任農村研究部副部長、部長和中心副主任。

1994 年我被借調到中財辦。1992 年底，鄧小平同志把當時中央的幾位領導人叫去，強調黨管經濟這個原則不能丟，中央財經領導小組還是要恢復。另外，經過 80 年代末一番變化之後，有一段時間國務院沒有明確分管農業的副總理了，各地反應很大，畢竟我們是農業大國啊。

這樣到了 1993 年的春天，中央財經領導小組和中央農村工作領導小組就同時成立了。根據慣例，財經小組的組長由總書記擔任，農村小組的第一任組長是朱鎔基同志，他當時是政治局常委、常務副總理，後來就一直由分管農業的副總理擔任組長。這個小組是中共中央領導農業農村工作的議事協調機構，對農業農村工作領域的重大問題提出政策建議後報中央決策，並協調和督促貫徹落實。

高　淵：當時兩個領導小組是不是下屬同一個辦公室？

陳錫文：對的，這個辦公室對外就叫“中財辦”，裏面有個專門對應農村領導小組的秘書組。到 2003 年，我調任中財辦副主任，對應農村工作，就徹底離開國務院發展研究中心了。

高　淵：“中農辦”這塊牌子是什麼時候打出來的？

陳錫文：是 2006 年。2005 年制定的“十一五”規劃中，提出建設社會主義新農村。中央就研究，新農村建設的指導協調工作到底由誰負責？權衡再三之後，決定不增設新的部門，而是加強中央農村工作領導小組和辦公室。

過去，中央農村工作領導小組是由八個單位的負責人組成，那次擴大到 20 個部門。中財辦裏對應農村的這一個組，原來就 7 個人，增加到 15 個人，並設為兩個局。同時也明確提出，"中農辦"這個牌子要打出來，同意設一個主任、一到兩個副主任。

對我來說，其實也沒什麼實際變化，我還是中財辦副主任，只是又加了一個中農辦主任的頭銜。到了 2009 年，中央又任命我擔任中央農村工作領導小組副組長，明確為正部長級。

不討論 "18 億畝紅線"

高　淵： 前幾年，"18 億畝耕地紅線"（以下簡稱 "18 億畝紅線"）曾引發不小爭議。這條紅線是什麼時候提出來的？

陳錫文： 那是 2003 年，在黨的十六屆三中全會的決定裏提出來的。但在之前，也提過 "最嚴格的耕地保護制度"。

那年全國耕地總面積是 18.51 億畝，而工業化、城鎮化是一定要佔地的，在 1998 年修訂的《土地管理法》中就已經提出了 "佔補平衡"，哪裏的建設佔用了耕地，必須在別的地方補出來。

高　淵： 當時不少人反對這條紅線，爭議的焦點在哪裏？

陳錫文： 我跟反對 "18 億畝紅線" 的人有過討論，我發現他們的經濟學理論功底非常深厚，但對農業基本不懂。我們討論的結果是，我目瞪口呆，他們也目瞪口呆。

比如，他們認為這個 "18 億畝" 是拍腦袋拍出來的。我說憑什麼這樣講？他們就給我算賬，說 1 畝地如果產糧 800 斤，18 億畝地產的糧食，全國人民根本吃不了。

我說，你們到底了不了解農業？必須知道，有的地方是一年兩季，有的地方是一年三季，所以每年農作物的播種面積其實是 24 億畝。而 24 億畝裏，每年種糧食的面積大概是 16-17 億畝，最多的時候超過 18 億畝，現在是 17 億畝以下。還有七八億畝地幹什麼的？要吃菜，要吃油，還要吃水果啊。他們根本不懂播種面積這個概念。

所以我一直認為，爭論可以，但前提是你必須先弄懂，對不懂的事最好不要講。

高　淵：另一個說法是，糧食不夠可以到國際市場上去買，何必自己硬守著紅線，耽誤工業化進程。

陳錫文：是，有的經濟學家說我們少種點糧，國際市場的糧食很便宜。前不久這個議論又來了，因為我們現在的糧價比國際市場高了，政府要補貼，農民又得不到多少好處，國際上還便宜，為什麼不去多買點？

經濟學家都在談效率，農業當然也要講效率，但必須考慮到，像中國這樣的大國，如果糧食大多靠進口，農業這個產業會不會衰弱？如果農業衰弱了，會帶來什麼結果？中國還有幾億農民，如果大家都吃進口糧，農民的生計怎麼辦？

在我看來，糧食安全、產業安全和農民生計安全，是必須保障的，不然後果不堪設想。

高　淵：這兩年到底進口了多少糧食？

陳錫文：2015年進口的糧食是2500億斤，而國內實際產量是1.24萬億斤，進口已經佔了五分之一，這個量還少嗎？世界上大概沒有哪個大國的糧食進口到這個程度。

更重要的是，要考慮全球有多大的供給量。有的經濟學家說，我們的需求上來了，外國的供給就會跟上來，他們還可以開墾土地。我說，是有這個可能，但肯定需要一個過程。在這個過程中，如果中國大幅度增加進口，國際糧價就會暴漲，那"中國威脅論"就一定會有市場。

現在，全球一年出口的穀物大約為3.5億噸，就是7000億斤。全球一年出口大豆是1億噸多一點，我們去年（2016年）已經進口了8391萬噸，全球大豆出口量的三分之二是中國買的。

高　淵：為什麼這兩年中國的糧食價格會高於國際市場，這正常嗎？

陳錫文：現在中國的糧食在國際市場上沒有競爭力，這是事實。回過頭來看，中國糧價，包括大豆價格，持續大幅度高於國際市場，實際是從2012年開始的，以前沒有過。

是不是中國的農業成本突然升高，競爭力突然沒有了？也沒這麼簡單，這裏面有我們自己的因素，比如從 2008 年以後，每年都在提，要不斷提高糧食最低收購價、臨時收儲價，而且成本也確實提高了。但成本主要是土地、資金和勞動力價格的快速上升，農業是受害的。

另外還要看到，2012 年以後全球糧食價格暴跌，原因是世界經濟還沒有復甦，需求不足。現在不僅是中國農民受煎熬，其實全世界農民都一樣。但國際糧食價格不會永遠在低位徘徊，這是肯定的。

同時，還有人民幣匯率以及石油價格持續下跌的原因。油價一跌，以前高油價時出現的生物質能源就搞不了，沒必要再用玉米轉化燃料酒精，國際糧食市場上的玉米供給就增加了，價格也下來了。然後就是運價下跌，現在從美國墨西哥灣運糧到廣州黃埔港，運價大概每噸 40 美元。國際油價在每桶一百四十多美元時，運價得 120 美元以上。

但這些問題都不會成為常態，物極必反。所以我們制定政策時，一定要清醒，不能看到國際糧價低於國內，就過度進口，削弱了自己的糧食生產能力。

高　淵：這麼說，"18 億畝紅線" 完全沒有討論餘地？

陳錫文：我覺得，這件事無須再討論。

很多人不清楚，現在的 18 億畝耕地是一個什麼狀況？這裏面，水田有 4.9 億畝，水澆地有 4.3 億畝，加起來 9.2 億畝。剩下的那一半大多是山地和丘陵，就是 "望天地"，有雨就收，沒雨拉倒。在這些土地上生活的農民，他們能養活自己，就是對國家的貢獻。

現在的關鍵是，那 9.2 億畝水田和水澆地生產了全國 70% 的糧食和 90% 的經濟作物，決不能再減少。但也正是這些地，最容易被房地產和工業開發佔用，因為都是平整的好地。那些山地和丘陵，因為開發成本高，反而很少有人去佔用。

從這個角度講，形勢很嚴峻。我們的水資源越來越少，水田若被佔了是補不上的，因為沒有水源。

陳錫文

"土地流轉"急不得

高　淵：你從去年起不再參加"一號文件"的起草，今年的"一號文件"又有了些新提法，是這樣嗎？

陳錫文：確實有新提法，與時俱進，但也引起了很多人新的遐想。比如說，農村在做一件很重要的事，就是土地確權登記頒證，然後是土地所有權、承包權和經營權的三權分置，實現經營權流轉。

不過，因為理論研究上的不徹底，有些概念一直沒講清楚。比如說，"土地流轉"是什麼概念，是買賣還是租賃？如果是買賣，至少應該講"轉讓"，這有相應的法律。如果是出租，那就是"租賃"嘛，也有相應的法律。

另外，土地流轉的經營權究竟是什麼權？抽象到法律層面，必須回答它是物權還是債權？如果這個問題沒搞清楚，就允許土地流轉，又允許用流轉來的土地去抵押、擔保，這就會模糊債權和物權之間的界限，容易出問題。

而且，農村土地的經營權可以流轉、抵押，城裏應該也可以吧。但城市裏不少寫字樓和商店等，還有外來人口住的房子，絕大部分都是租來的，允不允許他們去抵押、擔保、再次轉讓？這都是問題。

高　淵：這是一個法律層面的問題，而且越思考越複雜。

陳錫文：是啊，還有一個很大的問題，如果經營權是物權，那麼再次流轉、抵押、擔保應該都可以，但承包權又是什麼權，那不是空了嗎？

現在還在強調農村集體產權制度改革，有的地方提出土地資源變資產，資金變股金，農民變股東，現在很多地方都在做這件事。但中央文件裏多次說過農民有"三權"——土地承包經營權、宅基地使用權和集體經濟收益分配權。我們要推動農村集體產權制度改革，關鍵要解決的是三件大事。第一，到底有多少集體經營性資產？除了承包到戶的，還有多少投入經營的集體資產，要搞清楚。第二，到底怎麼經營？農民要有權監督，提出他自己關於經營的意見。第三，到底一年有多少收入？這個收入應當公平合理分配。這就是說，農村集體產權制度改革主要是落實農村集體經營性收入對農民的分配問題。

而現在說，農民變股東，擁有股權 ——"股"是什麼概念？現代社會中的"股"對應的是資產，持股者是可以對其自由流轉和自主處置的。所以這個"股"的叫法，引起了多少人的遐想。如果按這樣去做，那麼集體經濟就演變為共有制經濟了。因為只有共有制經濟條件下的財產，才可以分割到個人，集體經濟是不可以的。把農村的集體資產量化到農民個人，並允許自主交易轉讓，這是我們推進農村集體產權制度改革的目的嗎？

高 淵：股份制改革後，是不是就變成企業了？

陳錫文：如果是按股份制形式辦的企業，就必須遵守《公司法》，和市場上其他企業一樣，承擔同樣的責任。現在的企業活過五年的不到一半，但農村集體經濟能不能破產？

有人說，有的地方不是已經搞了嗎，搞得也挺好。對，但必須知道，那些地方是成立了集體經濟組織的資產管理機構，這不是企業，而是拿出一部分資產去注冊企業、去冒市場風險。

你去華西村看看，他們不會把土地打包上市的，他們的上市公司即便破產了，也不會影響到華西村的土地。因為村莊是農民的家園，不能把集體經濟組織注冊成企業，就是因為必須規避風險，不能讓農民失去家園。

農村集體經濟組織和公司企業是兩類不同性質的經濟組織。所以，很多東西研究越深入，就發現問題越複雜。

高 淵：以前有過一個共識：中國農村要發展，關鍵是減少農民。這句話放在現在，還有道理嗎？

陳錫文：過去，我們把農村變化的希望，過多地寄託在人口城鎮化上。現在看來，至少新的情況又出現了，城裏短時期內未必吸收得了這麼多人。

有個統計，2015 年外出農民工只增長了 0.4%（63 萬人），2016 年只增加了 0.3%（50 萬人）。要知道，外出農民工總量是 1.7 億人，這幾十萬人的增加是微乎其微的，實際上就是處於停滯狀態。

高 淵：是因為城市的吸引力下降了嗎？

陳錫文：主要是因為城市經濟結構在調整，吸納新增農民工的能力在下降。同時也因為農村的基礎設施建設、基本公共服務和社會保障都得到了加強。因此，現在不少農民並不覺得進城就一定好。我來了當二等公民，還要受歧視，我幹嗎要來？

前些年之所以農民趨之若鶩要進城，無非因為政府提供的公共服務和社會保障主要都在城裏。但經過這些年的發展，農村的公共服務和社會保障制度也逐步建立起來了，當然跟城市還有差距，但畢竟制度已經建立了。

高　淵：應該繼續鼓勵農民進城嗎？

陳錫文：現在有人感慨，一邊在說要推進農民變市民，一邊又說要鼓勵農民工返鄉創業，到底想怎麼做？

關鍵是一定要把問題想清楚，未來中國城鄉人口究竟如何佈局，產業結構到底怎麼調？如果不想清楚就盲目鼓勵農民變市民，是要出問題的。習近平總書記講過，在人口城鎮化問題上，我們要有足夠的歷史耐心。我覺得，當前最關鍵一條是建立基本公共服務和社會保障體系，盡可能做到城鄉均等，這樣就給了農民自主選擇權，願意進城就進城，不願進城的生活在農村也挺好。

地 · 糧 · 人

高　淵：中國自古就是農業立國，經過幾千年的變化，你認為農業在中國的地位有沒有發生變化？

陳錫文：有些事對中國來說，幾乎是永恆的。古人說諸侯有三寶："一曰地，二曰糧，三曰人。"至今為止，土地、糧食和農民這三件事，依然是永恆的課題。

在周朝以前，就開始敬社稷。"社"在古代指的是土地神，社火就是祭拜土地神的。"稷"是古代對小米的稱呼，所以"稷"敬的是穀神。"江山社稷"之說，表明了土地和糧食在人們心目中的地位。也就是說，從帝王到老百姓，心目中最重要的是兩個東西：地和糧。在地和糧之間，就是農民。

當然，現在和過去大不一樣，現在的工商業很發達，以前整個國家經濟基本都來自農業。但不管怎麼變，我們國家的農村工作，必須處理好地和糧的關係，要關注這方面的政策與農民的意願是否吻合。

高　淵："地、糧、人"這三者關係中，土地使用是否成了關鍵一環？

陳錫文：中國九百六十多萬平方公里國土面積，折合144億多畝，其中耕地只有18億畝多一點，所佔比重就是13%多些。現在最大的問題是，中國雖然幅員遼闊，但適於農耕的土地確實很少。

我看住建部的資料，2016年底中國城鎮建成區總面積是11.8萬平方公里。按國家原來的規劃，要求城市建成區每平方公里容納1萬人，近12萬平方公里應該可以放進去12億人。但現在才多少城鎮人口，常住人口連8億都沒到。

當然，農村用地也有毛病，不完全是宅基地，鄉村建設用地有14萬平方公里，這包括村裏的道路、祠堂、經營性和公益性用地等，這是可以節約的。

現在的問題是，按世界各國的基本規律，農村人口減少了，農村的建設用地就應該退回到自然狀態，有的可以復墾變成耕地，更多的應該恢復為自然生態用地。但在中國有些人的觀念不是這樣，農民走了，他想去佔。

有人老是埋怨，農民進了城以後，還要保留農村的房和地。但現在不少城裏人希望到鄉下買個農民院落，也想兩頭佔。這兩者性質不一樣，農民進城後的"兩頭佔"是個階段性現象，主要是為了留退路，一旦城裏待不下去還可以回農村。城裏人的"兩頭佔"，有些是想過陶淵明的日子，更多是看好了投資土地是保賺不賠的優質資產。不管是哪種想法，都可能造成農村土地的閒置甚至違規改變用途。

說到底，"地、糧、人"是緊密聯繫在一起的，保護耕地、保障國家糧食安全、農業產業安全和農民生計安全是我國土地制度的核心。

高　淵：很多人說你是農村問題上的"保守派"。周其仁先生跟我講過，說因為你人在中樞，所以要穩健一點好。

陳錫文：他說得有一定道理吧。我和其仁都在黑龍江兵團待了十年，但那時不認識，後來一起考進了中國人民大學。

我承認，這些年來在農村改革上，和那些激進的人相比，我是趨向於保守的。其中很重要的原因是，我從下鄉到現在，當農民、讀農業，一直到做農村工作，加起來快半個世紀了，我最深刻的一個感受是，相比工商業和城市，農業和農村是個慢變量，不能太快，這是歷史經驗。

古人講"文武之道，一張一弛"，城市已經快得日新月異了，再把農村也搞得雞飛狗跳的話，這個社會能太平嗎？所以，城鄉兩者之間，有一個快變量了，另外一個就必須把握好，才能使它成為快速轉型社會的穩定器和壓艙石。

高　淵：一直有人評論說，你最保守的地方是農村土地制度改革，是這樣嗎？

陳錫文：很多人說，農村的土地制度改革，不光是農村的事，整個國家的改革似乎就是被壓在這個問題上動不了了，只要一變就全盤皆活了，資本就有出路了。但真的是這樣嗎？

現在都喜歡用西方經濟學理論來研究中國農村問題。據我所知，現在談論農業土地制度的有些知名經濟學家，基本上在國外留學時都沒研究過那裏的農村土地問題，而真正在國外讀農業的，反而不大談這個，這是一個很大的反差。還有，西方在農業土地方面的做法，對我們到底合不合適，這又是一個大問題。

高　淵：但如果沒有比較大膽的試驗，農村改革會不會停滯？

陳錫文：改革要涉及很多人的利益，這是社會試驗，跟實驗室不一樣。

1986 年，我們到安徽阜陽去搞改革試驗區。去之前，杜潤生就跟我講，試驗無所謂什麼成功失敗，成功了固然是好事，如果不成功，知道此路不通也是好事，所以你們試驗只要有結果，回來我都給你們慶功。

杜老接著話鋒一轉："不過我跟你講，你陳錫文帶人到那兒去搞試驗，失敗了回來，沒問題。但是，你得對當地老百姓負責任，人家把身家性命搭進去了，你要讓他們受了損失，你可能就回不來了。"

現在的試驗其實也是這樣，而且我們要建設法治國家、法治政府、法治社會，從這個意義來講，突破法律規定的改革試驗，一定要得到全國人大的授權。現在正在進行的好幾項改革試驗，特別是涉及農村土地問題的，都是走了這個程序的。

農村的成功與憂患

高　淵：你認為當前中國農業最大的隱憂是什麼？

陳錫文：坦率地說，最擔心的是今後在糧食上出問題。

從總量上看，我們每年還缺五六百億斤糧，所以進口是必然的。但問題是，2016 年進了 2500 億斤，遠超我們的缺口。為什麼？因為大豆缺得太多，大豆就進了 1600 億斤，大豆的缺口填補平了，別的糧食品種肯定就多了。

這說明，我們糧食生產的結構性問題很大，還有質量和食品安全問題。農村改革 40 年來，至少有過兩次大的糧食供過於求，但都是說沒就沒了，再要把產量恢復上來，那就要用牛勁了。

高　淵：這些年來，農業最成功的地方在哪裏？

陳錫文：這 40 年來，我們最成功的一條，是在土地問題上沒有出過大的偏差。在糧食政策上，雖然起起伏伏，但總體是通過增加農民收入來調動農民生產糧食的積極性。

土地規模經營，現在成效不小。農業部最新的統計，農戶家庭承包的土地經營權流轉面積已經超過了三分之一，有七千多萬戶或多或少地流轉出了承包土地的經營權。

目前全國經營 50 畝以上土地的農戶有 350 萬戶，一共經營了 3.5 億畝，平均一戶 100 畝地。這應該說非常不簡單，差不多得把 10 戶人家的地集中到 1 戶。不過跟國際上比還是差距很大，那些新大陸國家，一個家庭農場動輒有一兩萬畝地。

高　淵：中國的情況跟他們不同，一個家庭農場想要經營成千上萬畝地幾乎是不可能的吧？

陳錫文：對，之所以農業要規模經營，就是要提高效率。我們地少人多，土地的規模經營很困難，但也有辦法破解。

我到黑龍江、吉林去看，當地用的農業機械很先進，有的在美國剛剛上市，我們就用上了，比美國農民還早。這靠的就是向更多的農戶提供社會化服務。比如說，我們一年大概種植 3.5 億畝麥子，麥收的機械化率在 92% 以上。當然不是 92% 的農戶都去買收割機，他們是花錢買的服務，推動了農機的跨區作業，使小規模的農業經營也能分享大機械的效率。

高　淵：這說明，土地規模經營不一定是唯一的一條路？

陳錫文：我再說件事，現在讓全世界都很驚嘆，就是中國農業在使用無人機方面是世界絕對領先的，無論是使用量和技術水平都沒有別的國家可以跟我們比。你說一家一戶就這麼一點地，你買無人機幹嗎？買的人一定想好了，我是給大家提供服務的，這樣才能發展起來。

這是農民的新創造。我跑了很多國家，這麼大規模的農業社會化服務沒見過，他們基本上是在流通和加工環節提供服務。像韓國和日本，不能說他們的技術裝備水平低，但都是自顧自地，一家一戶購買了成套的農業機械，結果大量閒置，成本極高。

所以說，在我國國情下光靠土地規模經營還不能解決全部問題，不能在一棵樹上吊死。讓農民放棄土地經營權，他們會有很多後顧之憂。應該是願意流轉土地經營權的就流轉，不願意流轉的，可以創造條件，讓他們共享現代技術裝備的社會化服務。

土地流轉和社會化服務要雙管齊下，肯定不能一條腿走路。

高　淵：你久居中樞，這些年還會經常到農村調研嗎？

陳錫文：一年大概下去調研十多次，兩三個月的時間。

大部分是專題性質的。常規的話，上下半年調研的任務是不同的。上半年就是圍繞剛出台的政策，看看效果怎麼樣，有什麼問題。下半年因為要確定明年農村工作的主線，要了解大家的想法，農民需要什麼東西。中間還有一些領導交辦的事，比如有的地方出現了新情況或新問題，就要去了解。

高　淵：能否梳理一下，中國農村問題現在遇到的關鍵瓶頸是哪幾個？

陳錫文：我想主要是四個。首先就是糧食供求。供求波動是一個短期問題，會隨著經濟形勢的變化和政策的調整而不斷變化。

第二是農業要現代化。習近平總書記也講了，一方面規模經營是現代農業的基礎，但另一方面，要改變我們現在分散粗放的農業經營方式，不是一朝一夕的事，需要有條件，也需要有時間。在這個問題上，我們要有足夠的歷史耐心。

第三個問題，即使中國城鎮化率達到 70%，農村至少還有超過 4 億人口。這是不得了的數字，未來的農民和城市到底是什麼關係，怎麼讓農民在農村生活得更好，都是非常重要的問題。

最後一個就是基本制度問題，對農村集體經濟組織、農民的財產權利問題要講清楚，什麼是必須保護的，什麼是不允許做的，深化改革的方向、目標和基本要求是什麼。在這個階段很重要的，就是要把什麼是農村集體經濟講清楚。

這四個關鍵問題，如果回答不好就不能瞎來。有人說我保守，而我無非就是覺得，一定要想明白了再幹，所謂"謀定而後動"。如果政策出台後，一半人支持，一半人反對，朝令夕改，就會出大問題，農村工作必須踏實穩當一點。

中國農民是什麼人

高　淵：在你眼中，中國農民還是弱勢群體嗎？

陳錫文：從下鄉一直到現在，我覺得農民中的大多數依然是比較弱勢、收入偏低的群體，這個至今沒有改變。

我第一次真正感受到農民的艱辛，是在黑龍江兵團剛當了連隊的文書兼出納以後。我管發工資，那一次連隊一百多人都把錢領走了，但有兩三個老職工沒來領，我知道他們生活很困難，以前都是最早來領的。聽說是病了，我想我就送上門吧。

去一看，那真是家徒四壁，什麼都沒有，老婆是家庭婦女，炕上爬著三四個孩子，棉絮破破爛爛。我說怎麼不申請救濟？他們告訴我，人均月收入要低於六塊錢才行。也就是說，每個月三十六七塊的實際收入，要養活七個人以上才有資格申請。

那之前，我老覺得老職工落伍、愚昧、自私。當時團領導開會也批評，說外國有個加拿大，中國有個"大家拿"。這是說老職工來上班，看到點什麼有用的東西，順手就拿走了。冬天規定不能砍樹，他們也會悄悄去砍了當柴燒，這樣可以省下買煤的錢，真是斤斤計較得很。

再比如，我們那兒基本上只產小麥，老是吃饅頭、麵條，想喝口粥都沒有，因為大米小米都沒有，連玉米糝子也沒有。團裏通過地方糧食部門進了一些小米和玉米，但都被老職工買走了。為什麼呢？差一點的麵粉一毛四一斤，好一點的一毛六，但玉米糝子和小米都只要九分錢一斤，他們挑便宜的買，我們就沒有粥喝，老是罵他們，後來才知道就為了省這幾分錢嘛。

高　淵：這輩子一直在跟農民打交道，對農民有什麼樣的感情？

陳錫文：農民也在變，尤其是他們進城和資本下鄉後，帶來的變化是很深刻的。但總的一條，中國農民的本質是純樸、善良、大度、吃苦耐勞和執著的，這種品格非常了不起。

從這個意義來講，他們不僅在物質層面上成為社會存在和發展的基石，更重要的是從精神層面上，在很長時間內對中國人的價值觀念、倫理道德等，起到了定位作用。

現在媒體經常討論文化缺失、道德水平下降、人心不古等。班固說孔子講過一句話：禮失求諸野。就是在廟堂之上、市井之中，很多禮制、禮儀都被人忘記了、拋棄了，但到鄉下去就還能找得到。這說明，自古以來，農村對傳統文化道德的保存和守護要強於城市。

高　淵：農民身上最寶貴的東西是什麼？

陳錫文：中國農民祖祖輩輩種地打糧，他們是知道感恩的。因為地不是他創造的，糧也不完全是他創造的，但有了地和糧，他才能生活，才可能生活得更好。

農民是中國社會最懂得感恩的階層，質樸、勤懇、誠實等性格都和這一條有關。現在的問題是，社會的價值取向不能把這些給泯滅了，我們制定制度和政策要把握好導向。

農民保留的那些最傳統的東西，是做人最需要的。懂得了感恩，才知道敬畏，才知道應該限制自己的哪些行為，不然就會放縱。

高　淵：現在到鄉下去，還能找到這些品質嗎？

陳錫文：1987年我去安徽調研，去了淮河的一個行洪區。每次淮河發大水，那個地方都要被淹沒，當地農民家裏蕩然無存；而且因為不斷地行洪，河裏的泥漿沖出來，把地面越墊越高，房子的門已經不能走人了，只能從窗戶爬進去。

我看到一個農民家裏什麼都沒有了，因為水一來，要隨時捲起鋪蓋就走。我問他，你對政府有什麼要求？那個老農想了半天說，既然你們要行洪，能不能在這兒修個閘？

我說修個閘對你有什麼好處，還不是照樣被淹掉嗎？他說是啊，但現在每次行洪都是部隊來炸堤壩，水退了還要我們自己挑土去填缺口，好土都填進去了，這裏的地越來越不行了。

我聽了很受震動，他沒有說要賠償。當然，那個時候也不可能賠。現在再去，可能他的回答就會變了。那時候的農民真是非常的純樸，他覺得行洪是沒辦法的事，不淹我們這兒，難道去淹城市？

高　淵：這就是為什麼你要做一輩子農村工作？

陳錫文：我做農村工作這麼多年，始終要求自己去了解真實情況，這樣才會有切身感受，才知道在幹什麼、為什麼幹、為誰而幹。我的內心深處一直有個強烈的願望，就是想多做一些對的事情，讓農民過上更好的日子。

高　淵：現在已經卸掉行政職務了，你會繼續關注中國農村嗎？

陳錫文：這是肯定的。我想更多地了解農村的實際情況，政協也有很多調研活動。同時，也想在理論上進一步做一些梳理，因為確實有很多理論問題，似是而非沒有搞清楚。比如，真叫我講什麼是農村集體經濟，我可能也講不太清楚。

但有一點，不在其位不謀其政，我不能去干擾行政工作，這是最基本的。不會再參與農村政策的制定了，但有意見、建議還會提。

我的角色不是官，
而是僚

王新奎

1947 年 1 月生，浙江定海人，無黨派人士，經濟學博士、教授、博士生導師。歷任全國工商聯副主席、上海市政協副主席、上海市工商聯主席、上海對外貿易學院院長。

"我們這代人從計劃經濟體制過來，經歷了'文革'，因此最清楚為什麼要改革，而且我們更明白的是，改革的道路還長得很，而且改革是越來越艱難。現在的關鍵是要承認有壓力，要看到自己的不足，這樣才會有改革的動力。"

　　在很多媒體眼中，王新奎並不容易打交道，因為他經常直言不諱地說記者的提問太外行，然後反問一句："你怎麼會問這種問題？"

　　那天下午，在"上海 WTO 事務諮詢中心"王新奎教授的辦公室裏，和他聊了兩個多小時。他看看手錶說："我還要去配藥，要不今天就到這兒？"我說還有很多問題沒有問呢，他馬上爽快地說："我們下週再約一次吧，今天聊得很愉快。"

　　王新奎的頭銜很多，因為當過市政協副主席等一系列職務，可以稱主席、會長、院長、總裁，等等。但我還是始終稱他為王老師，這不僅因為他自 1982 年從復旦大學研究生畢業後就到當時的外貿學院當老師，更因為他是上海灘知名的智囊人物，"老師"之稱或更為貼切。

　　20 世紀 80 年代初，時任上海市市長汪道涵喜與年輕學者結交探討，30 歲剛出頭的王新奎就經常成為座上賓。此後三十多年，王新奎一直致力於為各級政府部門提供決策諮詢的工作。在他看來，這項工作之所以能長期堅持下來，而且取得了一些成績，是因為始終堅持理論研究與政府決策實際密切結合，始終保持獨立思考和實事求是的態度。我問他："您可是副部級的高官，還能相對獨立嗎？"他說："我從來沒把自己當官員看，我擔任過的職務除大學校長外，都是半名譽性質的。確切地說，我的角色不是官，而是僚。"

王新奎　　　　　　　　　　　　　　　　　　　030　　⋯⋯031

在 20 世紀 80 年代，他曾在冬夜裏和市領導一起討論上海的土地該賣給誰，躲進上海社科院小閣樓參與謀劃浦東開發。90 年代，他參與浦東開發規劃的制定，討論土地有償出讓的改革方案，研究如何完善社保體制，參與制定“邁向 21 世紀的上海”發展規劃的制定，思考優先發展服務業的上海“三二一”產業結構調整戰略。

進入 21 世紀，他是國務院洋山港專家論證組裏唯一的上海專家；中國加入 WTO 前夕，受命參與組建“上海 WTO 事務諮詢中心”；在擔任上海工商聯主席期間，還曾提議上海首先試點營業稅差額徵收改革。

到了 21 世紀的第二個十年，王新奎還參與了上海自貿試驗區總體方案的設計。他提出的自貿試驗區不能走“跑馬圈地上基礎設施，特殊政策搞招商引資”老路的觀點，以及自貿試驗區要向經濟活動高度密集的區域擴區的建議，不乏遠見。

王新奎是個坦率的人，他會說有些人智商有問題，也會說當年的盒飯很好吃。他聊的是一個個有趣的故事，而在故事背後，則是他對上海改革開放歷程的內在邏輯與未來路徑的思考。

所有改革都是被現實逼出來的

高　淵：今天我們聊天的主題是上海的改革開放歷程。在你的心目中，"改革"是什麼？

王新奎："改革"這個詞，是在 1978 年黨的十一屆三中全會之後開始廣泛流傳的。原來不說這個詞，講的都是革命。

"改革"有它的特定含義。簡單地說，改革往往沒有預設的抽象目標，更沒有一條鋪滿鮮花的道路，改革都是被現實逼出來的。事實證明，預設一個非常美妙的抽象目標，承諾一條鋪滿鮮花的改革道路，最終結果往往都是相反的。被現實逼出來的改革，儘管沒有美麗的辭藻，沒有驚天動地、激動人心的場面，但它是實實在在為老百姓解決問題。這就是我所理解的中國改革的基本要義。

高　淵：1978 年以前，我們的經濟體制基本模仿蘇聯高度集中的計劃經濟。那套體系最大的特點是什麼？

王新奎：核心是價格剪刀差。簡單地說，就是以很低的價格把農副產品收購上來，運到城市加工成消費品，再以很高的價格賣出去。政府以這當中的差價，也可以說是利潤，作為原始積累，推動以重工業為基礎的工業化。

這是當初史太林採用的辦法。客觀地說，落後國家要實現工業化，開始階段都靠剝奪農民 —— 只有美國不是這樣，因為它的自然條件實在太好了。英國、法國和德國的工業革命，走的都是這條路。日本在明治維新以後，為什麼會走上了戰爭的道路？重要原因就是把農民剝奪得沒路可走了，結果就是把他們推到戰場上去。

高　淵：在那個時代的計劃經濟體系中，上海處於什麼位置？

王新奎：這個系統有個關鍵點，就是必須把農產品轉移到大城市去加工，因為在大城市，政府可以進行嚴格的集中控制。但條件是這個大城市要有一定的工業基礎。上海是中國近代以來，唯一有比較完整工業體系的城市。

所以，從 1949 年一直到 1985 年，上海始終是全國的工業中心，大量廉價原料都運到上海加工成工業製成品，然後再把製成品運到全國去按計劃銷售。當時分一二三級批發站，絕大部分的一級批發站都在上海。你看一直到現在，全國各省市在上海還有駐滬辦事處，除北京以外，這在其他城市是沒有的。這就是計劃經濟時代遺留下來的，當年各個省市都要到上海來拿物資、拿商品。1978年，上海上繳的財政收入曾經佔到過全國財政總收入的八分之一，工業產值佔到過全國工業總產值的六分之一，這些都凸顯了上海在集中計劃經濟體制下的重要地位。

高　淵：1949年後，上海被定位為工業城市，輕重工業一應俱全。這對上海的城市發展產生了什麼影響？

王新奎：那三十多年，國家對上海的基礎設施基本沒有投入。像楊浦這樣的工業區，還是利用全面抗戰之前搞"大上海計劃"留下的基礎設施。市中心更不用說了，下水道大多是20世紀20年代建的，非常陳舊落後。

有件事我印象很深。那是1971年，我在上海有色金屬焊接材料廠勞動，那家工廠是當時全國唯一做有色金屬焊接材料的企業。廠裏的設備現在想想還覺得很恐怖，唯一一套拉絲設備是20世紀20年代日本人丟棄的廢鐵，撿來後重新組裝一直到20世紀70年代初還在用。那時候，上海一些紡織廠裏的紡織機械，也大多是二三十年代的產品。上海這座城市到了這個時候，真是已經破爛不堪了，這是現在的年輕人很難想像的。

高　淵：上海最困難的時候是哪幾年？

王新奎：最困難的時期是1980年到1990年這十年，因為這時全國都在改革，從農村聯產承包責任制到鄉村企業的興起，實行價格雙軌制，原料價格逐步放開；但全民所有制企業產品價格仍沒有放開，所以上海的企業受到了極大衝擊。

那時候，全民所有制企業採購的原材料不再是國家統一計劃調配的了，執行市場價格，而產品價格還是由國家計劃控制。按當時的說法，就是上海要為全國做貢獻，要保證全國商品的供應，特別是消費品供應。打個比方，很多企業是花一塊錢買原料，加工以後賣出去是八毛，無以為繼了。

那是上海最困難的時候。我記得20世紀80年代末期，上海一年財政收入是 46 億元，能夠用於市政建設和維護的只有 6 個億。

有一年上海南京東路外灘附近接連發生兩次火災，一場是在南京東路的惠羅公司，一場是在四川路上的一處沿街商業用房二樓的居民住宅，兩場火災全都是因為電線老化造成的。這些電線都用了上百年，老化太嚴重了，電流一大，自己就會著火。

這個時候從上到下沒有埋怨、沒有追責，就想到必須得改革。那時鄧小平講 "實踐是檢驗真理的唯一標準"，講 "摸著石頭過河"，講 "貧窮不是社會主義"，道理都非常簡單，但每句話都講到大家心裏。鄧小平又講 "不管白貓黑貓，抓到老鼠就是好貓"，就是說能改善人民生活的辦法就是好的辦法。

所以說，改革都是被逼出來的，當時哪有這麼多理論？也不會因為缺乏嚴謹的邏輯結構而爭論不休，因為沒有時間爭論。

高　淵： 那時候你剛從復旦大學研究生畢業？

王新奎： 我是 1982 年從復旦畢業的。我是第 77 屆，"文革" 後恢復高考的第一屆，本科考進的是華東師範大學歷史系，1978 年春季入學。到了 1979 年，遇到一個機遇，可能是中國歷史上唯一的一次 —— 當初說為了搶救人才，允許在校一年級本科生直接考研究生。我們華東師大同學去參加考試的人很少，我去考了，考取了復旦大學世界經濟研究所日本經濟專業的碩士研究生。

高　淵： 為什麼跨越這麼大，從歷史學科一步跨到了經濟學科？

王新奎： 這也是偶然，還有個故事。"文革" 中，我去了崇明長征農場下鄉勞動。1971 年農場上調後，我便跟著一位老先生學日語。他是清朝的蒙古貴族出身，他的太太是台灣人，是日本皇族和我國台灣上層人士通婚的後裔。

他年輕時就去日本留學，新中國成立後郭沫若動員他回國，主要做醫學方面的翻譯工作。剛回來的時候待遇非常好，家裏有六個用人，住在巨鹿路的一幢小洋房裏。但 "文革" 時被抄家，全家被趕到重慶路萬宜坊一個狹小的三層閣樓裏，也沒有了生活來源。那時他就收了三個學生，後來堅持下來的是兩個，其中一個就是我。老先生每週六晚上授課，學費是五塊錢一個月，解決他的醫療費。

老先生的日文非常正宗，他的太太日文更是好。"文革" 結束後，他太太先移民去了阿根廷，他一直在等護照。但就在公安局通知他護照批出來的當天，他因為過度興奮中風去世了，這是那個時代無數悲劇中的一個。

當年中日關係已經正常化了，兩國交往非常多，我們開始逐步了解日本的高速經濟增長。我就想研究日本經濟發展的經驗，為我國的改革開放所用，於是選擇了日本經濟專業。

高　淵：你從本科到研究生畢業只用了四年半的時間，可見當年全社會求才心切。畢業的時候，改革開放正進入高潮，你主要做點什麼事呢？

王新奎：那時候的上海，有三個地方自發聚集起一批研究經濟體制改革的年輕人 —— 復旦、華東師大和市政府經濟研究中心，就是後來的市政府發展研究中心。

當時我們經常自發組織研討會，聚在一起探討國家和上海的改革開放問題。開會的地方經常放在原上海德新社的房子裏 —— 當時的市委研究室等部門都在那裏辦公。當時那裏有個很大的院子，後來拆掉了，建了現在的貴都酒店和希爾頓酒店。

高　淵：你們是自娛自樂，還是有的放矢地討論？

王新奎：那時汪道涵當市長，他喜歡和年輕人交流，經常叫我們到康平路市委辦公樓二樓他的辦公室一起聊。那時候沒有暖氣，冬天晚上非常寒冷，汪道涵下了班過來，叫秘書給我們一人拿一件軍大衣披上，印象很深。

討論的話題就是，上海怎麼辦？記得有一次看到香港的報紙說，上海是躺在金山上要飯吃，那麼好的土地資源沒有用起來。那天晚上汪道涵問我們，看了之後有什麼想法？我們都提出來，要把上海的地皮拍賣，籌集的資金用來改造城市基礎設施。他又問，那麼賣給誰？這一問把我們都問住了，大家市場經濟的知識都很缺乏，都在想，賣給誰呢？

當時已經有巨大的壓力迫使上海要變革。我們也看清楚了，上海原來走的那條路 —— 在計劃經濟下靠國家計劃調撥來維持上海經濟 —— 已經不可能了。關鍵是，上海該怎麼辦？

高　淵：當時汪道涵最頭疼什麼事？

王新奎：我記得汪道涵曾跟我們講，他當市長有一個最大的煩惱，就是居民糞便沒地方去。以前，上海的糞便都儲存在郊區農村生產隊的糞池裏，但農村實行聯產承包責任制以後，種地都用化肥了。後來實在找不到出路，就只能倒到長江口，每倒一船都要市長簽字。

上海西區那些花園洋房，化糞池是建在弄堂裏的，定期用卡車來抽走。後來居住的人多了，常常來不及抽，糞便就會溢出來。一到下雨天，糞水更會沖進陰溝，那時候上海的雨水管和污水管是不分的，糞水就順著雨水管流到黃浦江，再被吸上來用作自來水。至於住在老式石庫門房子的居民直接在馬路邊上洗刷馬桶，那就司空見慣了。

我們在議論這個問題時，已經隱約預感到要出事，但不知道會在哪個環節出事。後來到了 80 年代末，就出現了甲肝大流行。所以我說，改革的目標很簡單，就是解決老百姓碰到的最迫切、最實際的問題。

高　淵：你們這種小範圍的討論，一直在持續嗎？

王新奎：是的。道涵同志後來從市長位子上退下來了，他在福州路外文書店的樓上，找了一處小小的會議室，隔出三分之一作為他自己的辦公室。每個星期天的上午，他都召集一批在各個學科領域做研究的年輕人，一起過來天南海北地聊。

道涵同志沒有架子，我們這些年輕人很樂意參加。另外還有一個原因，每次都能吃一份盒飯，飯上有塊排骨，味道很好，那時候屬於規格很高的。我們都開玩笑說，就是衝著這份盒飯也要去。

高　淵：80 年代中期，江澤民同志到上海當市長後，是不是也定期召開一個類似的學者座談會？

王新奎：那時每兩個月開一次的雙月座談會，由市委宣傳部出面組織，我一開始就是成員，後面陸續有其他同志加入。每次開會都不預先定主題，想談什麼就談什麼，基本圍繞當時上海的突出問題。

座談會的氣氛相當好，大家都暢所欲言，有時候意見不合還會爭得臉紅耳赤。不過，大家都就事論事，不放在心裏。那時候，學者都比較敢說話，像我們這種剛剛大學畢業的，讀了一些經濟學著作，思維特別活躍，更是敢說。

記得有一次大家和領導一起討論上海的工業產值、利潤和稅收之間的關係問題。那時候大家還沒有 GDP 的概念，有的同志主張要花大力氣抓工業產值，因為沒有產值就沒有利潤，企業沒有利潤，政府就沒有稅收。

但也有的同志持不同意見，他們認為，在價格雙軌制下，上海的工業完全靠全國各地供應原料，因此生產越多，企業虧損就越多，企業就會把有限的計劃內平價原料轉移到鄉鎮企業去加工，鄉鎮企業再把利潤的一部分以實物農副產品的形式返還給企業。最後一定會出現有產值沒有利潤、有利潤沒有稅收的局面。當初我是持後一種觀點的。

高　淵：那次爭論後來有沒有結論？

王新奎：過了幾個月，江澤民同志讓市委研究室的同志來找我，這時候他已經是市委書記了。他說請新奎同志研究一下這個問題。我就寫了一個報告，把我的想法理了一下。我說，價格雙軌制下，不要過於追求產值，因為沒有利潤，而是要把上海那些依靠外地原料生產的加工業轉移出去，發展主要依託上海自身資源稟賦的產業。我的觀點在當時是很超前的，其實已經隱含了上海要發展第三產業的思考，儘管自己也還沒有想得很透。

高　淵：雙月座談會一般有多大規模？

王新奎：有十幾個人參加吧，基本上都是青年學者，沒有長篇大論，經常爭論。後來朱鎔基當市委書記時，每當雙月座談會上遇到問題大家爭論不下，他就會馬上把有關委辦負責人叫過來，一起研究解決的辦法。

上海科學決策、民主決策的傳統從那個時期開始就一直保持下來了，歷屆市領導都很願意傾聽學者的意見。記得徐匡迪同志任市長的時候，不但定期召開座談會，而且每年小年夜晚上還把大家召集到市政府的食堂吃一頓便餐，聚一聚。

上海的改革之路

高　淵：浦東開發的課題，當時你們座談的時候有過涉及嗎？

王新奎：這件事情比較曲折，因為上海城市如何擴容一直是上上下下的心病。孫中山的時候就有一個 "東方大港計劃"。新中國成立後考慮過三個方案，一個方案是 "北上"，到楊浦江灣一帶；第二個方案叫 "西進"，往黃浦江上遊發展，後來有了閔行開發區；還有一個就是 "東擴"，到浦東去。當初最不看好的是 "東擴"，因為有黃浦江橫在面前。

汪道涵一直很關心浦東開發的問題，支持我們這批年輕人，成立了一個浦東研究室。我們在上海社科院的一個小辦公室裏，查閱國內外資料，邀人一起討論。浦東開發的一些基本思路就是那時候形成的，包括外高橋、金橋、張江、陸家嘴這四大區域的分工定位等。

那時候上海想盡辦法找出路，但做起來很難，因為國家大的方針沒變，80 年代還是希望上海做貢獻，改革開放的重點放在深圳。當時中央對上海的要求是，要為全國發展做好後勤保障工作。但我們沒有停歇，始終在思索上海下一步到底該怎麼辦。

高　淵：80 年代的上海，一邊在想辦法找出路，一邊也在可能的範圍內動手做事。你認為當時主要做了哪幾件事？

王新奎：我覺得大的事情做了這麼幾件。第一件大事是城市基礎設施建設，不僅要做地上，還要做地下。高架路是上海在全國率先建造的，後來全國到處都建，包括一些不需要高架的中小城市也要建一段，覺得這樣看上去像現代化城市；那時候，上海沿著中山環路啓動建設內環線，借內環線的建設，把中山環路給打通了。地下那一塊，就是把污水和雨水管道分開，叫 "合流污水工程"，所以後來造新房只要往管子上一接就行，污水和雨水就通過不同的管道排出去了，為此投了很多錢。

第二件大事是拓展城市空間。大家越來越明白，實際上只有 "東擴" 才有發展空間。當然，最初的設想是把浦東建成上海市中心人口的疏散區。

第三件大事是開始探索建立社會保障制度。

高　淵：除了參與這些課題研究，80 年代那幾年你還做了些什麼？

王新奎：1982 年到外貿學院工作以後，我的研究重點轉向對外貿易，特別是外貿管理體制改革方面。80 年代外貿體制改革的目標很簡單，就是取消計劃經濟體制遺留下來的國家外貿統制政策。這項改革難度非常大，先後經歷了外貿承包經營制，取消補貼、自負盈虧，建立外匯調劑市場、實行外匯分成制，工貿結合、專業外貿公司綜合商社化等改革階段。這些改革階段我都有很深的參與。現在回憶起來，印象最深的是參與了蘭生公司的股份制改革，當時這項改革在全國外貿公司改革中是一面旗幟，影響很大。

有一件事情現在想起來很值得一提。那就是我們幾個在高校工作的國際貿易研究方向的青年教師，在我們研究生時代的導師的引導和支持下，首先在上海發起了一場關於"貿易比較利益論"的學術大討論。在 80 年代，我們發展對外貿易的理論基礎還是計劃經濟時代的"拾遺補闕、互通有無"，主張西方經濟學的"比較利益論"簡直是大逆不道。通過這場大討論，"比較利益論"終於成為我國發展對外貿易的理論基礎，對其後的外貿體制改革和中國對外貿易的大發展都有重要指導意義。

高　淵：進入 90 年代以後，鄧小平把上海作為手上最後一張王牌打了出去，浦東開發開放由此展開。可以說，上海是從那時候真正走到改革開放前沿的。你對當時哪些事記憶猶新？

王新奎：在我 90 年代參與的決策諮詢研究工作中，確實有好幾件事值得回憶。第一件大事就是關於上海未來發展戰略的研究，當時叫"邁向 21 世紀的上海"。這個方案後來得到中央批准，還出了一本書。它的核心就是提出了"三二一"的產業結構調整戰略和"一個龍頭，三個中心"的城市功能定位。"一個龍頭"是指上海要成為長江三角洲和長江流域的龍頭，"三個中心"就是要把上海建成國際經濟、貿易和金融中心。航運中心當時還沒有提出來，那是後來朱鎔基當總理以後，上海去申報上海城市總體規劃時加上去的。[1]

1　2018 年初，"科創中心"成為上海發展的第五個中心。

當時提出"三二一"產業結構調整思路時，遇到的阻力非常大。不少人說，"三二一"以後吃什麼？我們當初也是糊裏糊塗的，記得當時讀了一本書叫《各國的經濟增長》，作者庫茲涅茨獲得過諾貝爾經濟學獎。他在書中談到了產業發展的"三二一"規律，是參照美國一百多年的統計資料做出來的。我們這些青年學者，沒有什麼思想束縛，我們從上海在改革遇到的困難分析，上海應該走以第三產業為主的發展道路。後來整個 90 年代，一直到現在，上海都是按照這個產業結構調整思路走的。

高　淵：除了制定這樣的大戰略規劃，90 年代上海還有什麼具體發展模式的創新？

王新奎：那就是我經歷的第二件大事，浦東開發開放中的城市建設模式改革。當年遇到的大問題，就是沒錢搞建設。中央給了浦東不少政策，原則是只給政策不給錢。怎麼辦呢？我們想到早在 80 年代初，和汪道涵討論的土地問題，後來在 1988 年，新中國成立以來第一次土地有償出讓就在虹橋嘗試，受讓方是日本華僑。那時候有些老同志提出質疑，說四畝地賣了幾千萬美元，哪有這麼好的事，買地的肯定是日本情報機構。

這其實還只是個案。真正的土地開發，是從浦東金橋的土地滾動開發開始的。具體做法是這樣的：市財政拿出 30 個億給陸家嘴開發公司，陸家嘴拿這 30 個億，向土地局把陸家嘴的土地買過來，這時候只有 6 平方公里；土地局拿到的錢再還給財政，實際上這筆錢沒有動過，是空轉。最後的結果是，財政在陸家嘴開發公司有 30 億元的股權，陸家嘴開發區拿到了一大塊地，再用這塊地抵押給銀行，貸款搞"七通一平"，然後有償出讓，償還銀行貸款。接下來照方抓藥，繼續運作第二塊地。因為第一塊搞好了，第二塊地價就更高了，那時我們叫"級差地租"，這樣就滾動起來了。

現在回想起來，這一改革試驗充分證明了在市場經濟條件下，明晰產權的重要性。當時大家都說改革就是生產力，土地批租就是最有說服力的例子。

高　淵：後來全國的土地開發應該就是這個模式吧，開先河的是上海？

王新奎：是的，那時候只要思想解放，不自己束縛自己，完全能夠做到"一年一個樣，三年大變樣"。不僅浦東這樣，後來浦西的城市基礎設施改造，用的也是這個辦法。還搞過"退二進三"，當時市中心有一百八十多平方公里的各類工廠，有的轉移，有的倒閉，把土地騰出來搞房地產、搞商業，城市功能調整的問題也慢慢解決了。

高　淵：現在很多人提起上海的 90 年代，應該不會忘記一件事，就是社會保障體制的逐步建立，這也是屬於 90 年代的幾件大事之一吧？

王新奎：這就是我要說的第三件大事，這是一次非常大的改革。上海建立社會保障體制也是被逼出來的。當年那麼多工人下崗了怎麼辦？本來很簡單，生老病死都靠工廠，後來工廠沒有了，必須靠社會統籌。起先是系統內部統籌，比如紡織系統的再就業中心設在紡織局，由系統內效益比較好的紡織廠出錢安置其他企業的下崗工人。這樣一步一步地統籌，逐步向公積金、養老金、失業保險金和醫療保險過渡。職工社會保障體系的建立，使得勞動力這最有創造力的生產要素有了按市場供需進行動態配置的可能，這在計劃經濟條件下是很難做到的。社會保障體制的改革，又一次說明了改革就是生產力這一樸素的道理。

高　淵：80 年代上海非常艱難，因為歷史欠賬太多。90 年代上海也很不容易，要破解不少深層矛盾。進入本世紀後，上海又是怎樣的狀態呢？

王新奎：進入本世紀後，應該講上海抓住了機遇。一個機遇是洋山港的建設，我是參加國務院專家論證組唯一的上海專家。洋山港的建設，為上海成為國際航運中心打下了最重要的基礎。假如沒有洋山港，貿易中心也無從談起。由於沒有深水港口，當時上海的集裝箱年吞吐量一直掙扎在 800 萬箱左右，上不去，大型集裝箱班輪要進上海港裝卸，得在吳淞口外等上七八天。

高　淵：有人說，2001 年加入 WTO 對中國發展的意義，堪比 1978 年和 1992 年這兩個關鍵年份。你怎麼評價？

王新奎：在 1994 年以前，上海對外貿易學院一直是外經貿部的直屬院校，所以我從 1985 年開始就參與中國復關和入世問題的研究。2000 年，中國入世前夕，上海市委市政府發佈了"中國入世上海行動計劃"，一共 16 條，第一條就是成立"上海 WTO 事務諮詢中心"。我那時任上海對外貿易學院的院長，受命參加中心的籌備工作。市政府讓我推薦人去管這個中心，我推薦了兩位同志，但上面都不滿意，就讓我頂一下，結果一頂就頂到現在。

加入 WTO 讓中國變了個樣子。原來我們改革開放與經濟全球化的關係，是通過引進港澳資本間接參與；加入 WTO 以後，我們直接參與到經濟全球化過程中去了。所以從 80 年代到 21 世紀初，這一輪的經濟全球化紅利，我們是自始至終都享受到的，當然我們也付出了一定的代價。後來當經濟全球化進入新階段後，我們便面臨著經濟如何轉型的問題。

高　淵：除了建設洋山港和中國加入 WTO，還有什麼事給你留下了深刻的印象？

王新奎：那應該就是"營改增"改革。那時候我是上海市工商聯主席，有一次，市領導到工商聯進行調研，一位從事物業管理的小企業負責人發言說，他們一年 120 萬元的物業管理費收入，其中 80 萬元付給電梯維修公司，但他 120 萬元收入要交營業稅，電梯公司拿到的 80 萬元還要交營業稅，覺得不合理。

這件事本身很小，但我聽了還是很有感觸，給市委領導寫了封信，建議營業稅能否改成差額徵收？因為這樣能避免重複徵稅。後來在徵得中央同意後，先在上海市範圍內自費進行營業稅差額徵收的改革，一年為中小企業減稅一百多億元。

後來，在上海進行營業稅差額徵收改革的基礎上，中央又在上海進行"營改增"的試點。營業稅改增值稅的最大好處是可以促使服務業從製造業中分離出來，加快服務業的專業化和規模化發展。比如說，上海紡織集團90% 是服務業，但它卻一直歸屬工業類，交增值稅，好處就是增值稅發票可以抵扣。"營改增"以後，上海紡織集團就名正言順地變成了服務型企業。

高　淵："營改增"的好處應該很明顯，但現在也有不少企業抱怨，稅改以後反而負擔重了，有這回事嗎？

王新奎：這個問題非常複雜，比如小微企業，當初計算方案時，給它們定了 3% 的稅率，現在算的話，其實應該定得更低。因為以前小微企業都是包稅制，1% 稅率都不到，現在改成增值稅以後，它們反而增加負擔了。又比如運輸企業，卡車司機在星羅棋布的加油站零星加油，無法一張一張地開增值稅發票，企業只能給司機發放統一購買的油票，給管理帶來了很大的負擔。

我認為，"營改增"的大方向肯定是對的，問題是我們的稅種太繁複，徵收手段太原始，"營改增"過程中出現的各種問題，正好可以成為推動稅收制度改革的壓力和動力。

高　淵：不少經濟學家說，2001 年到 2007 年是中國發展的黃金時期，因為 2008 年以後，全球金融危機爆發，拖累了全世界經濟。那時候上海的情況怎樣？

王新奎：全球金融危機爆發後，我再三向市領導建議，上海一定要沉住氣，淡化 GDP。當時有領導問我，國家投入 4 萬億元，上海拿不到怎麼辦？我說，上海拿不到 4 萬億元可能會因禍得福。現在回想起來果然如此，上海沒有多少過剩產能，而且總部經濟做得很好。總部來了，稅自然就來了。

"新常態"已讓上海人的觀念發生變化

高　淵：我們再來聊聊當下的上海吧。你生於上海、長於上海，下過農場，當過中學老師、大學校長，一直都沒離開上海。在你看來，上海是一座怎樣的城市？

王新奎：上海是中國近代經濟發展和近 30 年改革開放的縮影。從上海開埠一直到新中國建立後搞公私合營，那 100 年間，它是中國唯一一座具有比較完整的市場經濟框架的城市。公私合營之後，經過對私有經濟的改造，上海成為徹底的計劃經濟城市，而且是計劃經濟的工業城市。改革開放以後，上海又一直是外資進入中國的橋頭堡和國有企業的重鎮。

改革開放以後，一方面，因為上海人對過去市場經濟的記憶還在，再加上短期內外資的大量湧入，所以有巨大的內在動力要改變計劃經濟狀態；另一方面，在集中計劃經濟體制下，上海又長期是中國國有企業的重鎮，政府對經濟的管控體系十分完備，管控能力很強。思考上海的改革和發展問題，不能離開上海的這個基本體制特徵。

上海是一個超大城市，每天在地面上活動的人接近 3000 萬。這樣規模的城市，不要說在中國，在全世界都是很少的。上海現在的建設用地已經達到三千多平方公里了，如果把農地上面的建築算進去，城市化的空間已經攤到了極限。

還有就是上海在中央的決策中具有比較特殊的地位。新中國建立以後，上海被定位為計劃經濟的中心，國家財政收入的很大部分來自上海。進入 90 年代後，鄧小平說把上海作為最後一張牌打出來。到了現在，上海是中國國際化程度最高的城市。這既有一個歷史傳承，還有地理位置因素，它一直是中國對外開放的窗口，而且是對歐美開放的窗口。為此，中央要求上海成為改革開放的排頭兵、先行者。

高　淵：看清楚這些特點，我們應該怎樣來思考上海當下面對的問題？

王新奎：以下四個特點決定了我們思考上海問題的基本坐標。第一，上海從計劃向市場轉型比較徹底，因此上海除了政府職能轉變之外，沒有太多計劃經濟的包袱。對上海來說，能夠把政府職能轉變好，就是生產力。

第二，上海的城市規模夠大了，包括人口密度、產業結構的完整性等，基礎都有了。所以接下來，要從城市建設向城市管理轉變。我認為繼續擴大上海的城市建設空間不再是重點，管理最重要。

第三，上海在全國的地位，從原來的計劃經濟工業城市，到現在的建設"四個中心"和"科創中心"的目標，決定了上海在全國作為改革開放排頭兵、先行者的位置，這就特別需要上海著力於體制機制的創新。

第四，上海原來是單向開放，吸引外資流入。現在上海是中國融入全球經濟的先行者，新一輪經濟全球化過程中，中國要適應全球價值鏈的新變化，以及全球貿易投資規則重構的新趨勢，上海必定成為改革開放的前沿陣地。

高　淵：這些特點基本都是正面的，你認為現在上海面臨的最大挑戰是什麼？

王新奎：我認為，我們上海最大的挑戰是如何走好主動引領 "新常態" 這步棋。前幾年我在市政協工作的時候，總有一批委員心急如焚，到外地去轉了一圈回來說，人家在飛速發展，我們怎麼辦，指標一個個對比下來說明上海已經落後了，要被淘汰了。這幾年這種話就少了，多數是回來說，還好當年沒只追求速度，不然現在上海會有很大問題。

這說明，上海已經具備適應和引領 "新常態" 的基礎和條件。上海人的觀念在適應和引領 "新常態" 上已經開始發生變化，這是非常重要的一步，若干年以後你會記得我今天講過的這句話。

高　淵：這是上海在發展觀念方面遇到的挑戰，還有沒有更具體的挑戰？

王新奎：第二個大挑戰，就是怎麼把這個城市管理好。上海面臨政府治理結構的重大變革。大城市管理關鍵在兩頭，一頭是政府，這是 "點"，一頭是社區，這是 "面"，不能只有 "點" 沒有 "面"。今年春節禁放鞭炮之所以取得成功，就是因為做到了在城市管理上的點面結合。最近我一直講，禁放煙花爆竹這件事本身不是什麼大事，但它在城市管理理念上給我們的啟發很深，實在有好好總結、舉一反三的必要。

我們要思考一個問題，為什麼在工業化及隨之必然發生的城市化過程中，很多國家都爆發了革命，發生了政權更迭？因為傳統社會是熟人社會，城市化後變成了陌生人社會，如果管理跟不上，很容易激發矛盾。熟人社會的管理，一靠道德約束，二靠信息對稱。我老家在浙江舟山，走在路上老能碰到親戚朋友。中國的城市化進程太快，當大量外來人員進入城市，他們就脫離了原來的熟人社會，在信息完全不對稱的情況下，用什麼來讓他們約束自己的行為？

很多人都說靠法律，當然沒錯。但特大城市的管理沒這麼簡單，完全靠陌生人社會的法制管理方式在城市化的初期階段很難奏效，因為你面對的管理對象還生活在一個已經碎片化的熟人社會中。最好的辦法是把熟人社會管理和陌生人社會管理結合起來，就是要做好社區管理，在社區裏還是熟人多，信息比較對稱，道德約束還有一定的作用。如果結合不好，就很容易出現"城中村"或貧民窟這種很難實施法制管理的地方。

高　淵：城市管理上，公務員隊伍的能力提高很關鍵。你怎麼評價上海公務員的整體素質？

王新奎：政府自身改革也是一大挑戰。這方面，上海有過一些教訓，也有一些經驗，我覺得要客觀地去看待。上海的幹部中，那種直接把錢往家裏背的很少，公然索賄、買官賣官的基本沒有。現在容易出問題的，一是房子，二是配偶、子女經商，這是市場經濟條件下的灰色地帶，很難避免，要歷史地看問題。但上海前一階段已經設計了一套規則，總體效果不錯，這就為建設一支清廉高效的公務員隊伍創造了基本條件。

高　淵：你覺得，上海需要怎樣的經濟增速比較合適？

王新奎：80年代的時候，上海有一個特點——全國沒下的時候，我們先下；全國上了，我們還沒有上。結果只要中央一搞宏觀調控，一刀切下來，人家切在尾巴上，我們都切在頭上。

90年代浦東開發開放以後，有那麼15年左右的時間，全國下了，我們下得少一點；全國上了，我們上得比人家多，那當然是發展最快的時候。現在呢，變成不管別的省市上上下下，上海一直比較平穩。換句話說，就是全國下的時候，上海下得少一點；全國上的時候，上海也上得不多。我認為像上海這樣的特大城市，這是最優的增長狀態。

高　淵：未來上海發展的關鍵靠什麼？

王新奎：上海就是一個舞台，就是要做好服務。不管你是誰，都歡迎你來上海創業、發展，這才是國際化大都市。上海能為市民服務好，把城市管理好，吸引有本事、有素質的人來"唱戲"，這個城市自然就興旺發達。

我一輩子在教育部門工作，當了15年大學校長，當年我們還爭論過，大學究竟是以學生為本還是以教師為本？我說當然要以學生為本，學校是為誰辦的，誰是你的衣食父母？城市也是這樣的，它只是一個載體。

上海發展到這一步，不必再去提過於詳細的、體現政府雄心勃勃目標的發展規劃，只要這個城市的空氣好一點，交通便捷一點，治安更安全一點，文化更豐富一點，就可以了。有人說房價再低一點，要我說，在上海這樣的大城市，房地產首先要讓它恢復原來的居住功能，其次房價一定要讓市場來調節。

雙線故事講述上海自貿區的啓動

高　淵：當時設計上海自貿試驗區總體方案時，是否就是想根據上海自身的特點，應對這些挑戰？

王新奎：不完全如此，上海自貿區建設首先是一項國家戰略，不是上海地方戰略。基本思路是，第一要轉變政府職能；第二要貿易投資便利化；第三要擴大對外開放，特別是服務業的對外開放；第四是與 21 世紀的國際高標準新規則接軌，承擔起先行先試責任。這些都不是增量改革，是存量改革。

高　淵：你怎麼會參與到自貿試驗區總體方案的設計中的？

王新奎：確切地說，我參與過總體方案設計。大致過程是這樣的：

2012 年夏天，國家商務部在北京開了一個暑期黨組擴大會議，會上讓我做個發言，我講的是全球價值鏈，引起了不小的反響。大家都認可我提出的經濟全球化出現新趨勢，全球貿易和投資規則正在重構的觀點。

回上海後，我馬上給市委書記俞正聲寫了一個報告，建議上海要關注這個重大變化。俞書記批給了市發改委，要求做研究，發改委還來找了我幾次，形成了一個研究文件。那年，上海市市長韓正正好到我們中心來調研，他說上海要成為國際貿易中心，不單要看集裝箱吞吐量，也不單單是開多少家貿易公司，更要對國家和全球貿易政策與規則的形成有重大影響力，希望能把我們中心建成能為國家和重大戰略決策服務的研究諮詢機構。

後來根據韓正的要求，經過我們的努力，上海成立了一個由商務部與上海市政府合作建設的決策諮詢研究基地，叫"全球貿易投資研究諮詢中心"，與"上海 WTO 事務諮詢中心"實行一套班子兩塊牌子運作。

高　淵：也就是說，從那時起，與上海自貿試驗區建設有關的背景研究就啓動了，只是當時還不知道要在上海進行這個試驗？

王新奎：剛才講的是一條線，還有另外一條線的故事。應該是 2011 年或更早，上海外高橋保稅區連續兩年被評為全球最佳保稅區，那年全球保稅區大會就在外高橋開。會議結束後，一位與會的全國政協領導給國務院寫了個報告，建議搞一個上海綜合保稅區的升級版，名字可叫"上海自由貿易園區"。

報告送上去後，國務院總理溫家寶批給了國家發改委和商務部去論證。經過一段時間研究和補充材料後，這兩家單位後來和上海聯合報了一個方案。但彼時國務院領導正處於交接期，這個事情就暫時擱置起來了。到了 2013 年 3 月，李克強就任總理後，當月就來了上海，他在外高橋保稅區開了一個座談會。開會前一天，市委通知我參加會議，並讓我準備一個八分鐘的發言。

第二天開會時，我從全球價值鏈的變化，講到全球貿易投資規則重構，提出我們要有應對策略，建議是否能夠在上海先行先試。李克強當場就做了回應，他說：第一條，要以開放倒逼改革，我們國家現在處於改革的深水區，需要改革新動力，按照以往經驗，每次重大改革都是開放倒逼的，這次我們也要按照這個思路做；第二條，以美國為主導的全球貿易和投資規則重構我們是繞不過去的，我們必須積極應對，否則就會面臨第二次入世；第三條，他說他同意在上海設立自貿區，不過要加"試驗"兩字。這樣，我就被"捲"進去了。

在自貿試驗區總體方案設計過程中，我做了其中一部分工作，就是研究總體方案的第一部分 —— 負面清單和准入前國民待遇問題，這個總體方案是由商務部最終把關的，特別是負面清單和准入前國民待遇部分。

高　淵：去年上海自貿試驗區擴區以後，很多人都覺得驚訝，首先是有土地空間的臨港新城沒有被納入，其次是像陸家嘴這樣已經非常成熟的區域卻被擴進去了。對這個問題，你是怎麼考慮的？

王新奎：我有一次到北京的中央部門去開會，研究上海自貿試驗區成立後面臨的問題。我特別說了 18 個字，自貿區要避免“跑馬圈地上基礎設施，特殊政策搞招商引資”，一定不能再這麼搞了。當時，我的觀點得到大部分專家的認同。但我知道，不少想建自貿試驗區的地方都還是傳統搞開發區的思路。

說到底，試驗區就是政策試驗，所以要有人來陪你玩，必須放在經濟活動最密集的地區。我一直主張把上海自貿試驗區擴展到整個浦東，特別是陸家嘴、張江、金橋和外高橋。有人說陸家嘴這種中心區域連企業站腳的地方都沒有了，還搞什麼自貿試驗區？我說就是要有很多人來陪你玩，你才可能去試驗各種政策，試下來可行的，才有在全國複製推廣的價值。千萬不能再去圈一片空地，然後去搞招商引資，這就沒有意義了。

高　淵：你認為當前自貿試驗區遇到的最大問題是什麼？

王新奎：我覺得主要有三個問題，一是在建設思路上如何引領“新常態”，這在前面已經講過了。二是改革措施的碎片化。比如說，假定今年拿到的“改革紅包”有 100 項，涉及方方面面，看上去還真不少，但有多大作用呢？一家企業可能被 100 件事情捆住手腳，現在改了其中一兩件，其他沒改，企業是沒感覺的。如果一百多項改革集中到一個行業，這個行業的企業就活了。100 項改革落到 100 家企業頭上，這 100 家企業又在不同的行業，誰都沒有感覺，所以要進行集約化改革。三是如何提高政府對市場的監管能力。這是一場帶有根本意義的改革，我認為上海通過自貿試驗區的建設，已經找到了關於如何加強政府監管能力的基本改革方向和操作思路，今後是如何落地的問題。

高　淵：一直有一種說法，覺得自貿試驗區改革距離老百姓有點遠，好像缺乏能讓普通人感受到的“溫度”。所以，自貿試驗區後來開了免稅商店。對此，你怎麼看？

王新奎：自貿試驗區剛成立的時候，就有很多記者來問我和老百姓有什麼關係，都被我擋回去了，我說沒有直接關係。自貿試驗區要進行很多制度創新，重中之重是政府職能轉變，這種事情不是說今天幹，明天老百姓就能感受到的，那太急功近利了。

我知道，老百姓希望得到一些特殊的優惠，其實對老百姓來說更重要的是公平。現在最大的社會問題是不公平。凡是搞特殊的優惠，總是好處有的人拿得到，有的人拿不到，結果造成更大的不公平。自貿試驗區改革中，無論是負面清單還是政府職能轉變，目標就是指向公平，這比開幾家免稅店、買一點便宜貨重要得多。

再偉大的事業，也要從每個人自己做起

高　淵：從 80 年代初開始的城市經濟體制改革到現在上海自貿試驗區的探索，在上海改革開放的這些年，你覺得自己擔任的是什麼角色？

王新奎：這三十多年來，我一直扮演一個智囊的角色。雖然我當過市政協副主席、全國工商聯副主席和上海市工商聯主席，現在還是市政府參事室主任，但其實除了我曾任的上海對外貿易學院院長以外，其他都是半名譽性的職務。所以我經常講，我不是"官"，我是"僚"。我不是封閉在書齋裏搞純學術研究的大學教授，我跟政府部門離得比較近，知道領導在想什麼，也知道實際怎麼操作，但我又堅持獨立思考，實事求是。

上海自貿試驗區比較特殊，這次我捲入到操作層面比較深，以前沒有過。過去都是在外圍搞支持性決策諮詢研究，這次是直接參與。但在總體方案設計完成之後，我就不大參與了，因為我認為我不宜涉及太具體的操作層面的東西，這與決策諮詢工作的獨立性和客觀性要求不相符合。

高　淵：你生於 1947 年，經歷了 1949 年以後的每一個發展階段。你們這代人最大的特點是什麼？

王新奎：談不上做什麼大事情，但總歸有點責任感。其實，我們這代人分化蠻厲害的，很大一部分當官了，但我不是官。人家問我，新奎你做過什麼事情？我說我一生中做過好幾件事，讓我覺得不虛此生。比如說，80 年代參與了外貿體制改革，90 年代參與了浦東開發開放，本世紀初中國加入WTO，還有這幾年的自貿試驗區建設等。

我們這代人從計劃經濟體制過來，經歷了“文革”，因此最清楚為什麼要改革，而且我們更明白的是，改革的道路還長得很，而且改革是越來越艱難。現在的關鍵是要承認有壓力，要看到自己的不足，這樣才會有改革的動力。

現在無論是中國還是上海，就像一輛車，朝哪裏開是清楚的，駕駛員也有了，車子也正在進行維修，乘客也都上了車，就有一件事，發動機的燃料從哪裏來？現在面臨的就是這個問題。

有人說，你是能者多勞，可以老驥伏櫪。我自己知道，畢竟已經不是早晨八九點鐘的太陽了。但有一個道理是不會變的，那就是，再偉大的事業，也要從每個人自己做起。大家都要思考，我能為國家的改革開放做些什麼？我堅信，有更多的年輕人會繼往開來。

一個甲子的改革情結

高尚全

1929 年 9 月生於上海嘉定。1952 年畢業於上海聖約翰大學經濟系，研究員、教授。長期從事政策研究工作，1982 年起任國家經濟體制改革委員會處長、副局長，中國經濟體制改革研究所所長，1985-1993 年任國家經濟體制改革委員會副主任。1999 年，任中國經濟體制改革研究會會長。

"我雖然已經是耄耋之年，精力體力都已經大不如前。但是，中國的改革事業仍在路上，改革前進還面臨著諸多挑戰，所以我還不敢停下思考，我希望自己繼續思考和努力，為改革偉業作出微薄的貢獻。"

這幾年，華為越來越"神"。但在二十多年前，華為剛剛起步，便被人告了"御狀"，而且罪名很大。

當時正值中共十五大召開前夕，有人向中央寫信說，華為姓"資"不姓"社"。主要理由是，華為是非公有制企業，而且搞了職工持股，背離了社會主義方向。這封信引起很大震動，持各種意見者莫衷一是。此時，一位老人主動請纓，提出帶隊去深圳實地調研。他就是時年 68 歲的高尚全。

高尚全曾任國家體改委副主任，當時正在參加"十五大"報告起草。他覺得，華為究竟姓什麼，是改革進程中必須弄清的重大問題。

聽說高尚全要來，深圳市委書記厲有為私下跟他說，歡迎你來，我們一起調查。一路走下來，高尚全發現，任正非以 2.1 萬元起步，國家沒有投入一分錢，卻創造了巨大的稅收和財富，解決了十幾萬人的就業問題，職工分享了改革發展的成果。

回到北京後，他立即寫報告提出，像華為這樣的企業，應該是改革的典型，因為它回答了"什麼是社會主義、怎樣建設社會主義"的問題。

後來，"十五大"報告明確提出："勞動者的勞動聯合和勞動者的資本聯合為主的集體經濟，尤其要提倡和鼓勵。"

對於這段往事，任正非多年以後才知道。

2014 年 11 月，任正非特意找到高尚全，他說："你做了好事為什麼不說？"高尚全說："我不是為你一個企業。人家說你姓'資'，我說這是姓'社'。我用不著跟你說，我也不圖什麼。"

任正非說：“那你一定要再來華為看看。”過了一段時間，高尚全有一次到深圳開會，任正非得到消息，便立刻派了兩個人，把高尚全接到深圳總部參觀。一路看下來，華為確實早已今非昔比。

我問 87 歲的高尚全：“任正非當時怎麼感謝你呢？”高尚全笑著說：“我跟他說，我不是替華為一家企業說話，所以不用謝我。”

很多人都說，高尚全是位貼了標籤的老人。而且，這個標籤已經至少貼了幾十年，即“改革者”。

這是對高尚全的一個基本定位，在前面還時常會加些定語。

比如，有人說高尚全一輩子只做了一件事，就是搞改革，所以稱其為“高改革”；有人因為高尚全一直堅持市場化改革方向，稱他為“市場派改革者”；也有人因為他既當過國家體改委副主任，又是一位學界公認的經濟學家，稱他為“跨體制改革者”；原全國政協副主席陳錦華說得更直白，在前面加了五個字：“‘有膽有識的’改革者。”

那天，我們聊了近三個小時，他居然全無疲態。他說他一直如此，只要一談起改革就興奮。年輕的時候開會發言要寫發言稿，後來慢慢只寫個提綱，最近這幾年索性連提綱也不準備了，上台就講，說上一兩個小時全程思路連貫，不顯老態。

改革開放以來，高尚全參加了六次中央重要文件的起草工作，一次是“十五大”報告，兩次是中央關於五年計劃的建議，三次是三個三中全會的決定，即 1984 年的十二屆三中全會、1993 年的十四屆三中全會和 2003 年的十六屆三中全會。

到十八屆三中全會前，他又兩次向中央提出建議，都涉及改革的核心議題。

1956 年，高尚全在《人民日報》發文，呼籲要給企業一點兒自主權，這是他個人發出的第一次改革呼聲。至今，已經整整一個甲子過去了。此後，中國改革的幾乎每一次重要關口，高尚全均未缺席。那麼，他究竟是如何參與其中，曾提出怎樣的重要觀點，又是如何看待中國的改革進程，怎樣理解改革的邏輯呢？

50 年代：企業要有一定的自主權

高　淵： 你每次出現在公眾場合，總是三句話不離 "改革"。你曾經當過八年國家體改委副主任，也是市場派經濟學家，你如何為自己定位？

高尚全： 有人說我這一輩子就是兩個字 ── 改革，把改革作為奮鬥終生的目標。中國的改革要堅定不移，既要有勇氣也要有智慧，改革為了人民，改革必須依靠人民，改革的成果由人民分享。改革必然得罪既得利益者，所以改革者要經得起非議和質疑。

高　淵： 現在都把 1978 年作為中國經濟體制改革的起點，其實早在 20 世紀 50 年代，就有人認識到計劃經濟的某些弊端了吧？

高尚全： 我是 1953 年到一機部（即第一機械工業部，主管民用機械、電信、船舶）工作，慢慢發現一些讓人哭笑不得的現象。一機部的招待所永遠都住得滿滿當當，全是部屬企業來北京辦事的。和他們聊聊才知道，原材料沒了，企業要來人；生產任務沒了，企業要來人；產品賣不出去了，企業要來人；廠裏提拔個幹部，就更要來人。許多企業乾脆就派專人常駐北京，盯著部裏。

還有件事讓我印象很深。1956 年上海天氣很熱，有家企業需要採購幾台鼓風機降溫，打報告給上級部門，按規定要由七個部門批，一路圈畫下來，夏天已經過去了。這些情況讓我覺得管理體制不改不行。

高　淵： 當時你是怎麼表達自己想法的？

高尚全： 我給《人民日報》寫了篇文章，題目就叫 "企業要有一定的自主權"，發表的時候還配了一幅漫畫 ──《"必要" 的手續》。大意是說，如果企業自主權過小，中央主管機關集權過多過細，不僅會限制企業的積極性和主動性，還會給國家造成很大的人力、財力浪費，助長官僚主義。

高　淵： 文章發表以後，有沒有引來麻煩？

高尚全： 贊成的人不少，反對的人更多。當時汪道涵是一機部副部長，有一次我隨同他出差瀋陽，早晨散步時他對我說："小高，剛才中央人民廣播電台播放了你在《人民日報》上的文章。" 聽得出，他是比較讚賞的。但也有人貼我的大字報，說企業是政府的，政府叫他幹什麼就幹什麼，讓他們擁有自主權，不成了南斯拉夫修正主義了嗎？

後來反右的時候，我差點因為這事被打成右派。好在一機部是大部，裏面大目標比較多。我還只有二十多歲，級別也低，貼貼大字報也就算了，如果在小單位估計逃不了。但其實現在看看，當時說要有一定的自主權，還是很保守的，企業應該擁有完全的自主權。

改革開放以後才知道企業自主權的重要性。聯合國把我 1956 年在《人民日報》發表的《企業要有一定的自主權》譯成英文，加上了按語，並讚揚說："不愧是中國前驅的經濟學家。"

高　淵：那以後一直到 1978 年的二十多年間，你在做什麼？

高尚全：我先後在一機部、農機部（農業機械部）、國家機械委（國家機械工業委員會）工作，基本都在政策研究部門，正好觀察一些現象，研究經濟領域的問題。"文革" 時我被下放到兩個農場進行勞動改造，先去了黑龍江的依蘭農場，剛去的時候連房子都沒有，要自己蓋，睡二十多個人的大炕。還去了河南新鄉的博愛農場，那個時間不長。總的來說，我在 "文革" 中狀況還好，沒有受到很大的衝擊。

80 年代：用行政和計劃手段配置資源都是不成功的

高　淵：後來 80 年代初成立了國家體改委，你就離開了機械委，成了一名全職改革研究者？

高尚全：我先是到調研組工作，後來兼任中國經濟體制改革研究所所長，開始了從事經濟改革總體研究與實踐的生涯。我們當時的工作，不僅要宣傳改革，更重要的是深入研究改革理論上的難點問題。如果能在改革的方向和政策上有所突破，比出台幾項具體的改革措施更具意義和威力。

高　淵：當年把 "商品經濟" 這個名詞寫進中央的決定，是一次很重要的突破，你參與整個起草過程了嗎？

高尚全：那是 1984 年。當時農村已經全面推行了"大包乾"，農民種地積極性得到了極大的提高。同時，城市也開始通過放權讓利，逐步擴大了企業自主權。但進一步改革的阻礙依然不少，關鍵是"計劃經濟"還在神壇上，沒有被真正"請"下來。高層注意到了這個問題，決定在那年召開的十二屆三中全會上予以解決，我也參加了文件起草小組。

當時，爭論的焦點是社會主義能不能搞商品經濟。我在起草小組會上說，我們一直說只有社會主義才能救中國，現在應當加一句話——只有商品經濟才能富中國。我說現在的實踐證明，哪個地方搞了商品經濟，哪個地方的經濟發展就快，哪個地方的老百姓就比較富裕，所以我贊成把"商品經濟"寫上去。

高　淵：當時的阻力大嗎？

高尚全：確實有不少反對意見。有人不贊成把"商品經濟"寫入中央文件，主要是擔心把社會主義混同於資本主義，也有的人認為最多只能寫上"商品生產和商品交換"。其實，既然有商品生產和商品交換，就必然有商品經濟。

那年 9 月份，我們以中國體改研究會和中國體改所的名義，在北京西苑旅社開了一次理論討論會，童大林、董輔礽、蔣一葦等近 20 位學者出席。座談會上，大家達成一個共識，就是應該明確提出社會主義商品經濟的概念，這是當前經濟改革要求在理論上一個關鍵性的突破。

這一建議引起中央決策層的高度重視，在這年 10 月份召開的十二屆三中全會上，審議通過的《中共中央關於經濟體制改革的決定》中，就明確指出："商品經濟的充分發展，是社會經濟發展的不可逾越的階段，是實現我國經濟現代化的必要條件。"

高　淵：這個決定出來後，對當年的改革進程是一個重大的推動。但關於計劃與市場的爭論，似乎還都沒有停止？

高尚全：爭論一直在持續。1986 年，我以國家體改委副主任的身份，帶了一個 18 人的代表團去匈牙利和南斯拉夫考察，成員包括馬凱、李劍閣、杜鷹等人。這兩國當時是社會主義國家中最早推行改革的，那次去的目的就是了解他們遇到了什麼問題。

匈牙利一位副總理見了我們，他說匈牙利是通過國家計劃局編制下達生產計劃，執行的結果是，有的企業完成 500%，有的連 10% 都做不到。更糟糕的是，企業更願意做產值高的產品，這樣生產計劃就完成得快。這樣一來，很多產品都做得"肥頭大耳"，因為用料越多產值越高，企業根本不關心款式，不關心用戶的需要，造成了資源的極大浪費。

高　淵：你們這個代表團此行的目的，是為即將召開的中共十三大做準備嗎？

高尚全：可以這麼說，"十三大"是 1987 年召開的。從國外的例子來看，用行政和計劃手段來配置資源都是不成功的。當時，國內的情況也是企業缺乏自主權，因為權都在各個部委手裏，人、財、物和產、供、銷都在部裏。

回來後我給中央寫了一個報告，針對"市場經濟＝資本主義，計劃經濟＝社會主義"的論點，我提出計劃和市場都是一種手段，並不反映社會制度的屬性。我同時提出，用國家經濟合同逐步替代指令性計劃，是社會主義商品經濟發展的需要，是改革的必然趨勢。

後來的"十三大"報告吸取了各界的建議，是這樣表述的："社會主義經濟是計劃和市場內在統一的經濟。"

90 年代："勞動力市場"能否寫入中央決定

高　淵：從 1984 年的十二屆三中全會認可"商品經濟"，到 1987 年的"十三大"提出"計劃與市場的內在統一"，感覺是一種"小步快走"式的進步。

高尚全：我舉過一個城市起源的例子。城市就是"城堡＋市場"，有商品生產就有商品交換，就產生市場，這才有了城市。市場是客觀存在，並不是資本主義制度獨有的。社會主義也叫"城市"，而並不是叫"城計"。

那些年，關於市場與計劃的爭論一直持續到 1992 年。那年，小平同志說，計劃經濟不等於社會主義，資本主義也有計劃；市場經濟不等於資本主義，社會主義也有市場。計劃和市場都是經濟手段。鄧小平同志的一錘定音，為這場爭論畫上了句號。

1992 年召開的"十四大"，明確提出要建立社會主義市場經濟體制。這樣，中國經濟體制改革的目標明確了，這是非常重要的一步，也是社會發展的大勢所趨。

高　淵："十四大"提出了改革的目標，要建立社會主義市場經濟體制，但怎麼樣搞市場經濟，恐怕大家當時還是有點心中無數吧？

高尚全：對，真正明確社會主義市場經濟內涵和步驟的，是一年後 1993 年召開的十四屆三中全會。會上通過了《中共中央關於建立社會主義市場經濟體制若干問題的決定》（以下簡稱"《決定》"），這是中國改革開放進程中，又一份關鍵性的文件。

我當時也參加了這個《決定》的起草工作。起草小組下設三個分組，我負責市場體系分組，成員有鄭新立、張卓元兩位同志。我們整個起草小組在山上討論了半年多，當時遇到一個很有意思的問題，就是在《決定》裏要不要提"勞動力市場"。

高　淵：這個概念現在聽上去沒什麼，當時為何會有爭議呢？

高尚全：當時遇到的阻力不小，因為傳統理論認為，勞動力市場是資本主義國家才有的，現在社會主義勞動者成了國家的主人，因此不存在勞動力市場。但是，既然提出了建設社會主義市場經濟，全部生產要素就應當進入市場，由市場合理配置資源。

十四屆三中全會前，中央政治局常委開會討論《決定》的送審稿。我作為文件起草小組的分組負責人，列席了那次會議。在這個高層會議上，為了能使"勞動力市場"寫入報告，我鼓起勇氣舉手要求發言，說了五點意見：

第一，勞動力的價值通過交換才能體現出來。第二，確立勞動力市場是市場經濟體制的內在要求。第三，我們現在就業壓力那麼大，不開放勞動力市場，就業問題解決不了。第四，我們現實生活當中已經有了勞動力市場。

第五，我們提出勞動力市場，不會影響工人階級的主人翁地位。

其實，工人階級主人翁地位是個整體概念。過去，我們混淆了整體和局部的關係。不少人認為我是工人，我就是主人，我就是領導階級。新加坡前總理李光耀曾經說，中國的司機為什麼服務態度欠佳？因為他們總在想：我是領導階級，我為什麼要給你開車呢？

高　淵：機關國企裏面這樣的司機確實不少，當年幾乎人人遇到過，只是表現方式不同。

高尚全：我在一機部工作時，有個局長要輛公車出去開會。他剛坐上車，司機就說車子壞了，幫我推一下吧。那個局長只能下來推，出了一身汗，司機才說，好了上來吧。後來聽說，那輛車一點問題都沒有，司機那天心情不好，故意刁難。

過去我們對勞動力的配置都是依靠行政手段，用人就有不少運氣的成分，也存在領導好惡，弊端已經很清楚了。勞動力和人才一定要流動，而流動就一定要通過市場來解決。在市場當中，企業和勞動者都可以在自主、自願的基礎上，進行雙向選擇。只有這樣，勞動者的素質、價值才能獲得更準確公正的評價，才有可能使得勞動力資源和整個社會資源實現真正的優化配置。

後來，在十四屆三中全會的決定中，第一次明確提出了培育和發展"勞動力市場"，改革理論又上了一個台階。

高　淵：那之後，社會上又出現了"姓公姓私"的爭論。比如說，什麼是社會主義公有制，怎麼建設公有制等。你參與那場理論交鋒了嗎？

高尚全：那場論戰由來已久，高峰是在 1997 年，也就是"十五大"召開之前。當時我正在參加"十五大"報告的起草工作，負責所有制改革部分。針對"姓公姓私"的各種爭論，我當時提出，在肯定公有制為主體的同時，也要確立非公經濟是社會主義市場經濟重要組成部分的概念。只有多種所有制經濟共同發展，公有制實現形式多樣化，才能使公有制與市場經濟有機地結合起來。

那時候，對股份制有不同看法。我建議採取這樣一種表述，就是"股份合作制是一種新型的集體經濟，要致力於所有制結構的改革和國有經濟的戰略性重組"，後來被"十五大"報告吸納。

2000 年後：要把政府改革放到關鍵位置上來

高　淵：改革總是伴隨著爭議，如何處理好政府與市場的關係是個永恆的主題吧？

高尚全：到了 2003 年，為迎接十六屆三中全會，我在當年 4 月參加了全會決定的起草小組。當時，關於在市場經濟條件下政府如何調控經濟，出現了一些爭議。在三中全會決定的草案中，對於這個問題是這樣表述的："市場在國家宏觀調控下對資源配置起基礎性作用。"

我提出了我的看法。簡單地說，宏觀調控是市場經濟的重要內容，而不是前提條件。進行宏觀調控，也應該主要依靠經濟手段，而不是行政手段，配置資源的主體應當是市場。後來，起草小組接受了我的建議，最後文件中的表述是這樣的："更大程度地發揮市場在資源配置中的基礎性作用。"

高　淵：政府改革總是越改越難，但總是說再難也要改。政府改革為什麼這麼難，又這麼重要？

高尚全：改革開放以來，政府一直是改革的設計者、推動者。現在，改了一圈改回來，要政府自己改自己了。國有企業改革、金融改革為何難有突破？主要原因是來自政府轉型的滯後。

2004 年 6 月，我給中央正在制定的"十一五"規劃提了幾點建議，其中一條就是建議把政府改革作為整個改革的中心環節。我當時是這麼寫的：從宏觀調控的背景來看，經濟過熱，投資衝動，誰在衝動？是政府。為什麼政府衝動？因為要有政績。如果政府不改革，包括幹部制度、考核制度不改革，整個改革就會受到影響。另外，國有大企業改革滯後了，金融改革滯後了，與政府改革不到位也是分不開的。

高　淵：那時候，政府要解決"越位""缺位"和"錯位"問題，這個說法一度流傳甚廣。這個提法是你第一個提出來的嗎？

高尚全：我記得很清楚，那是 2005 年 2 月份，國務院常務會議請了九位經濟社會方面的專家學者，徵求大家對當年《政府工作報告》的意見。當時的背景是，2004 年前十個月，全國國有企業的利潤達到四千多億元，不少人有一種錯覺，認為國有企業已經改好了，不需要進一步改革了。我提出，國企改革還有很長的路要走，而要改好國企，關鍵在推動政府層面改革。

我在那次座談會上說，要正確處理好市場與政府的關係，關鍵是解決好政府的"越位""缺位"和"錯位"問題。"越位"就是政府幹了市場能幹的事，既是裁判員，也是運動員，擔當投資主體，干預微觀管理；"缺位"就是政府的公共服務職能沒有很好發揮，有權有利的部分抓得很緊，而服務職能不夠，責任意識不強。"越位"的要"讓位"，"缺位"的要"補位"。政府改革很複雜，但我這麼一說，大家都明白了，也就流傳得比較廣。

高　淵：其實直到現在，怎麼看待國資、國企和國有經濟，依然存在一定的爭論。比如有很多人在問，國有經濟在國民經濟中到底應該佔多大比重？

高尚全：國有企業是國民經濟發展的重要力量，要充分發揮國有經濟的主導作用，這一點是沒有疑問的。但不能簡單地理解為，國有經濟比重越大越好。要夯實我們黨的執政基礎，國有經濟是其中一個重要環節，同時更重要的是民心、民生和民意。

民心是根本，"得民心者得天下"，古今中外的歷史都說明這個道理。為了得民心，必須把民生問題搞上去，使老百姓分享改革發展的成果；為了得民心，就要尊重民意，使老百姓有話語權、參與權、監督權，有尊嚴。有了這三個"民"，黨的執政基礎就牢固了。

2010 年後：新一輪改革需要更高的權威性

高　淵：在 2013 年十八屆三中全會前，你向中央建議設立全面深化改革領導小組，是出於什麼考慮？

高尚全：因為現在的改革涉及系統性、整體性、協同性，容易改的過去都改了，現在要啃硬骨頭，沒有一個權威的、高層的機構不行。中央多次提出改革要有政治勇氣和政治智慧，誰來總體設計呢？只有中央全面深化改革領導小組有這樣的權威性，一是負責改革總體設計，二是搞統籌協調，三是督促檢查。

"十八大"前，有人建議恢復體改委。但我覺得體改委力度還不夠，因為全面深化改革涉及政治、經濟、文化、社會、生態文明五位一體，範圍之廣、內容之深，不是體改委能協調的。

我在那年 5 月初就給中央領導提交了一份建議，明確提出成立中央全面深化改革領導小組，因為改革涉及黨和國家的命運，涉及"兩個一百年"目標，涉及中華民族的偉大復興，沒有綜合的協調機構，恐怕沒有保障。

高　淵：這些年來，你參加過幾次中央重要文件的起草工作？

高尚全：我一共參加了六次，其中一次是"十五大"報告，兩次是中央關於五年計劃的建議，三次是三個三中全會的決定，就是 1984 年的十二屆三中全會、1993 年的十四屆三中全會和 2003 年的十六屆三中全會中央的決定。

印象最深的是十四屆三中全會前，我們幾十個人在山上討論了半年多。那次全會具體提出了怎麼搞社會主義市場經濟，明確了"四樑八柱"，非常重要。

高　淵：這麼多官員和學者，在一起頭腦風暴半年，是一個很有意思也很辛苦的工作吧？

高尚全：是的，這也是長期以來形成的一種工作方式。要起草重要的中央文件時，都習慣於召集部委負責同志和部分專家學者，在集中的時間和地點進行起草，然後再提交給地方和部委進行討論。這種起草方式取得了很多成績，也凝聚了很多智慧，便於統一意見，但是也存在部門利益等弊端。

所以，我也曾提出建議，可以選擇四五個智庫，限期交出有關方案。這樣既可以提高智庫的積極性和學術水平，也可以豐富中央文件的內容。同時，也要鼓勵廣大黨員幹部為改革獻計獻策，使中央文件的起草過程成為幹部群眾的參與過程，也是凝聚改革共識的過程。

這輩子：改革是無止境的，不管年紀多大，都要出自己的一份力

高　淵：聽說你最近剛來過上海？

高尚全：對，2015 年 10 月份剛在上海開了聖約翰大學世界校友聯誼會，我是聖約翰大學北京校友會的會長，首任會長是榮毅仁，經叔平和魯平都當過會長，這是我現在擔任的唯一的職務。我說我已經 86 歲了，不能再當了。但好多校友說，沒有人了。因為我是 1952 年畢業的，是聖約翰大學的最後一屆畢業生，這次做會務的都八九十歲了。

但來了之後，我有兩個沒想到。一是沒想到全世界來了五百多個校友，有的坐輪椅，有的拄拐杖，這些人對聖約翰很有感情；二是我徵求各個地方分會的會長意見，這個校友會是不是自生自滅算了，下一屆還開不開？大家一致說，要繼續辦下去。

高　淵：你家庭是什麼背景，為什麼會上教會大學？

高尚全：我是土生土長的上海人，家在嘉定農村，初中到縣城上學，高中考進了聖約翰中學，就在大學校園裏面。家裏沒什麼錢，原打算讓我讀完小學就出去掙錢，但我一個開工廠的舅父說，你讀書不錯，為什麼不讀下去，錢我出。

高　淵：當時聖約翰大學難考嗎？

高尚全：不容易考。我考上了兩所大學的兩個專業，一個是復旦大學海洋系，一個是聖約翰大學經濟系，最後選了後者。其實，這是兩條完全不同的人生道路。聖約翰大學是全英文教學，能接觸到不少新的經濟學理念，我在那裏入了團（中國新民主主義青年團），參加了一些進步活動。

高　淵：你已年近九旬，不僅參加各種論壇，還寫文章出書，為何日程排得這麼滿？

高尚全：我一直開玩笑說，那主要是為了防止老年癡呆，現在我做報告不用稿子，而用腦子。前些年還要準備一個提綱，到了七十多歲以後提綱也不用了，上去就講，最長一次講了兩個多小時。有一次我參加一個論壇，主辦方看我包也不帶，講稿也沒有，感到很疑惑。但我上台一講，效果很好。

其實道理很簡單，如果你唸稿子的話，下面的聽眾肯定要開小差。我不唸稿子，也不低頭看提綱，既是鍛煉自己的腦筋，也是為現場效果考慮。

高　淵：不全是為了這個吧，我想更主要的是你依然希望通過各種場合，進一步呼籲推進改革進程。2015 年你還出了《新時期改革邏輯論》和《有效市場和有為政府》這兩本書，為什麼依然如此努力？

高尚全：有人問我，你那麼高齡了，對改革還操心幹嗎？但我覺得改革是無止境的任務，思考改革、參與改革是我的責任，尤其是當改革碰到困惑的時候，更應當發出自己的聲音。

2003 年，國務院體改辦撤銷後，要把改革的職能併入新成立的國家發展和改革委員會。這個新成立的機構，初定的簡稱是"國家發展委"。我當即提出建議，簡稱還是要兼顧全名中的"改革"，不然容易造成誤解，就是只要發展不要改革了。但也有人說，"發改委"沒有"發展委"叫得順口，我說這個絕對不是理由，多叫叫自然就順口了。你看，現在不是叫得很順口嗎？發改委的領導很民主，尊重群眾的意見，把"改革"兩字加上去了。

我雖然已經是耄耋之年，精力體力都已經大不如前。但是，中國的改革事業仍在路上，改革前進還面臨著諸多挑戰，所以我還不敢停下思考，我希望自己繼續思考和努力，為改革偉業作出微薄的貢獻。

高　淵：你如何理解這麼多年中國改革的邏輯？

高尚全：這些年來，中國的面貌發生了翻天覆地的變化，這主要是依靠改革開放和市場在資源配置中作用的不斷擴大而取得的。但也要看到，前期單邊突進的改革遺留問題，已經成為拖累經濟社會進一步向前發展的障礙。

在我看來，市場化改革方向是經過長期艱難探索的正確選擇，我們應該力排對市場化改革的干擾。下一步，堅持市場化改革方向的關鍵，就在於真正有效地轉變政府職能，釐清政府與市場的關係，建設服務型政府。

如果那輪國企改革失敗，
我可能第一個被問責

邵寧

1952 年 7 月出生。清華大學機械工程系本科、研究生畢業，先後在國家經濟委員會、計劃委員會、經濟貿易委員會工作。2003 年，任國務院國有資產監督管理委員會副主任、黨委副書記。2013 年，任全國人大財政經濟委員會副主任委員。

"我們曾經面對過一個非常危險的時期。當時國企改革攻堅已經開始，大量職工下崗，但社會上並沒有一個完善的社會保障制度作為安全網。當時全國各地都在出事，原因都是職工下崗後既沒有人管理，也沒有人保障其基本生活。"

北京天安門廣場一角，全國人大辦公樓並不顯眼。我在門口登記時，工作人員跟我大致講了一下進門以後怎麼走，說裏面不好找。

六十多歲的邵寧，在這個外觀平常的大樓裏，有一間不算大的辦公室。在擔任全國人大財經委員會副主任委員之前，邵寧當過 10 年國資委副主任，分管國企改革、規劃發展、企業重組、薪酬分配和穩定工作。

在很多國企高管眼中，邵寧是一位真懂國企的領導，也是一位學者。那天，在他辦公室裏聊了將近五個小時。邵寧點著煙，不用看一眼筆記本，把二十多年來的國企改革梳理了一遍，其中的重點是 20 世紀 90 年代末，那是國企最困難的時候。

邵寧的父親畢業於西南聯大，解放初曾擔任上海紡織機械廠的首任技術科長。所以，邵寧人生的前兩年是在上海度過的。1954 年，父親被調到紡織工業部工作，全家一起進京。在頗有名的北京二中還沒上完初中，1969 年邵寧就去陝北農村插隊了。之後五年生活的艱難，讓邵寧至今記憶猶新。"那時候最大的問題是吃不飽、看不到前途，白天上山幹活，晚上就在昏暗的煤油燈下自學，算是無奈中的自我安慰吧。"

後來的人生，就是他那一代人典型的富有戲劇性的勵志故事。由於有自學的基礎，恢復高考第一年考上了清華大學，然後開啓仕途生涯。

看邵寧的從政足跡，朱鎔基這個名字頻繁出現。

第一次追隨朱鎔基，是邵寧在清華大學研究生畢業時。當時他已確定留校任教，就在此時，清華學長朱鎔基來校做了一次經濟形勢報告，朱鎔基當時的職務是國家經委綜合局副局長。

朱鎔基的口才眾所皆知，一個報告聽完，邵寧不想留校了。他後來去了朱鎔基曾工作的綜合局，而老學長已官至經委副主任。

第二次追隨，是在朱鎔基由滬返京出任副總理時。朱鎔基先組建了國務院生產辦，然後成立了國家經貿委，當時已在計委工作的邵寧，平調去當經貿委企業局副局長。

第三次追隨，是在 1998 年。朱鎔基出任總理，決定啟動極為艱難的"國企三年脫困"。時任經貿委企業改革司司長的邵寧，又多了一個頭銜：新組建的企業脫困辦主任。

由此，在那場驚心動魄的國企脫困中，邵寧成為關鍵操盤手之一。

然而，當時的國企，是徹底進入谷底了。國企本身就是計劃經濟的產物，從立項建設開始，就沒有想過要參與市場競爭。所以，從體制機制、佈局結構，到社會定位、職工觀念，都跟市場經濟格格不入。隨著民企、外企加入競爭，國企陷入困境是遲早的事。

一些數據是這樣的：

1997 年國企虧損額是 1987 年的 12 倍，利潤比 1987 年下降了 42%。更糟糕的是，當時國企的攤子極大，加上集體企業，有 1.1 億職工。這麼大的一個經濟系統如果轟然倒下，後果不堪設想。

邵寧和國企打了十幾年交道，他對國企有感情，對國企改革有作為，對國企現狀有遺憾，對國企未來有思考。他說，現在想起 20 世紀 90 年代末，確實是中國國企最危急的時刻，"踩踏"隨時可能發生。

我問他，當年有沒有想過去經營一家國企？邵寧說："沒有機會，我們這個國家職業鴻溝太深了，人的橫向移動很困難，所以很難出綜合性人才。當然，另一方面我做宏觀的事還可以，讓我真正做企業，也許在大企業搞搞戰略還可以，小企業不行。買東西都不善於討價還價，我這個人太書生氣。"

現在的國企改革，又到了深化提速的關鍵時刻。此刻，聽邵寧回憶當年國企改革歷程，尤其是最為艱難的那幾年，以及隨之啟動的"國企三年脫困"，應該能獲得某種啟示。

聽了朱鎔基的報告，去了他所在的國家經委工作

高　淵：你走出清華後，從政的第一站是國家經委，為什麼要選擇去那裏？

邵　寧：其實我研究生畢業前是準備留校的。你想想，一個在黃土高原上種地的知識青年，如果能成為清華大學的老師，那真是"飛天"了。但就在我畢業前，清華的學長朱鎔基來校做了一次經濟發展和改革形勢的報告，他當時的身份是國家經委綜合局副局長。他的演講非常吸引人，使我萌發了投身經濟工作的想法。

20 世紀 80 年代初是一個火熱的年代，經濟領域是主戰場。對我這樣一個在社會最底層浸潤日久，總想找機會為國家做點事的人來說，學校之外的經濟改革顯然比書齋生活更有吸引力。現在想起來，這一步是跨大了。轉行搞經濟工作，我既沒有知識方面的準備，也沒有人脈方面的資源，真有些不知天高地厚。好在那時候各方面都需要人，並不在意你究竟是學什麼的。

高　淵：你當時想追隨朱鎔基的腳步，也去經委綜合局？

邵　寧：我進國家經委是一位校友推薦的，先在辦公廳，然後去了綜合局。這個局主要做經濟形勢分析，是朱鎔基曾工作的地方，不過那時候他已經是國家經委副主任了，分管綜合局。

當時國家經委主任呂東組織了一個青年經濟研究小組，組長是調研室副主任任克雷，我是成員之一。這個小組是當年國有企業承包經營責任制的主要研究者和倡導者，這也是我第一次接觸國有企業問題。

高　淵：但沒過幾年，國家經委被撤銷了？

邵　寧：那是 1988 年國務院機構改革，撤銷了國家經委。經委各業務局按職能，有的劃到國家計委，有的劃到物資部、體改委、外經貿部等。經委綜合局有四位同志進入了計委綜合司，我是其中之一。

當時外界評論說，國家計委綜合司是"中國政府第一司"。在計劃經濟時期，年度計劃的制定和最終平衡的職能在這個司。轉到市場經濟之後，以年度計劃執行為載體的宏觀調控職能也在這個司。它的職能非常重要，可以

說是中國宏觀經濟運行體系中最關鍵的一個機構。

因為這個司特別重要，所以配的都是精兵強將，日後提拔的機會也比較多。我進去的時候司長是王春正同志，他後來當了國家計委常務副主任、中央財經領導小組辦公室主任。這個司出了很多部級幹部。不過，它管得比較宏觀，實際權力不大，沒有多少項目審批、物資分配等實權。

高　淵：你在"中國政府第一司"的工作壓力大嗎？

邵　寧：我在預測處做經濟運行分析。當時工作壓力非常大，因為每個季度都要向國務院上報經濟形勢分析報告，加班加點是經常的。按理說，一個搞經濟工作的人，在這樣一個核心業務司裏工作會得到很大的鍛煉。但去了沒多久我就發現一個問題，我把經濟問題看得太簡單了，自己積累的經濟學知識，完全不足以應付綜合司的業務要求。

在那裏，你必須對宏觀經濟有非常準確的全局性判斷，不能似是而非、不能胡言亂語，否則就會耽誤大事。我當時的自我感覺是"坐吃山空"，而且越吃越空。因為要常常加班，連學習的時間也沒有。我在綜合司工作了11個月，儘管領導待我不薄，但感覺自己應該挪地方了。於是我提出調往國家計委經濟研究中心，這是計委的一個二線研究機構。

高　淵：你這算是主動找"冷板凳"坐吧？

邵　寧：從第一重要的業務司轉到二線研究機構坐"冷板凳"，是我轉到經濟工作領域後一次不大不小的轉折。但這次轉型的決定是對的，我在經研中心工作了七年，等於重新上了一次學。

國家計委經研中心有一批專家，年長的如王夢奎、林兆木，年輕的如郭樹清等，他們都成了我的老師。我在經研中心的主要研究方向是短期經濟形勢分析和長期經濟發展戰略研究。這兩個方向都是與國家計委的職能配套的，或者說是為計委服務的。除此之外，我盡可能把研究領域拓寬一點，包括農業問題、產業政策，還有企業改革、財政問題等。我在國家計委經研中心工作期間發表了不少文章，算是一位較"多產"的研究人員，在業務方面我已經拿到了指導經濟學碩士研究生的資格。在國家計委經研中心的深造使我終生受益匪淺，其宏觀的視野、結構的意識在別處是學不到的。以後在研究處理具體企業問題時，就有了更寬、更全局性的視角。

高　淵：後來你是主動離開國家計委的？

邵　寧：也不完全是。朱鎔基同志從上海調到國務院工作後，先組建了國務院生產辦，後改為國家經貿委，需要一批業務骨幹，尤其是國有企業改革這條戰線。我作為原國家經委的“老人”之一，大家知根知底，自然成為重點招募的對象。

另一方面，我在計委搞研究的後期，也發現了另外一個問題。搞研究不是真幹，那裏環境很好，但你的研究很難落到實處。當時我的感覺是，補課總體上已經完成了，在知識方面已經做好準備了，如果有機會到第一線去，應該是時候了。

1996 年，國家經貿委的召喚和我個人的意願一拍即合，我平調去了國家經貿委的企業局當副局長。時任局長是蔣黔貴同志，分管副主任是陳清泰同志。一年後，蔣黔貴同志升任國家經貿委副秘書長，我接任企業局局長。於是我經歷了人生最後一次轉折，國有企業改革這一領域成為我職業生涯最後的歸宿。

高　淵：那時候，中國的國有企業處於什麼境地？

邵　寧：是最困難的時候。到 1997 年、1998 年就真正滑到谷底了。

高　淵：為什麼國企在那時候會出現嚴重的危機？

邵　寧：國有企業本身是計劃經濟的產物，從立項建設開始，就沒有想過要參與市場競爭。所以，這些企業的體制機制、佈局結構，到社會定位、職工觀念，都跟市場經濟格格不入，不經過徹底的改革它們很難適應市場經濟的要求。改革開放後，隨著其他所有制經濟的發展和市場競爭的加劇，國有企業陷入困境是遲早的事。

高　淵：那時候承包制改革熱過一陣，這個到底管多大用？

邵　寧：在改革開放之初，主要是兩條線。一是放開市場，讓民營經濟和外資企業發展；二是對國有和集體企業放權讓利，調動企業的積極性，其最終模式就是承包經營責任制。應該說，承包制的實施在當時有積極意義，但它能解決的問題很有限。

承包制的積極意義，一方面是實現了國企從面向計劃到面向市場的轉換。承包制"承包"的是利潤，而企業必須把產品在市場上賣出去才能取得利潤，因此企業必須面向市場。另一方面是調動國企的積極性。完成承包指標之後，企業在分配上可以有更大的自主權，可以多分獎金。

　　高　淵：承包制最大的短板是什麼？

　　邵　寧：應該說，承包制只是一種淺層次的改革，體制沒變、結構沒動，改變的只是政府對國有企業的管理方法。它最大的問題是只適合於短缺經濟，不適合於買方市場下的結構調整。

　　承包制把所有企業的結構實際都包死了。企業的生產數量可以承包，而結構調整是沒法承包的。所以，承包制適應中國經濟發展的階段非常短，短缺經濟時期還行，一轉到買方市場就很難操作了。

國企不能潰退，不然就可能造成 "踩踏"

　　高　淵：到了 90 年代中後期，國企的攤子仍然很大，但經濟效益卻越來越差，當時有什麼破解之道？

　　邵　寧：1998 年國務院又經歷了一次機構改革，國家經貿委實際上被加強了，有 10 個工業部門被撤銷，變成經貿委管的國家局。當時，王忠禹主任升任國務院秘書長，盛華仁同志接任國家經貿委主任，蔣黔貴同志升任副主任，仍分管企業改革系統。那年，朱鎔基出任總理，正式啟動全國國有企業三年改革脫困工作，改革進入了攻堅階段。

　　當時，我擔任國家經貿委企業改革司司長。根據盛華仁主任的提議，為加強企業脫困工作，又組建了一個臨時機構——國家經貿委企業脫困工作辦公室，由我來兼任主任。脫困辦組建時，我從委外調了兩位有研究能力的同志任副主任：周放生和熊志軍，其他人員都是借調來的。

　　高　淵：你身兼的這兩個職務，都是當年國企改革脫困的核心部門，是否壓力很大？

邵　寧：壓力確實很大。當時有人跟我開玩笑說，如果三年改革脫困的目標完成不了，第一個應該拿誰問罪，是最清楚不過了。

高　淵：當時大家怎麼看待國企，是否覺得已經沒有希望了？

邵　寧：確實是這樣。1997年國企虧損額是1987年的12倍，盈虧相抵實現利潤比1987年下降了42%。其中國有中小企業盈虧相抵是淨虧損的，集體企業也是淨虧損的。當時，困難的國有、集體企業到處都是，很多企業發不出工資、退休金，更談不上公費醫療報銷。由於企業困難、職工困難，各種類型的不穩定事件不斷出現，各級政府焦頭爛額。

問題的嚴重性還在於，由於之前並沒有做實質性退出，當時國有、集體企業的攤子仍然很大，大約有200萬家國有、集體企業，1.1億職工。如果這麼大的一個經濟系統轟然倒下，後果不堪設想。

高　淵：面對這樣困難的局面，三年改革脫困的工作目標是如何確定的呢？

邵　寧：目標確定非常關鍵。這既是一件非常具體的事情，也是一項政治上需要很好把握的工作。當時，陳清泰主任給我們的交代是：三年左右擺脫困境是階段性的有限目標，定的要求不能過低也不能過高，各地情況不同，不可能搞一個標準。在他主持下，第一個三年改革脫困初步方案提出的目標是：2001年前使目前處於困境的國有企業或者走出困難，或者退出市場；2001年前在多數大中型國家投資企業初步建立公司制度。

黨的十五屆一中全會正式提出的國有企業改革與脫困目標是："從1998年起，用三年左右的時間，通過改革、改組、改造和加強管理，使大多數國有大中型虧損企業擺脫困境，力爭到本世紀末大多數國有大中型骨幹企業初步建立起現代企業制度。"但這個正式提法仍然是定性的，關鍵是"大多數"需要擺脫困境的虧損企業如何具體化。

高　淵：你們內部討論時，對於國企改革目標有爭論嗎？

邵　寧：我們經貿委內部的意見很不一致。有一種意見非常激進，提出使國有企業的虧損面下降到20%。當時國有企業不計潛虧的虧損面是39.1%，其他所有制企業的虧損面大約是30%。記得我在會上和這種意見發生了激烈的爭論，我說要求把國企的虧損面壓到比其他所有制企業還低，除非大規模地做假賬，否則是做不到的。這樣設定目標，不留足夠的餘地，實際效果是給領導設"套"。

後來經過上上下下、反反覆覆的溝通，最後在國務院副總理吳邦國的主持下，明確了脫困的具體目標。所謂"大多數國有大中型虧損企業"是指1997年底虧損的6599戶國有及國有控股企業中的大多數，這個目標有一定的彈性和餘地。唯一的問題是，基數點不在最低點上。因為亞洲金融危機的影響，1998年國民經濟繼續下滑，國有和國有控股工業企業實現利潤又下降了34.9%。1998年才是谷底，這實際使脫困的有效時間縮短了一年。

高　淵：面對這麼多難題，目標又這麼具體，"三年改革脫困"有什麼新措施嗎？

邵　寧："三年改革脫困"實際是給國企"動手術"，之前承包制都是屬於保守療法。具體的措施大致可分為兩種類型：第一類是針對特定企業、特定行業的，如紡織壓錠、債轉股、減員增效、技改貼息、行業下放等；第二類是面上普適的，包括國有中小企業改革、國有困難企業關閉破產、再就業工作等。

相比較而言，第二類措施更具有"手術"的價值。"動手術"的"第一刀"是國有中小企業改革，"抓大放小"涉及上百萬家國有和集體企業，職工大約有4000萬人。改制過程非常艱難，職工並不情願。原先在國企一起吃大鍋飯，改製成民營企業崗位就有風險了。

高　淵：那時候你們最擔心什麼？

邵　寧：我們這些直接參與工作的人，當時也信心不足。但有一點是明確的，即使搞不好了要退，也要想辦法有秩序地退，不能潰退。一旦潰退就要"踩踏"，就要出事了。

改革的"第一刀"切在了中小國企上，"第二刀"是關閉困難的大中型國企。這個過程太難了，把長期掩蓋著的矛盾全部挑開了。

高　淵：當時各地都忙著把中小企業賣掉，就是在這個階段吧？

邵　寧：對。改制退出也有幾種方式。第一種是面向內部人的改制，把企業變成職工持股、經營者持股的企業，其中經營者要多購買、持大股；另一種方式是引入外部投資者，並由其控股；最後一種方式是整體出售。不管採用什麼方式，改完之後就不是國有企業了，改變性質了。

高　淵：這種賣掉中小企業的做法，當年我採訪過一些官員和企業，對此爭議很大。直到今天，依然有不同看法。現在快過去 20 年了，回過頭來看，你怎麼評價這"第一刀"？

邵　寧：這項改革從方向上講是正確的。幾乎在所有國家，中小企業都是由股東直接經營的，因為企業規模小，沒必要再委託代理人。自己經營自己的資產，盈虧都是自己的，所以關切度很高。

如果在中小企業實行國有制，必然是層層的委託代理關係，而且多一個層次，關切度就多一份損耗，跟民企很難競爭。中小企業搞國有制必然站不住，如果不主動退出，以後也會被市場競爭擠出去。因此，當時放開搞活國有中小企業的方針是正確的。

高　淵：這種做法是否造成了國有資產流失？

邵　寧：這種情況肯定有。原因之一是這項改革由地方政府主導，當時地方政府已被國企問題搞得焦頭爛額，急於甩包袱，因而推動很急、工作很糙。原因之二是上百萬家企業改制，由許許多多不同水平、不同想法的人在操作，過程很難控制。原因之三是當時並沒有一個職能完整的出資人機構，管人、管資產、管改革分屬不同部門，體制漏洞、政策漏洞很多。

高　淵：當時有沒有可能先把管理體制理順了、政策完善了，再啓動改革？

邵　寧：這樣設問是有道理的。問題是政府體制是另一個層次的改革，不是想推就可以推動的。等待條件具備再推改革的結果，很可能是完全錯過了改革時機，條件也未必能創造好。

另外就我個人的直觀判斷，這一時期的國有資產流失肯定有，但不會特別嚴重。因為存在一個制衡因素：職工。有人想做文章，職工這一關很難過去，企業改制的方案是要經職代會通過的。這與後來國有土地、國有礦產資源方面的流失情況完全不同。這"第一刀"下去以後，國資戰線大大收縮了，接下來就是國有大企業的問題了。

高　淵：接下來的"第二刀"具體怎麼切？

邵　寧："第二刀"是要關閉一些困難的國有大企業。怎麼處置困難國企一直是政府的一個難題。一句老話說，國企最大的弊端是只能生不能死。建一個國企很容易，但如果企業不行了怎麼辦？

原來的辦法是政府養著虧損的國有企業。具體有兩個出錢的渠道。一是財政出點基本生活費。這不是主渠道，因為財政一般沒有多少錢。二是政府壓銀行給困難企業貸款。當時銀行還沒改革，還聽政府的"招呼"，那時候有"安定團結貸款""吃餃子貸款""過年貸款"等，都是用在困難國企身上的。其實誰都知道，這種貸款必然有去無回，結果造成銀行系統內的大量壞賬。

企業破產誘發的群體性事件很多

高　淵：要想真正改變這種局面，財政和金融體制也必須要改革吧？

邵　寧：也是在 1998 年，在三年改革脫困工作啓動的同時，朱鎔基總理這屆政府還開始了財政和金融體制改革。

當年財政體制改革的目標是建立公共財政體制。簡單地說，就是財政只保公共支出，不再為國企的經營性虧損進行補貼了。當年金融體制改革的目標，是建立國有商業銀行體制。國有銀行的商業主體地位確立之後，政府也就不能壓著銀行給特定企業貸款了。這兩項宏觀層面的改革按說都不是針對國有企業的，但對國有企業的經營狀態影響很大，客觀上把政府對國有困難企業的輸血渠道全部切斷了。

高　淵：這樣一來，那些國有困難企業就真的活不下去了吧？

邵　寧：這實際上把困難國企的問題擺上桌面了，再也無法迴避了。解決問題的突破口，是國有困難企業政策性關閉破產工作。為了做好這項工作，國務院專門成立了"全國企業兼併破產和職工再就業工作領導小組"，主要組成部門包括國家經貿委、財政部、勞動部、人民銀行等，辦公室就設在國家經貿委企業改革司，簡稱"破產辦"，由宋毓鍾副司長負責，上面是蔣黔貴副主任親自抓。

這項工作真是非常難，太難了。企業破產後職工會下崗，雖然能拿到一筆補償金，但當年財政比較困難，所以補償金非常少，全國平均安置費不到兩萬元，而且還是用"破產剩餘資產和土地使用權轉讓收入優先安置職工"，實際是用銀行的錢補了社會保障。

高　淵：那時候，破產企業的職工反彈大嗎？

邵　寧：反彈是意料之中的，這實際上也是改革過這一關必然面對的風險。企業破產普通職工是沒有責任的，但損失最大的是職工，因而很難接受，誘發的群體性事件很多。

那些年，各級政府為解決破產企業的穩定問題做了大量工作。第一批上去疏導的工作組基本都會被圍，打不能還手罵不能還口，耐心做政策解釋工作。這種事例全國非常多。當年四川省一個市的經貿委主任對我說，當地一家破產企業職工把鐵路堵了，他帶領工作組上去做工作，被職工捆在鐵軌上，直到警察把他們救出來。他一邊說一邊掉眼淚，一個四十多歲的漢子啊！

當時我們都非常理解，職工可能需要鬧一次，等他們發洩了之後再做工作效果會好一些。但該破產的企業必須破產，因為它們已經成為經濟和社會發展的負擔了。

高　淵：你對哪個企業破產印象最深？

邵　寧：黑龍江的阿城糖廠當時是中國第一個破產的萬人大廠。這是一家甜菜糖廠，陷入困境的原因其實很簡單，甜菜糖的生產成本太高，已經沒法和南方的蔗糖競爭了。但職工們不接受，職代會通不過破產方案。沒有辦法，只能擱著。然後讓職工推選廠長，看有沒有人能把企業帶出困境。

擱了一年還是不行，甜菜糖競爭不過蔗糖，這不是哪個經營者能改變的，誰也想不出好辦法，結果還是破產。這說明，要讓企業職工接受破產的現實，是非常困難的，至少需要一個過程。

高　淵：在國企改革進程中，建立破產機制真的繞不過去嗎？

邵　寧：只有困難企業能退出市場，國有經濟的結構才能優化，市場經濟優勝劣汰的機制才能發揮作用。從這個角度講，這確實是繞不過去、無法迴避的一道坎。同時，困難企業破產也直接推動了新的社會保障制度的建立。

中國的國有企業改革，是在改革並不配套、條件並不完全具備的情況下推進的。需要支付改革成本的時候發現財政並沒有準備足夠的資金，職工大批下崗時發現社會保障制度還沒建好，出現國有資產流失時發現國資管理的責任並不明確。這可以理解為當時改革的頂層設計沒有做好，也可以理解為是藉助一項最重要的改革來倒逼推動其他方面的改革。

高　淵：其中的關鍵還是建立一套社會保障制度吧？

邵　寧：實際上在計劃經濟時期，我們對企業職工有一套保障制度，不過那是單位保障的體制，所以我們都是"單位人"。單位保障指職工的保障責任是由工作單位承擔的，包括退休了單位發退休金，看病由單位公費醫療報銷，甚至還有分房，等等。

單位保障制度適合計劃經濟，因為計劃經濟時期的國有企業和財政是"一本賬"。企業保障方面的開支多一點，上繳財政就可以少一點，如果企業虧損了財政要給補貼。但進入市場經濟就不行了，財政和國企的財務關係切斷了，國企變成了一個自身沒有保障的市場競爭主體，市場經濟下的社會保障制度必須是社會化的。可以這樣講，改革把原來的單位保障制度廢掉了，而新的社會保障制度還沒有建好。

高　淵：當時有多急迫？

邵　寧：1998年上半年，我們曾經面對過一個非常危險的時期。當時國企改革攻堅已經開始，大量職工下崗，但社會上並沒有一個完善的社會保障制度作為安全網。當時全國各地都在出事，原因都是職工下崗後既沒有人管理，也沒有人保障其基本生活。

在這樣的局面下，黨中央、國務院做了一個重大決定，建立社會保障體系需要一個過程，來不及，我們就先建一個替代物，就是"再就業中心"。

這是上海紡織控股創造出的經驗。再就業中心為下崗職工做四件事：發基本生活費、繳基本保險、進行再就業培訓、介紹工作。再就業中心作為一個特殊時期社會保障的替代物，穩定了下崗職工和社會，支持了這一時期的改革和結構調整。

2000 年底公佈國企利潤總量，成果斐然使社會質疑數字造假

高　淵：三年國企改革脫困最終效果如何？

邵　寧：應該說，改革措施非常有針對性。"手術"的兩刀切掉兩個大的虧損源，因而經濟效果非常明顯。到 2000 年末，全國國有和國有控股工業企業實現利潤恢復到 2000 億元以上，虧損面下降到 27.2%，包括紡織行業在內的五個重點行業整體扭虧；重點鎖定的 6599 戶虧損企業中有 4799 戶採取多種途徑擺脫了困境，脫困率達 72.7%。盛華仁主任向全國人大報告基本完成了改革目標。

高　淵：宣佈完成目標後，當時社會上一片叫好嗎？

邵　寧：主流媒體的報道當然是正面的，但社會上出現了很多質疑聲，有些人說數字造假。那麼到底有沒有造假呢？說實話當時我們心裏也沒數，因為我們自己沒有統計手段，用的是國家統計局的數字。

一般地講，政府強力推動的工作對統計數字或多或少會有些影響，關鍵是影響的幅度有多大。結果過了兩年，2002 年末同口徑國有企業實現的利潤超過 3000 億元。又過了兩年，2004 年末同口徑利潤超過 5000 億元，這時候再沒有人說造假了。

大家開始意識到，"三年改革脫困"確實給中國的國有企業改革帶來了重大轉折。現在回過頭去看，朱鎔基總理敢於在自己的任期內把矛盾都挑開，把解決問題的責任和風險自己承擔，把改革的成果留給後人，是展現出了一位政治家的胸懷和風範。

高　淵：那三年國企改革脫困過程中，你和你主管的機構主要扮演什麼角色？

邵　寧：我們是第一線的工作機構。在工作目標確定後，關鍵是要把工作組織好，把事情做實。

這包括幾個層面。一是政策要做實。每一種類型的困難企業都要有相對應的政策，這些政策有些是上面制定的，有些是地方創造的，因而總結各地改革經驗的任務很重。這個任務主要在企業改革司。二是責任要做實。企業自身當然是脫困主體，但政府也要承擔相關的幫扶責任。我們在與各級政府部門協商的基礎上，為6599戶重點脫困企業的每一戶都明確了一個政府部門作為幫扶責任主體，同時每個季度向全國通報一次脫困進度。這項工作主要由脫困辦完成。三是重大個案的解決要做實。所謂重大個案，都是操作過程中出現群體性事件的企業。企業出事了我們必須派人到第一線和地方政府一起解決問題，在這方面"破產辦"做得多一些，我的老上級蔣黔貴副主任經常親臨一線指揮。

應該說，我們為實現三年改革脫困，建立了一套政策體系，也確立了一套組織體系。政策體系是治病的，組織體系是督促治病的。

高　淵："三年改革脫困"的成效應沒有疑問，但對這項工作本身各方面的評價，至今並不完全一致，你怎麼看待這些說法？

邵　寧："三年改革脫困"是一系列非常具體的工作組合，人們觀察角度不同自然會有不同的認識。前幾年有一種說法，"三年改革脫困"是政府用行政手段強力推動的，應該更多地採用市場化的辦法。但對於中國這樣一個行政力量強大而市場機制發育不完善的國家，這恰恰是一服對症的良藥。

高　淵：這句話應該怎麼理解？

邵　寧："國企三年改革脫困"為國企改革創造出三個方面的條件。首先，它使國有企業改革從一項分管領導主持的部門工作，變成各級黨委、政府必須向中央交賬的"一把手工程"，工作位置不一樣了。例如：很多省市的國企改革原先是工業副省長或副市長帶領經委負責推動，能動員的資源非常有限。其次，各級黨政"一把手"親臨國企改革第一線，各相關部門會主動跟進制定配套政策，改革的政策環境大大改善。第三，各級黨委、政府的號召和推進，各層級的積極響應，創造出一種理解和支持改革的濃厚的社會輿論氛圍。這三點對於改革的大規模推進都是必不可少的條件。

事實上，有些重大改革措施，如國有中小企業改制、企業破產等，其出台或試點的時間都早於 1997 年，但實施的範圍、力度都很有限，只有在三年改革脫困工作開始後，才有了大規模、大力度實施的可能。改革的推進需要環境、氛圍和條件，"三年改革脫困"工作恰恰創造出了這種環境、氛圍和條件。

高　淵：你在國企改革領域一幹就是 17 年，現在也沒有完全離開。對於國企改革，對於國企的命運前途，你內心中最真實的想法是什麼？

邵　寧：國有企業在中國經濟，包括競爭性領域中的大量存在是一個既成事實，是我們父輩們已經建好的，簡單地否定它們毫無意義。面對這麼多企業、這麼多職工，我們只能逐步推進改革，有些企業可能需要退出，有些可能需要通過改革和結構調整使其適應市場，並最終實現與市場經濟的融合。

我國國有企業目前存在的種種問題，大都是先天帶來的，是當年我們選擇的經濟發展模式所決定的。站在當代市場經濟的角度，挑出國有企業種種不適應市場經濟的弊端，是很容易的。但這不是有水平的表現。

真正有水平，而且也是國家需要的，是建設性的意見：從中國國情和國有企業的實際出發，如何幫助國有企業加快改革和結構調整，以盡快適應社會主義市場經濟體制的要求。因此全社會都應提倡一種對國有企業理解和寬容的態度。

江湖
之遠

鄭永年　　　周其仁　　　張五常　　　王賡武

有些人不在中樞，有些人不在京城，更有些人久居海外，他們卻常思考著大局大勢。

鄭永年是久居新加坡的中國問題專家，他很真誠地跟我說：「我真的很想活 100 歲，如果能做到，那時候就可以把中國問題看得差不多了。」

張五常是一介「狂狷之士」，生於香港，曾在香港大學執教多年，卻時不時對內地經濟改革「指手畫腳」，往往引來很多不同意見，把自己推上風口浪尖。

王賡武被新加坡前總統納丹稱為「新加坡國寶級學者」，他被公認為與余英時、許倬雲齊名的「海外三大華人史學大師」。他說，他是從外國人視角看中國歷史。

周其仁在北京大學任教多年，但他「走」得更遠。他常跟學生們講，要跳出來研究問題，就把自己當作外星人，看看地球人卡在哪裏了？

距離產生美，距離也能讓人更跳脫地思考。

我剛把戶口遷回
餘姚鄭洋村

鄭永年

1962 年生，浙江省餘姚人，中國問題專家，美國普林斯頓大學政治學博士。現任新加坡國立大學東亞研究所所長，《國際中國研究雜誌》（*China: An International Journal*）共同主編。歷任北京大學政治與行政管理系助教、講師，新加坡國立大學東亞研究所研究員、資深研究員，英國諾丁漢大學中國政策研究所教授、研究主任。

"我相信，'中國模式' 是存在的。但這個模式，不是像有些人說的那樣，"中國模式"是世界最好的，也不像另一些人說的那樣，中國改革就是要消滅 '中國模式'。在我看來，'中國模式' 是幾千年來一以貫之的，而現在走到了一個十字路口。"

鄭永年是久居海外的中國問題專家，也是一位偏愛獨處的公眾人物。

他雖然常居新加坡，但每個月至少來中國兩次，或參加論壇，或到各地考察，也會在媒體上露面。"十九大" 召開前，在大型政論片《將改革進行到底》的第一集中，他便出鏡亮相，談改革必須啃硬骨頭的問題。

不過，他平時最愛獨處。只要人在新加坡，便每天早上 6：45 準時起床，到新加坡國立大學東亞研究所的辦公室，開始一天的讀書寫作生活。他經常兩三個選題交替寫作，英文寫累了寫中文，中文寫累了寫英文，一日三餐基本都在學校食堂解決，直到晚上七八點回家。

"我不抽煙、不喝酒、不熬夜，也不愛旅遊，我在新加坡每天都按固定的時間生活，有點像部隊生活。" 55 歲的鄭永年腰杆筆挺，說一口帶有寧波腔的普通話，甚為健談。

我和鄭永年聊了一下午，他有問必答，聊到高興時，還拿出口袋裏的身份證，說："我到現在還是中國國籍，今年剛把戶口放到了老家寧波餘姚鄭洋村。"

在他看來，對他們這個年齡的人來說，要放棄中國國籍是比較難的決定。倒不是說他們身上有多麼濃厚的愛國主義，就是覺得怪怪的。鄭永年1990 年就去了美國，要放棄中國國籍早就放棄了。在國外將近 30 年，他一直用中國護照，也習慣了。他這些年不知道換了多少本護照，以前要求五年換一次，最近這些年才是十年一換，但因為經常出國，兩三年護照頁就用完了。他很感慨地說："我想以後寫一寫我的護照的故事。"

這位生於農家的學者，這些年筆耕甚勤。我問他，至今一共寫了多少本書，他說："其實我自己從來不算的，有一次兒子跟我開玩笑，他說等我寫到 100 本書，要為我開個派對。我就真的去算了一下，寫的和編的加起來一共七十多本了，其中有七八本英文專著。"

19 歲那年，鄭永年走出了餘姚山村，挑著扁擔到北京大學報到。當時村裏沒有電話，北大招生的老師找不到他，中學班主任就為他選了國際共產主義運動史專業。1990 年，他懷揣 120 美元遠赴美國普林斯頓大學，逐步完成了從一個農村孩子到國際知名學者的蛻變。

對於這樣的命運安排，鄭永年顯得非常滿意。"如果從政或者經商，都要擊敗很多對手。我是越來越覺得做學問實在太幸福了，這是世界上最好的工作，其樂無窮。做學問不用冒犯任何人，自己跟自己較勁就行了。不過，我對自己寫的書從來沒有滿意過，好像永遠都只是剛剛開始。"

我向他求證，是否對外說過希望活到 100 歲？他很真誠地笑道："我真的很想活到 100 歲，如果能做到，那時候就可以把中國問題看得差不多了。"他頓了一頓又說："當然這是開玩笑的，新的問題也會出現。"

馬拉松："男人需要三種感覺：飢餓感、疲勞感和孤獨感。"

高　淵：我關注你的微信朋友圈，發現你每隔一兩週都要寫一個"週日徒步日誌"，每次都要走上三四十公里。只走不跑嗎？

鄭永年：對，最多的一次走了 71 公里。不過一般走 35-40 公里，接近一個馬拉松。

我以前喜歡跑步，還經常打羽毛球，但後來膝蓋受傷了，就改成走路。現在，我只要在新加坡，每個星期天早上八點多開始走路。新加坡有個水庫，那裏環境很好，有樹木擋著陽光，我平均一小時走六公里，中午吃個飯，走到下午三四點結束。

高　淵：結伴而行還是踽踽獨行？

鄭永年：一般是一個人獨行，有時候也有其他人，但大多數人走不了那麼遠，經常走著走著就剩我一個了。而且，我邊走路邊思考問題，中間除了吃飯從來不停，就是這樣一直走，已經養成習慣了。

高　淵：你走馬拉松累不累，目的是什麼？

鄭永年：在我 50 歲之前，做什麼事基本都不累，但 50 歲以後，如果在辦公室寫一天東西，就會感覺累了。所以我就強迫自己，一週要休息一天。這一天如果待在家裏，估計就是看看書看看電視，我們男人又不愛逛街，最多去書店。

我想來想去，還是覺得走路比較好。因為我一直覺得，男人需要三種感覺：飢餓感、疲勞感和孤獨感。走路可以同時獲得這三種感覺。

高　淵：為什麼需要這三種感覺？

鄭永年：我上大學之前一直生活在浙江四明山區，經常吃不飽飯，而且幹農活很累，劈山造田、修公路、種樹，等等，我都幹過。當農民其實是很孤獨的，但我難忘當年的感受。

如果每天吃得很飽，不僅不利於健康，而且不利於思考。現在，我一週有兩個晚上讓自己有點飢餓感，這樣身體就比較舒服。同時，疲勞感也是需要的。如果天天坐在辦公室裏，新加坡的空調又很厲害，這就是負能量。但走路的疲勞是正能量，睡一覺第二天就恢復了。而且，走路也是很孤獨的。這不僅能鍛煉身體，也能更好地思考。

高　淵：一個人走馬拉松，其實就是自己跟自己的賽跑？

鄭永年：對，走馬拉松和跑馬拉松不一樣，走路就是自己走自己的，沒有目標，能走多少走多少。

我從來不喜歡比賽，拒絕參加也從不參加學術論文評獎等。20 世紀 80 年代，讀薩特的存在主義，帶給我一個根深蒂固的概念，就是人只能自我衡量，評判標準只能是自己，不是另外的人或物。所以，我對薩特當年拒絕領諾貝爾文學獎特別佩服，他說人就是自己衡量自己。我的理解就是，自己跟自己競爭，絕不要跟別人競爭。

高　淵：你生於 1962 年，生在一個怎樣的家庭？

鄭永年：我家世世代代都是農民，父母親都是文盲，連自己名字都不會寫。他們一共生了十一個孩子，活下來八個，前面四個女兒，後面四個兒子，我排行老七。我跟我二哥之間有一個姐姐，在"大躍進"期間，她生病死了。這是我大姐後來告訴我的，她的小孩就比我小一歲，我對她的感覺就像對媽媽一樣。

我家在浙江餘姚的鄭洋村，村裏只有一百多人，但有一所小學和一個"赤腳醫生"。因為當時毛澤東要求，每個村都要有小學和"赤腳醫生"。我讀書的時候只有五歲，父母親要種地，就把孩子丟在學校裏。我們那所小學只有一位老師，她從一年級教到五年級。我那個年級連我在內，一共兩個人，就是一張課桌，一個年級。

高　淵：中學在哪兒上的？

鄭永年：我們村在山上，中學我去了山下的鹿亭中學。那時候是初中和高中各上兩年，而且基本上沒有理工科，像物理我就沒上過，當時課本叫《機電》，倒是教了我們不少實用技術，比如怎麼開拖拉機、怎麼裝電燈之類的。

高　淵：你高中畢業是 1977 年，正好碰上恢復高考，當時想過高考嗎？

鄭永年：我們鄉下哪知道恢復高考，直接就回家務農了，當了生產隊的記工員。我年紀小，當時壯勞動力如果是 10 分的話，我剛開始只有 3.7 分，連半個勞動力都不到。後來還教過夜校，就是晚上在煤油燈下，教農民識字和簡單的算術。

到了 1978 年，我想去當兵，但名額都給了幹部子弟。後來知道有高考了，因為廣播裏宣傳少年大學生。我的大姐夫是鹿亭中學的民辦老師，他支持我去考。

高　淵：父母對你有什麼期許？

鄭永年：他們是文盲，經常被人欺負，所以希望子女能讀多少書就讀多少，我的姐姐們都上過小學，我跟我弟弟都上了高中。但我弟弟後來沒考上大學，也當了農民。

我現在想想，農村生活對我影響太大了。到現在我還是認為，我是作為一個農民在做研究，我從來不盲目相信教科書上的東西，因為中國的現實和書上說的東西，相差太大了。

高　淵：1981 年，你為什麼考北京大學國際政治系？

鄭永年：那次高考，我英文考了六十多分，當時算很好了。語文沒有考好，儘管我在鄉下的時候，經常為餘姚人民廣播電台寫稿。但數學考得比較好，考了八十多分。考分公佈後，就要填報志願了，我的分數夠上北大。

當時北大招生辦已經派人到了浙江，我們村沒電話，他們打電話到公社，還好我大姐在公社社辦工廠上班，把消息告訴了我。我當時的志願，前兩位填的是北大中文系和歷史系。招生辦看我英文考得不錯，想叫我上國際政治系，但打電話找不到我，我們中學班主任就幫我決定了，去讀國際共產主義運動史。

高　淵：這是你第一次去北京？

鄭永年：當然是第一次，我到了餘姚市裏才知道火車長什麼樣。到北京下車，我用扁擔挑著木箱和鋪蓋，木箱是我二哥幫我做的，反正特別土。

到了北大後，感覺我自己非常傻。那些城裏長大的同學，唱歌、跳舞、畫畫什麼都會，我真的是什麼都不會，什麼都沒有見過。

高　淵：在北大四年，有什麼印象特別深的事？

鄭永年：第一就是，我發現讀書太容易了，遠沒有務農辛苦。第二是圖書館裏居然有這麼多書，真是看不過來，我後來在這裏讀了很多文學歷史方面的書。

剛進學校的時候，我不太自信。但一個學期後，我就考全班第一了，後面名次靠前的全是女生。所以，我真是覺得讀書沒那麼難。但這也是因為我不會其他東西，也沒興趣。人家去跳舞了，我不會，人家去唱歌了，我也不會，只能讀書。

生活費主要靠獎學金，我們農村去的學生一般都有，每個月二十三四塊吧。那些父母有工資收入的學生，獎學金就會少一點。我的獎學金主要是用來吃飯，偶爾還可以買點書。

高　淵：本科畢業為什麼不選擇就業？

鄭永年：我畢業是 1985 年，我們北大國政系的學生，當時外交部、中聯部都要。但就在那年，中國開始實行研究生推薦制度，我是全班成績最好的，就被推薦上研究生了。

我也沒多想，就繼續讀書吧。80 年代的風氣很好，讀書氛圍濃，思想也開放。我讀研的時候，就開始為浙江人民出版社主編一套"政治學譯叢"，自己翻譯出版了不少書，比如《政治學的理論與方法》（系列名為"政治學叢書"，書名為《政治學：範圍與方法》），主編這套書一直持續到 1990 年出國。

高　淵：你在北大待了九年，對北大懷有怎樣的感情？

鄭永年：我總覺得 80 年代是很好的時代。那時候，我整天就待在圖書館和教室裏，有時候春節也不回家，就在學校裏看書。我們那代大學生可以說是思考的一代，當然有點過於理想主義，但不管怎麼樣，每個人都在思考。

當然，生活很艱苦，我上本科時是八個人一間宿舍，讀研的時候是四個人一間。畢業留校後沒房子，就住集體宿舍。後來在北大旁邊租了間農民房，可以不受打擾地寫文章和翻譯書。那時候還沒成家，冬天騎著三輪車買煤餅生火爐，飯也自己做，白菜豆腐之類的。

去美國："剛到美國，買一罐牛奶、一根香蕉花了三塊多，把我心疼得要死。"

高　淵：1990 年，是什麼機緣去了普林斯頓大學讀博士？

鄭永年：我聯繫了三所美國大學，哈佛、普林斯頓和加州大學聖塔芭芭拉分校。哈佛大學要先收幾塊美金的郵費才給我寄申請材料，普林斯頓不用，直接寄過來了。加州大學聖塔芭芭拉分校有個老師曾在北大當過訪問學者，我給他當過助教，他把申請材料寄給我了。

當時，我考了托福，但成績一般，沒考 GRE。聖塔芭芭拉分校說，到了那兒還要考我的語言能力；但普林斯頓沒有要求。其實，那時我對普林斯頓也沒多少感覺，人家說愛因斯坦以前在那邊待過，我覺得還不錯吧。

高　淵：普林斯頓為什麼一眼就看上你了？

鄭永年：這也是我很多年來的一個疑問，普林斯頓為什麼錄取我？我找了不少老師和同學打聽，據說錄取我的是研究西方政治哲學的瑞恩（Alan Ryan）教授。我前些年買了很多本他的書，他是英國人，從英國到澳洲再到普林斯頓，是當今世界研究洛克最好的學者。遺憾的是，我在普林斯頓沒有上過他的課。後來聽另外一個教授說，我當年翻譯西方的書，寫了很多文章，把西方政治哲學引進中國，可能是這一點打動了普林斯頓。

高　淵：去美國的第一感受是什麼？

鄭永年：太貴了。當時我身上只帶了 120 美元，從紐約坐飛機到普林斯頓的車票要幾十塊。第二天，實在餓了，就到超市買了一罐牛奶，其實我不喝牛奶的，但不知道買什麼才好。還買了一根香蕉，加起來花了三塊多，把我心疼得要死。

高　淵：你曾說過，在普林斯頓讀博士是你學習生涯中最辛苦的一段時間。

鄭永年：當然辛苦了，我連睡覺的時間都沒有。首先是英文，因為我對出國沒有做很好的計劃，說出去就出去了。80 年代很多人想出國，他們一般會先去一個小一點的學校，把語言學好了，再轉去一個大的學校，而我是直接去普林斯頓的。

前面六個月很痛苦，基本上不會說。我雖然在 80 年代翻譯過書，但就是開不了口，很害羞。老師說，你怎麼不會說呢？美國大學不錯，有專門的老師輔導英文。後來一位女老師跟我說，英文很簡單的，開口說就行了。

高　淵：你研究中國問題是從那時候開始的？

鄭永年：先是克服了對英語的恐懼心理，不能說過關了 —— 到現在我的英語關還沒過呢。然後我就開始用英語寫論文，天不怕地不怕地投給一些政治學期刊，發表了好幾篇。

我主修政治哲學，還上一些別的課，像比較政治、國際關係等，普林斯頓的教授都蠻強的。後來，我從政治哲學轉向比較政治，這是因為對中國感興趣，我在中國的時候倒是不研究中國問題的。

對於政治哲學，我有了一些新的看法。到現在為止，我一直覺得哲學是不可研究的。每個人都可以是哲學家，但很難理解哲學家到底是怎麼想的。一百個人心中有一百個尼采，哲學只能去體會、體驗，所以我從來不去研究他人的思想。

高　淵：聽說你的博士論文最初想寫中國農村改革？

鄭永年：對，因為我親身經歷過農村生產承包責任制，本來想用新制度主義來分析中國的農村改革，但我對這些太熟悉了，反而不好寫，可能會帶有情感色彩。後來還是決定換題目 —— 當時已經弄了好幾個月 —— 改成了研究中國的中央和地方關係。

我這人真是天不怕地不怕，論文寫完後，就直接寄給劍橋大學出版社。兩位評審說這本書挺好，但要修改。我花了不少時間改好後，其中一位評審卻改變他 / 她的觀點了，因為當時蘇聯垮掉了，他 / 她認為中國的中央與地方關係也會像蘇聯那樣，我不認同他 / 她，就撤回了，因為我不能改變我的觀點。

高　淵：拿到博士學位後，是怎麼打算的？

鄭永年：我畢業時有兩個選擇，要麼工作，要麼做博士後（即博士後研究員）。我正好申請到了美國社會科學研究會的經費，這個研究基金蠻好的，基本上可以去任何學校，我選了哈佛。申請經費的題目，就是後來我的第一本英文書，研究中國的民族主義，這實際上跟中央—地方關係也有聯繫。

後來出版的時候，我把書名定為 "Discovering Chinese Nationalism in China"，翻譯過來就是 "在中國發現中國民族主義"。因為我覺得，站在紐約或倫敦看中國民族主義，和站在中國看，是完全不一樣的，我不同意西方對中國民族主義的看法。所以，我堅持要寫上 "in China"。

高　淵：在哈佛大學待了多長時間？

鄭永年：從 1995 年到 1997 年，差不多兩年。第一年主要在改寫 "中央與地方關係" 那篇博士論文，以及寫 "中國民族主義" 這本書。第二年，我是新加坡和美國兩邊跑，因為哈佛一位教授建議我研究一下 "亞洲四小龍"。

高　淵：因為常去新加坡，後來就決定加入東亞研究所？

鄭永年：那時候叫東亞政治經濟研究所，他們正好在美國登廣告招人。哈佛大學的漢學家傅高義先生認識東亞政治經濟研究所的創始人吳慶瑞，他覺得這個地方挺好，建議我去申請。當時的研究所規模很小，但幾個月後就發生了變化，吳慶瑞先生退休了，進行了改組。

我和王賡武教授同一年來到東亞所，他是從香港大學校長任上榮休後過來的，比我早幾個月。改組後，東亞所加入了新加坡國立大學，更名為東亞研究所，王賡武教授當所長。一開始，整個研究所只有我們三四個人，我們繼續招人，所以，我剛來就成 "元老" 了。

高　淵：後來有沒有離開過東亞所？

鄭永年：我在東亞所工作幾年後，2005 年去了英國的諾丁漢大學，在那裏待了三年。當時諾丁漢大學名譽校長是楊福家，但我之前沒跟他接觸過，跟我談的是英方校長。談了以後，他又去問楊福家我這個人行不行，楊福家說行，這樣我就去了。他們找我的目的，是要成立中國政策研究所。

其實我也不算正式離開東亞所，當時王賡武教授很支持我到不同的學術環境工作。我還是跟東亞所保持聯繫，參加東亞所的很多會議。那時候，我也是野心勃勃，看到英國對中國的研究基礎比較差，就想組建一個英國最好的中國研究所，把東亞所很多成功經驗複製過去。

高　淵：在諾丁漢大學那三年有什麼收穫？

鄭永年：我在那裏當終身教授。因為由我主導中國政策研究所，所以我要考慮招什麼人、怎麼發展等，這種經驗是以前沒有的，以前都是在別人領導下工作。另外在學術上，我在英國寫了好幾本書。

2005 年去諾丁漢的時候，在英國研究中國政治的華人教授，我可能是第一個。所以，來找我諮詢的人很多，英國外交部、首相辦公室、議會也請我去參加討論。這使我學到了很多，也了解了西方政界到底關注中國什麼方面。更重要的是，那三年讓我進一步了解了政策諮詢和學術研究的差別，前者要更多從決策者出發，了解他們到底在想什麼。

身份證：“我用的是中國護照，戶口放在我的老家餘姚市鄭洋村。”

高　淵：後來為何選擇回到新加坡？

鄭永年：因為王賡武教授希望我回來，我對他非常敬佩，他待人親切、學術精深，是我眼中的當代大儒。2007 年，他當了十年東亞所所長後，轉任主席。當時，東亞所請來芝加哥大學的楊大利教授擔任所長，但不知什麼原因，一段時間之後楊教授就辭職了。

這時候，李光耀先生非常關切東亞所，問王賡武教授和黃朝翰教授（原東亞政治經濟研究所所長）東亞所接下來怎麼發展。黃教授就提了我，李光耀先生也熟悉我的名字，因為我從 1996 年起就為新加坡政府寫政策分析文章，他也覺得我合適，就要我回來。東亞所便跟新加坡國立大學商量，通過評審程序給了我一個 “終身教授”，因為我在英國已經有終身教授職位了。對於李光耀先生的關心，我是很感動的。

然後，王賡武教授親自到諾丁漢大學，邀請我回去。英國方面挽留我，而且當時我已申請到歐盟和英國的研究基金，我在那邊會做得很好。但我考慮來考慮去，還是決定回新加坡。後來我跟我的學生說，任何一個單位都不會是非常完美的，每個單位都有好和不好的地方，也都有不同的人，有的搗蛋、有的幹活，但我的體會就是一條 —— 任何組織如果要生存和發展，就必須有幹活的人。就像我以前當農民一樣，我自己不搗蛋，當一個幹活的人。

　　高　淵：2008 年至今，你一直擔任新加坡國立大學東亞研究所所長，你現在是新加坡公民嗎？

　　鄭永年：不是，我現在還是中國公民，拿中華人民共和國護照，我也沒有考慮過要申請新加坡國籍。

　　以前確實不大方便，尤其是去歐美國家，用中國護照辦手續相對麻煩些。現在好多了，而且因為沒時間我也不想老是出去開會，很多國家來請我，我也可以藉此推託。我就喜歡待在辦公室裏看書寫作。

　　高　淵：現在戶口在哪裏？

　　鄭永年：我以前一直是北大的集體戶口，今年我把戶口放到我的老家餘姚市鄭洋村去了，辦了新的身份證。我現在是農民身份證，但沒有土地，因此是“失地農民”。

　　高　淵：準確地說，你是“常年在新加坡工作的中國學者”。這樣的雙重身份，對於你的學術研究有什麼利弊？

　　鄭永年：當然會有點困難，主要是認同上的。80 年代我讀馬克斯·韋伯的書，他有個理論概念叫“價值中立”，至今影響我的學術態度。

　　當然，在社會科學研究中，你要完全中立是不可能，因為即使沒有政治上的影響，也會有文化上的影響。就像我們東方人看西方，和西方人看中國，因為文化上的差異，要假裝百分之百完全中立是不可能的。

　　但可以盡量爭取做到價值中立，這是可能的。所以，我觀察政治，包括觀察中國、新加坡、美國的政治，盡量不把自己的情感加進去，這樣的學術態度雖然比較難，但還是有可能的。而且，中國本身也有這個傳統，司馬遷寫歷史，就是要公正、持中，這是目標，是價值觀。

實際上，對我們這些在海外的中國學者來說，用西方那一套理念發表作品，要容易多了，但我不能這樣，做學問還是要追求接近真理。更何況，向世界解釋中國是中國人的責任，不是西方的責任。

高　淵：你領導的東亞所是個知名智庫，你認為什麼樣的智庫才是好智庫？

鄭永年：做智庫的關鍵是要說真話，只有說了真話，政府和領導人才能作出正確的決策。沒有真話，哪裏能有好的決策？

像我們做智庫的人，上至總統部長，下至流氓地痞都要接觸。更重要的是，自己不能是利益相關者，否則就不可能客觀，這是人的本性，屁股會指揮腦袋。

高　淵：你現在經常去中國，主要是參加各種會議嗎？

鄭永年：我非常有選擇地去中國參加一些論壇，像每年全國兩會後，國務院發展研究中心組織的中國高層發展論壇，像上海的世界中國學論壇等。但是有的論壇太虛，我參加一次就不再參加了。

其實我還是個農民，我更喜歡到處看看。我現在回國最主要是做些調研，我在廣東有不少調研點，那裏離新加坡近，像珠海、南海、順德、東莞等，這些地方也都比較方便，老家餘姚我也經常去。

餘姚市和珠海市請我當顧問。儘管這些年做了很多政策諮詢，但我覺得自己還是一個研究者。我也更認同東亞所是一個研究機構，而不光是智庫，因為我們做很多的學術活動。如果沒有學術關懷，政策諮詢是做不好的，只會越做越淺。

高　淵：你作為一個經常做政策諮詢的學者，你覺得應該和政府保持怎樣的關係？

鄭永年：首先要了解學術和政策的差別。做學術就要標新立異，我們兩個人觀點一樣的話，不是你發表不了論文，就是我發表不了。政策剛好相反，關鍵要有共識，我們幾個人沒有達成共識的話，就沒法出台政策。

我喜歡打一個比喻，我們學者跟社會的關係，就像醫生和病人。醫生憑自己的知識和經驗，給病人看病。如果沒治好，很多學者喜歡說病人的病生錯了，而不是說自己的知識經驗不夠了；而政府官員比學者更像醫生，他們必須要解決問題。所以我們要研究社會，也要了解政府的想法，底線是不要把病人治死。

高　淵：東亞所的研究方向是不是就是中國？

鄭永年：以前只研究中國，因為當時新加坡還沒和中國建交，所以用"東亞"來"掩護"一下。現在已經名副其實研究整個東亞了，包括日本和朝鮮半島。研究人員是四十多人，加上十多個行政人員，一共 50 人左右。

高　淵：你作為東亞所所長，怎麼把握東亞所的研究選題？

鄭永年：所裏的選題，對中國政治經濟社會的發展，各個方面都會照顧到。像 2017 年召開中共十九大，中國的經濟改革、國企改革、社會改革、政治改革、法治建設等方面都要研究。

對我自己來說，當年去英國的時候，就規劃要寫"中國三部曲"，第一本書是解釋中國共產黨，2010 年已經出版了英文版，這花了我很多年的心血。第二本書可能明年出版，解釋中國的政治經濟學。第三本書現在開始寫了，解釋中國的國家形態。這三本書是互相關聯的。當然，現在又有很多題目出來了，反正是做不完的研究。

高　淵：東亞所的經費從哪裏來？

鄭永年：東亞所創辦的時候，是一家政府資助的民間研究組織。後來，創始人吳慶瑞先生留下來一個基金，我們現在一半錢來自基金，一半錢來自政府的購買服務。

看中國："中國模式是幾千年來一以貫之的，現在走到了一個十字路口。"

高　淵：你在中國有很高的知名度，你對此有沒有感到過驚訝？

鄭永年：實際上，我大部分的學術著作都是用英文寫的，當然有幾本翻譯成中文了。我經常被人誤認為是專業的專欄作家，實際上我是寫書的，也編了很多書，當然專欄也在寫，但是業餘的。寫一篇學術文章或一本學術著作，可能沒有多少人讀，因為太專業，但專欄文章的讀者要多很多，這在任何國家都一樣，這就是大眾化。這也符合我的價值觀，要寫普通人看得懂的文章。

高　淵：從什麼時候開始為報紙寫專欄？

鄭永年：1996 年年底開始的，到 2017 年，已經持續 21 年了。一開始是為香港的《信報》寫，從 2006 年開始給新加坡的《聯合早報》寫。一週寫一篇，從來沒有停止過，現在要停也停不了，因為習慣了。

剛開始寫專欄的時候傻乎乎的，把一篇很長的文章寄給編輯，編輯再分拆成幾篇發。所以萬事開頭難，後來寫起來就容易了。當時《信報》要求每篇在 2500 字以內，後來在《聯合早報》越寫越長，最長寫到過五千多字，現在控制在 3500 字到 4000 字。我在《聯合早報》上的專欄是星期二發，只有出現非常特殊的情況，才會晚一天。比如，上次李光耀先生去世，那個版面基本上都是紀念他的文章，我的專欄就推遲了一天。

我的專欄是把學術思考和時事結合起來，比一般的時評更學術化，但語言會比較土一點，農民也能看得懂。

高　淵：這些年來，外界對你有不少評論，有人說你是保守派，也有人說你是自由派，你自己怎麼界定？

鄭永年：其實我自己也搞不清，我希望是實事求是、就事論事。我基本上會把中國現在所發生的事放到中國的歷史、放在東亞的歷史、放在世界的歷史來看，一定要把中國放在世界地圖上看，才能看清楚，所以很難說有什麼意識形態。

有一位記者曾問我，如果你一定要有一個立場的話，你自己怎麼形容？我說我是中國的自由主義，不是西方的自由主義。我認為，中國現在有太多的西方自由主義者，有太多的西方的左派，有太多西方的經濟學家了，我是中國自由主義者，用中國的方式，而不是西方的方式研究問題。

高　淵：你怎麼看待西方？

鄭永年：我覺得中國的不少學者既不了解中國，也不了解西方。我比他們了解，至少我不會像國內有些學者那樣崇拜西方，因為我看到了西方的事實，我不會輕易相信西方的教科書，我了解西方的制度到底是怎麼運作的。

高　淵：很多人很崇敬你，但也有些人會批評你，你在意那些批評的聲音嗎？

鄭永年：這些年來，常有人批評我，說我是不是在投機？人家怎麼說我，我都覺得跟我沒關係，文章只有寫的時候是屬於自己的，寫完了就不屬於自己了。其實，很多人所理解的鄭永年，和我自己所認為的鄭永年可能是兩個人。

說到底，還是要做自己的事，有態度地去做事，不參與那些無謂的爭論。我觀察政治，但我不參與政治。

高　淵：你在美國、新加坡和英國的一流大學學習、工作過，這些國家對中國的研究水平如何？

鄭永年：美國人才很多，但現在美國對中國的研究有很大的不足，就是太過於微觀，太過於量化。西方的社會科學有一個長期發展過程，在 18 世紀和 19 世紀，馬克思、馬克斯·韋伯等幾代人把宏觀的理論都建立起來了，到 "二戰" 前後，中觀理論也建設得差不多了，走向微觀是一個很自然的過程。

我上次去哈佛跟傅高義交流，他也蠻擔心的。像他這一代漢學家要花很多時間搞調研，但現在的年輕學者很少調研，就找一套統計數據或者民意資料，然後就閉門寫論文了。英國和歐洲其他國家的問題更大，美國還有錢，歐洲錢要少很多。

高　淵：我們自己對中國的研究呢？

鄭永年：我覺得，中國的大學有時候比美國的還美國，比英國的還英國，我們的學術思想和評估系統，都比西方還西方。所以我一直說，中國的學術某些方面被 "殖民地化" 了。

我們的學術不能照搬西方，更不能比西方還西方，特別不能被西方某一派的思想佔領。要是一直這樣下去，我們的社會科學研究就沒有自己的聲音了。我現在有點使命感，所以我從不參加爭論，要拿出時間做更多自己的研究。

高　淵：這些年來，越來越多的學者在提"中國模式"，你認為"中國模式"存在嗎？

鄭永年：我相信，"中國模式"是存在的。但這個模式，不是像有些人說的那樣，"中國模式"是世界最好的，也不像另一些人說的那樣，中國改革就是要消滅"中國模式"。在我看來，"中國模式"是幾千年來一以貫之的，而現在走到了一個十字路口。

高　淵：接下去怎麼走會很關鍵。

鄭永年：非常關鍵。中國歸根結底最核心的問題還是政治問題，政治這一步走好了，中國就真是一個新型的大國。就像 2016 年習近平所說，我們完全有信心為人類對更好社會制度的探索提供中國方案。[1]

現在西方遇到了很多問題，打著"民主"的旗號走不下去了。這兩百多年來，西方國家大部分時間都是精英民主政治，但現在在大眾民主的條件下，哪裏有忠誠的反對派，都是為了反對而反對，這是走不下去的。所以從這一點來說，探索好的政治體系，並不只是中國在做，西方也在探索制度重建。

我驚嘆於中國這個制度在不同的歷史階段，都能通過轉型一以貫之，我相信中國政治也會是這樣。

1　參考 2016 年 7 月 1 日，總書記習近平在慶祝中國共產黨成立 95 週年大會上的講話。

把自己當外星人，
看地球人卡在哪裏了

周其仁

1950 年生於上海。1968-1978 年，在東北農場插隊落戶。1982 年畢業於中國人民大學經濟系。1991 年秋就讀於美國加州大學洛杉磯分校，後獲經濟學博士學位。歷任北京大學國家發展研究院經濟學教授、院長。2010-2012年，任央行貨幣政策委員會委員。

"我現在常跟學生們講，假定我們從外星球來，我們以為發現了一個問題，地球人卻不行動。我們覺得他難受，那他本人不比我們更難受啊？他如果很難受，他為什麼沒有行動？他不行動，究竟是被什麼東西卡住了？你順著這個思路去走，經驗主義的路線就出來了。"

在上海市中心的新天地隨便找了家咖啡館，約的是"能見度頗高"的經濟學家周其仁。那天上午，他剛從北京飛來上海，中午見一位朋友。下午兩點半準時赴約，見面就道歉，說一會兒還有個安排。

當時有點擔心採訪效果。沒想到一聊就聊了兩個半小時，年過花甲的周其仁始終專注而有激情。一直到我提醒他是否要赴下個約了，他才看了下手機說："真得趕緊走了。" 然後又說，"不好意思，還得讓您埋單"。

周其仁有多重身份。稱他是頂級經濟學家，他說都是被時代推著走的，千萬不要以為自己有多大本事；說他是北京大學國家發展研究院的創院院長，他說根本做不來行政工作，事情都是別人做的。問他如何自我定位，他說自己是個老師，也是個經驗主義者。"我現在常跟學生們講，假定我們從外星球來，我們以為發現了一個問題，地球人卻不行動。我們覺得他難受，那他本人不比我們更難受啊？他如果很難受，他為什麼沒有行動？他不行動，究竟是被什麼東西卡住了？你順著這個思路去走，經驗主義的路線就出來了。"

在周其仁看來，每次來上海都是探親。因為他生在上海，而且母親至今生活在此。但很明顯，他的上海話已經生疏，只是偶爾會蹦出一兩個上海話裏的詞。

周其仁小時候住在愚園路，中學畢業遇到"文革"，18 歲時，毛主席一揮手，他就下鄉了，這也是他第一次離開上海。坐了四天三晚的火車去了黑龍江生產建設兵團，他當時是主動報名的，真是熱血沸騰。

　　其實，他當時是可以留在上海的，很多同學都沒走。"我當時挺理想主義，看到北京學生已到內蒙古插隊，很著急，堅決要求下鄉。因為家庭成分關係，當時兵團來招人還挑不上，那年我們中學一共 12 個人去黑龍江，我排在最後一個，很勉強。"

　　在北大荒，周其仁學會了割草、鋤地等各種粗重的農活，不以為苦，反覺得"大有可為"。不過，這個上海來的中學生滿肚子"高見"，喜歡批評這個論斷那個。半年後，他沒能當上人人嚮往的拖拉機手，被發配到山上打獵。

　　那座大山叫完達山，寂靜無聲。每天，他跟著師父巡查遍佈深山老林裏的幾十個陷阱，誘捕野鹿，然後圈養、割鹿茸。很快，他喜歡上了這種自由自在的生活，一待就是七八年。閒暇時，就在窩棚裏翻讀著父親從上海郵寄來的書刊，其中有郭大力和王亞南翻譯的《資本論》和《國富論》。由於天天過著自給自足的狩獵生活，朝夕相處的只有師父一人，慢慢地，周其仁感到語言功能在退化，見了生人連說話都不利索。

　　1978 年早春，28 歲的周其仁聽到了恢復高考的消息，隨後考上了中國人民大學經濟學系。在他看來，十年的東北生活，沒什麼可後悔的，因為讓他了解了底層的實際情況，心裏埋下了很多問題，對意志的鍛煉也是正面的。"當然，文化上欠虧不少，那屬於一個特殊時代，希望以後不會再有了。"

　　20 世紀 80 年代末，周其仁赴美留學。不過在北京上大學期間，學的是俄語。後來美國的某個基金會資助他們學習外語，他是從 ABCD 開始的。

　　九個月後，他前往芝加哥大學，經濟系有一位研究農村的教授，知道他這些年一直在研究農村，對他特別關照。在芝加哥大學待了一年後，那位教授就給加州大學洛杉磯分校寫了一封推薦信，他沒考試就進去唸博士了。周其仁跟我感慨："如果參加考試，至少英語就不可能過關。"

到了 1995 年底，周其仁的博士學制還沒完全唸完，已經拿到了學位資格。這時，林毅夫在北京大學籌辦中國經濟研究中心，他便應邀回國了。在周其仁看來，像他這樣的個性，本來就不適合到政府機關工作，自由散漫慣了，又不是中共黨員，下海也不可能，不會做生意，所以去學校最好。

2008 年，北大中國經濟研究中心準備升格為國家發展研究院。當時林毅夫恰好要去世界銀行當副行長兼首席經濟學家，大家都推舉周其仁幫老林管這個研究院。雖然周其仁一直說，真的做不來行政工作，但還是硬著頭皮當了國發院的創院院長。但他始終強調，那幾年院裏的事情都是其他老師做的，其實跟他沒什麼關係。

這些年來，周其仁很少接受電視採訪，我問他是何原因，他說："因為我是一個經驗主義者，需要做大量的田野調查，希望越少人認識我越好。如果一個人老在電視上出現，人家不會把他看作一個平常人，會產生距離感，不容易說真話。這也是作為當年'杜門學子'的薰陶。"

周其仁一直說他是經驗主義者，核心就是一切要從現實出發，要靠自己經驗的積累。具體地說，就是從現象出發，不能從願望、理想、本本教條出發，必須研究現象背後的東西，但前提是先了解現象。有了現象才會有問題，才能探索裏面的原因。提出假說，再以試驗去檢驗它。所以，經驗主義並不是與科學對立的力量，而是科學的方法。

周其仁感慨，他當年去黑龍江後見到的農民，哪裏是當時報紙上、電台裏塑造的形象，他們都是為基本生活整天忙碌的普通人。他這一課是在農村上的。所以，一定是先有現象，再有問題，然後再來找尋什麼理論和辦法可以解決問題。

不過，周其仁又追了一句："當然，沒有理想也不行，那就沒有一團火。"

我們都是杜潤生的徒子徒孫，那個時代讓人懷念

高　淵：杜潤生先生還在世時，曾有人說你不過是"杜潤生的徒子徒孫"。但你回應："此生以此為榮。"你當年在杜老領導下工作，覺得他身上最有意思的地方是什麼？

周其仁：我是 1978 年從黑龍江高考來到北京的。當時因為提倡解放思想，北京處於一種非常活躍的思想狀態中，有各種各樣的沙龍、討論會、讀書小組等。我參加了一個讀書小組，裏面有一位是我們中國人民大學經濟系資料室的老師。有一次他說有位老人願意見你們，誰有興趣去見？我就這樣見到了杜老。

那時候有一幫大學生常去杜老那兒。他態度和藹，鼓勵年輕人在他面前暢所欲言。老頭不會批評你，就是問問題，鼓勵兩句，所以談得很開心。

高　淵：他喜歡跟你們談什麼？

周其仁：年輕人關心的他都有興趣。1979 年我們見他的時候，他已經復出，當了國家農委副主任。但看上去很悠閒，不是繃得緊緊的，似乎總有大把時間跟人聊。在我的印象中，他很有自己的看法，但不會強加給你，而是會引導你。

我讀的是經濟系，連著幾個暑假都參加農村調查，就放棄考研了，一頭扎進去，從此沒有回頭。這跟杜老有直接關係。他有興趣聽年輕人不成熟的匯報，看到什麼，想到什麼，建議什麼，批評什麼，他給了很多機會。他的插話、提問，就像導師一樣，會讓你自己知道幾斤幾兩。我們談著談著就知道自己功夫不行。但有衝動，還想回去再把事情搞清楚。

當時和他聊得比較多的，除了我們人大的，還有北大、北師大和北京經濟學院（首都經濟貿易大學前身）的同學。我們大多下鄉好幾年，覺得農村現狀很難改變，好像天生就是這麼窮。但 1980 年前後的農村發生了很大變化，這給了我們鼓舞，說明如果想法對頭，能夠深入調查研究，能夠從底層吸取力量，能夠制定正確的政策，是有可能推動農村變革的。

1982 年，我大學畢業，和陳錫文、杜鷹、白南生、高小蒙他們一起，被

分配到杜潤生門下。當時編制設在中國社科院農業經濟研究所，辦公地點在西直門內半壁街，調查研究工作則由杜潤生領導的中共中央書記處農村政策研究室直接領導。

高　淵：1986 年，杜潤生在中央農村政策研究室成立農村發展所（國務院農村發展研究中心發展研究所），王岐山和陳錫文先後擔任所長，都當過你的領導。你對他們有什麼印象？

周其仁：王岐山真是沒話講。我們搞研究的人，個性上多多少少有些毛病，但他都能團結起來，讓大家往一個目標走。後來他有這麼大的成就，是有道理的。

陳錫文是上海人，到黑龍江下鄉十年，多年後一直當到中央農村工作領導小組副組長、辦公室主任。有人說，怎麼弄個上海人來管農村？其實他長得就像農民，黑黑的，非常樸實，學的專業就是農業經濟。這些年，他在那個位置上，大家給他的壓力也不小。當然，學界呼籲的農村改革，有些也不見得馬上就可行。他的位置不一樣，我老說中央就是得站在中央，不能衝在太前頭，否則翻了車沒法收拾。

高　淵：2015 年以來，萬里、杜潤生等人陸續故去，很多人感嘆 80 年代改革先驅一代已經告別。他們那一代人為何有這麼充沛的改革激情？

周其仁：那是因為中國被逼到牆角了。如果沒有 "文革"，沒有以前極左的錯誤，也很難有那麼一場改革。杜老是智囊型人物。上面有鄧小平、陳雲、胡耀邦等人，那是決策層，杜老是幫助決策、提供思路、參與決策。這很重要，因為完全可能提供不同的東西。

萬里是大將風度，他話不多，理論也不多，但真有風浪來的時候，他可以頂住。杜老很柔韌，能夠匯集不同的意見，把原來完全對立的東西 "縫" 在一起，這樣讓中央做決定的時候可以減少阻力。

現在有人說杜老是 "中國農村改革之父"，其實他要說服很多人，匯集很多人的正確意見。對於大國改革來說，這個環節很重要。很多事情，就是因為真實情況搞不清楚，高層再有勇氣也難以拍板，或者拍了也落實不下去。所以要把情況弄清楚，再加上政治智慧和勇氣，兩者缺一不可，才能解決問題。所以，80 年代還是挺令人懷念的。

不必人人操心天下大事，但加起來要讓社會往前走

高　淵：很多人說，現在的人天天埋頭掙錢，更多關注個人生活。你覺得，當年那種情懷還能找回來嗎？

周其仁：這是難以避免的。說實話，從社會發展來看，如果所有人都天天操心天下大事，也不見得一定是好事。所謂好的市場經濟，就是每個主體為自己謀利，通過為別人、為市場提供產品和服務謀得自己的利益。這樣加起來，經濟社會就向前發展了。

當年的改革，是要把市場的門打開，而這門真打開了，就是這麼世俗的畫面。80 年代是"破冰之旅"。如果現在的人不把自己的專業琢磨得透徹一點，天天討論國家大事也有問題。當然在情感上，人們會懷念當年的英雄情懷。像我們畢業的時候，覺得研究包產到戶、鄉鎮企業、農民進城真有意思，我們讚賞那個時代的精神狀態。但也要理性分析，那是一種非常態，難以持久的。

高　淵：不少"80 後"說，現在整個社會階層逐步固化，即便努力了，但被固定在某個層面的現實很難改變。你怎麼看這種情緒？

周其仁：所謂固化，是不是說社會更有秩序了？從這方面看也有積極意義。如果天天變來變去，恐怕有問題。現代化的過程，在馬克斯·韋伯看來，官僚化有一定的正面意義，當然我們要擔心不能把這個變量搞得太硬了。我們這個時代突破固化的關鍵，還是依靠新技術、新組織。你看馬化騰和馬雲，他們能夠衝出來，從這個角度看並不固化，因為過去所有的產業界大佬或社會精英在他們面前都黯然失色。

創新不光是人和自然的關係發生變化，也提供了突破社會關係固化的機會。只要開放，只要新技術處於機遇期，一切都有可能。

高　淵：現在都在鼓勵"大眾創業、萬眾創新"，這是社會變革創新的最佳渠道嗎？

周其仁：這個口號的積極意義，是能創造一種積極的氛圍。現在再保守的人，也知道政府在倡導創新。你說創新，人家就不好意思一棍子打回去，

這個作用很重要。最好的情況是，即使我自己不能創新，也要支持別人創新，希望能達到這個效果。

當然，最終能創新成功的，總歸是少數人。我有一次去以色列，問一起去的中國企業家，這幾天看到什麼新東西？他們都說沒啥不一樣，多數人的生活方式跟我們差不多。但為什麼以色列的創新做得好，可能就是他們中千分之幾的人的狀態跟我們這裏的人非常不一樣。

一項發明創新一旦應用，所有人都可以分享。這也是上海要關注的問題。我們強調公平很重要，但科研要有適當傾斜，因為愛因斯坦只有一個。保護多數人和關照少數人，是一門藝術。優秀的人冒出來，會改善其他人的狀況，在分配當中，就要讓有些人享受很多資源。如果大家都一樣，必然平庸化。

高　淵：2013 年開始，你擔任新一屆上海市決諮委專家。為何接受這份聘書，因為是上海人嗎？

周其仁：更多是因為我長年研究農村問題，包括農村工業化、城市化。我們國家工業化的成績不錯，把很多剩餘勞動力都從農村帶出來了，但城市化現在遇到不小的挑戰。現在農業產值佔全國 GDP 的 10% 左右，像上海是佔 0.5%，江蘇是佔 6%，廣東是佔 5%，這反映了現代化進程。工業發展起來，農業在 GDP 中的比例肯定低。

但是你看農村，現在待在農村的人是多還是少？很多人說農村沒有什麼人了，這是觀察力不夠才會得出的結論。我們要思考，為什麼還有這麼多村莊？你看東亞所有高速發展的經濟體，工業化在推進，城市化在推進，人口在移動，村莊數量會迅速減少。通過土地整理，很多地方都恢復為耕地和綠地了。

我們這方面是滯後的。現在全國還有近 60 萬個行政村，按一個行政村有 10 個自然村算，那就有 600 萬個自然村。每個村出來一些人，稀稀拉拉留下一些人，這些村莊的生活就缺乏活力，因為人氣都沒有了。接下來的重點，還要推動很多農村的人出來，最理想的狀態就是農業產出佔總產出的百分之幾，農業勞動力也佔總勞動力的百分之幾，這樣至少農業勞動力能得到中國勞動力的平均收入。這個問題就是杜老到 90 歲還講的：讓更多的農民轉出來。

高　淵：所以你把目光轉向城市，因為農村的解藥在城市？

周其仁：現在的情況是，人人都要去的地方，承載能力不行，人仰馬翻；大家不要去的地方，在大建大修，最後不知怎麼收場，全是債務。所以我想，我們研究農村的人也要好好研究城市，看看這個局怎麼破。

2013 年，上海請我當決諮委專家，對我來說是天賜良機，因為我正好想轉向城市研究，而上海是中國人口密度最大的城市，具有極強的典型性。我對上海決諮委辦公室的領導說，如果請我來就是開幾個會、講幾句話，那就不需要來了，因為我並沒有發言權。如果有機會做些深入的觀察和研究，那還比較有意思。他們一口答應了。

高　淵：你對上海的研究，從什麼點切入？

周其仁：我在研究城市化方面，有一些積累，可以運用到這裏。城市的"市"就是市場的市。上海是高端市場，所以這兩年我把上海的交易所全跑了一遍，了解它們的來龍去脈。這是一個切入點。

所謂中心城市，就是要給很大一片區域提供服務。我曾在紐約泡過一段時間。為什麼紐約是全球城市，因為它提供的輻射和服務是覆蓋全球的。全世界很多企業，包括我們的阿里巴巴要上市，要跑到紐約去。什麼叫紐約？就是你有巨大的野心和想法，但你缺錢，那就去紐約吧，到紐約就可能圓夢。對上海來說也是這樣，關鍵是中國其他省市甚至是亞洲其他國家和地區，它缺什麼東西，就可以到上海來尋求幫助。能否做到這一點很重要。

第二個維度，就是科創中心建設。上海究竟要產出什麼東西，這也是我們調研的重點。上海集聚了這麼多的高校、科研院所，產生多少"想法"？傳到了多遠的地方？我特別感興趣什麼東西是上海人創新的，並輻射到外面去了。

還有一個維度是文化。聽說外國遊客談到對上海的印象時，很多人表示喜歡一部叫《時空之旅》的多媒體劇。這部戲在上海已經演了很多年。其實成功的演出就是一座城市的吸引因子。紐約的百老匯就有這個功能，很多人一家老少去紐約，看一場演出就走了。在這方面，我們還差得很遠。文化是一種重要的城市吸引力，非常值得研究。

慢慢地，我形成了一個研究上海的思路：輻射力怎麼樣？吸引力怎麼樣？承載力怎麼樣？現在主要圍繞這三個維度做訪問調查。

高　淵：你每次到上海來，是不是都要開個"調研菜單"？

周其仁：我跟決諮委辦公室的年輕人一起商量，因為他們對上海比我熟。我希望利用這段時間多學點東西，畢竟城市比農村複雜得多，但研究方法是一樣的，就是經驗主義的辦法。先接觸現象，提出一些問題，然後順藤摸瓜。

高　淵：擔任這個角色這麼久後，對上海有什麼新認識？

周其仁：近代以來，上海為什麼發展這麼快？道理很簡單。上海不是"管"出來的，而是"放"出來的。

中國最早出現路燈的城市就是上海。上海以前也沒有路燈，誰上街誰自己點燈。窮人摸黑，富豪點個大燈，都是自備的。後來因為華洋雜居，把歐洲的理念帶過來。上海決定由市政出資建路燈，當時是煤油燈。沒想到夜市隨之發展起來，這是革命性的。當時還有很多官老爺觀念轉過不來，說為什麼要在馬路上給別人點燈？當時上海是工部局（即市政委員會，是清末設置於租界的行政管理機構）體制，他們發現了問題，研究了問題，自己籌資就可以解決問題。

今天的上海同樣如此。一定要敢於先行先試，不能等著別的地方做了再做。這樣的話，一是機遇失去了，二是不符合上海在全國的定位。

專車思路可破解大城市死結，意義不亞於當年農村改革

高　淵：說到這裏，就必須提一下這幾年頗受爭議的網絡專車了。你的態度如何？

周其仁：這其實和當年馬車被出租車替代是一個道理，它的合理性是必然的。當然，一定要處理好新舊矛盾。現在"分享經濟"剛露頭，大勢不可

阻擋，爭論必定紛繁。

大城市管理一大難點就是道路。第一，道路增速永遠趕不上車輛增長；第二，城市道路在時間上始終是不平均的，高峰的時候堵得一塌糊塗，半夜都是空的。現在破解這個矛盾的天賜良機就是專車。專車看起來是私車，其實是公共利用，而且如果給它們以適當的法律環境，引導好這種公共利用，就有可能抑制人們買私車的衝動，或者買了私車也減少上路。

我一直向有關部委建議，不妨讓各個城市試驗一把。不是一定行，也不是一定不行，因為出租車管理不是全國性業務，不是國家事權，說到底是市長們的事。有些地方試驗下來效果好，也可以供其他地方參考。

我自己認為是有可能行的。為什麼很多旅遊景點周邊有家庭旅館，就是因為季節差。旺季賓館供不應求，淡季門可羅雀。這就需要發展 "分享經濟" 了。

高　淵：很多人說，高峰的時候專車出來不是更堵了嗎？

周其仁：其實市場會調節。太堵的話，專車司機賺不到錢 —— 但好就好在他不是全職，可以利用信息技術 "在空中" 討價還價。

我有一次在國外用 "優步"，它會告訴你，這個時候是高峰時段，價格比平時高，你要不要？如果要，專車就來。傳統出租車做不到這一點。因為如果允許攔著出租車當街討價還價，交通就癱瘓了。這說明發揮價格機能要講條件。現在的互聯網技術提供了可以利用價格機制的條件，再拒絕就沒道理了。

從這個思路看，專車極可能是破解城市交通承載力死結的突破口。現在還有一個新東西，就是 "空中酒店"（Airbnb，愛彼迎）。我最近去首爾開會，他們請了它的創始人去做分享，就是一個美國大男孩，大學畢業沒幾年，現在手裏有遍佈全球的 200 萬間房間隨時提供出租。

我們的城市膨脹得這麼快，蓋了這麼多房子，能不能分享利用？我有一次講，上海有多少洗衣機，佔了多少地方，按上海的房價算，那是多大的資產啊。為什麼每家都要買洗衣機？能不能通過某個信息平台實現共享？這就是 "分享經濟"。它帶來的變革意義，一點不亞於當年的農村改革。

高　淵：在你看來，現在的專車就是當年的包產到戶？

周其仁：本質上是一樣的，都會帶來革命性變革。當年農村包產到戶是怎麼起來的？就是被逼到沒辦法了，民間拚死嘗試，社會幾多爭議，高層默許一試，最後點頭推廣。

專車管理有上海市交通委員會衝在前面嘗試，是天降的大好事。怕的是沒人願冒風險啊。所以，破解社會難題的答案，不在書齋裏，而是在實踐中。

前一段時間，我參與全國和地方層面的"十三五"規劃討論。我提醒過一句，我們要看看當年制定"十二五"規劃時，有什麼事情沒有預見到。我覺得至少有兩件事，一是互聯網發展得那麼快，二是經濟下行壓力比預期的大。

我們要承認，當今世界科技進步越來越快，總有些事情我們事先預見不到。在制定"十三五"規劃時，要為目前看不到的事情留有足夠的空間。在產業發展方面，我始終認為不要以為能夠指哪兒打哪兒。最好留點機動去捕捉今天還看不到的機會，對付今天還看不到的危險。還有很多事情要敢於嘗試、敢於探索，上海就應該是探索者的角色，要在全國冒尖。

我可能說錯，
但不會說我不相信的

張五常

1935 年 12 月生於香港，新制度經濟學代表人物之一，畢業於美國加州大學洛杉磯分校經濟學系，先後在芝加哥大學、西雅圖華盛頓大學、香港大學任教。

"你問在經濟學家中我怎樣排自己的位置，那就讓我選擇對自己有利的準則吧。從文章傳世時日這個準則衡量，讓我無聊地預測我不會有機會見到的將來，從百多年來新古典經濟學的發展看，我鬥不過的恐怕只有馬歇爾（Alfred Marshall）和費雪（Philip A. Fisher）這兩個人。"

　　中午撥通電話，那頭傳來一通廣東話，中氣十足且語速很快，並不像八旬老翁。可惜張五常先生的廣東話我聽不懂，他也聽不懂我的普通話。詞不達意地聊了兩三句，他說："你等下，我讓我夫人來聽啊！"這句話我倒是聽明白了。

　　半分鐘後，傳來非常標準的普通話，他夫人蘇老師說，上午收到我約採訪的短信了，準備和張先生商量之後再回覆。這些年來，無論張五常到內地講課還是接受採訪，蘇老師必是他的翻譯，幾乎能達到"同聲傳譯"的速度。而且張五常高興，蘇老師就語氣輕鬆；張五常嚴厲，蘇老師也語氣冷峻，可謂絕配。

　　一頭亂蓬蓬的白色捲髮，是張五常的標誌。似乎在說，這是一個桀驁不馴且腦力發達的人。加上確實常發"狂悖之語"，很多人說他是"狂生""怪咖"。當年最火的時候，他更被視為"香港明星"，大有和"四大天王"搶鏡之勢。

　　他的經歷頗為特別。

　　1935年，張五常出生於香港。抗戰時期，香港淪陷，很多港人都各自逃難。有一天，張五常聽到父母商討，不要把所有雞蛋放進一個籃子內。意思是說，他們有十個孩子，分散一下才不會全軍盡墨。於是，父親留在香港，有長子與兩個女兒陪伴；母親帶著張五常的四個姐姐、小哥哥、他和比他小四歲多的妹妹（共七個孩子），去廣西逃難。

他們一路北上，來到略為安定的桂林與柳州。幾位姐姐進入桂林醫學院，三個小的在桂林停了一段日子，隨母親到柳州。在柳州住沙街，張五常和哥哥進入了那裏的中正中學附屬小學，讀小四。其實，沒有什麼讀的，因為老師要逃難，頻頻換人，而同學們也要逃難，也是頻頻改變。但印象最深刻的是同學中很多人餓死：先是手足肌肉腐爛，這是營養不足的證據；繼而全身黃腫，這是無可救藥的象徵。他自己的手足腐爛了兩年，所幸沒有達到黃腫的地步，生存了下來。

廣西逃難的生活，使張五常對中國的農村生活與農植操作有了較為深入的了解。後來寫《佃農理論》時，他對中國農業資料的處理駕輕就熟。關於中國農業的文字描述與數字統計在圖書館都能找到，但只讀這些不容易體會的實際情況。逃難的經歷，使他參考這些資料時，有了自己記憶的印證。張五常後來說，幾乎沒有一種中國的農作物，他不知道種植與收成的過程。所以，他覺得自己比大多數人都更了解中國農業。

抗戰勝利後，張五常返港，先後就讀於灣仔書院和皇仁書院，但學業並不順利。1959 年起，張五常進入加州大學洛杉磯分校學習。1966 年初，張五常以"佃農理論：應用於亞洲的農業和台灣的土地改革"為題作為博士論文的開題報告，並寫了 11 頁的提綱，聽取導師們的意見。

《佃農理論》一經發表，就驚動了整個經濟學界，後來甚至被認為是現代合約經濟學的開山之作。1982 年，由美國返回香港大學執教後，張五常在報紙上發表許多專欄文章，《賣桔者言》《補鞋少女的故事》等後來都成為名篇，流傳甚廣。

雖然很多人未必同意他的觀點，但很難否認，張五常稱得上是一位眼光犀利的經濟學家。而他的性格同樣引人注目，很多人都說張五常是不懂"謙虛"的。

多年前，就有不少同行預測他能拿諾貝爾經濟學獎，但似乎一直近在咫尺，卻觸手難及。張五常不屑地說，我現在最看重的是文章能否傳世。同時，他常以與眾不同的口氣，時不時對內地經濟改革"指手畫腳"，往往引來很多不同意見，把自己推上風口浪尖。

張五常作為一介"狂狷之士"，他的觀點難免偏頗，但他自有他的角度和邏輯。聽張五常先生來聊聊對當下中國經濟發展的思考、對改革開放這些年的評點，以及他對自己歷史地位的豪放之言，你可能不一定同意，但一定不會覺得無趣。

不要老是要抄西方的，我們要考慮自己的

高　淵：雖然已是八旬老翁，但你總是"不甘寂寞"，最近又引來很多關注。你說過，中國改革開放以來有一個問題，就是引進了一些與中國實際不符的西方理論。學習先進國家的經驗不對嗎？

張五常：我不明白為什麼我們老是要抄西方的，無論最低工資、《勞動法》、社保、反壟斷、大學教授的算文章數量等，都是從西方抄來的。西方的大學教授數文章，是"越戰"帶來的災難性後果，但也只在次一級大學才採用。我們偏偏要抄人家最差的。

想想吧，美國農民人均土地約 60 畝，中國農民人均不到一畝。人家的土地挖下去，不是石油就是值錢的礦物。我們的土地挖下去，找到的是唐三彩！局限不同，政策的取捨有別。我們要考慮自己的。

一些朋友老是忘記，地球上最值錢的資源是人類的聰明腦子。這方面我們得天獨厚。可惜我們的教育制度把這項最重要的資源浪費了。你只要看今天出土的幾千年前的文物，就知道我對炎黃子孫的腦子的評價沒有誇張。

高　淵：你認為中國並不需要嚴厲地反壟斷嗎？

張五常：《反壟斷法》把外資嚇跑，是沒有疑問的。我在美國做過多年的反壟斷顧問，加上這方面的專家朋友無數，所以知道好些企業採取的行為，我們很難判斷是不是源於壟斷。即使是源於壟斷，是否就對經濟不利更不是淺的問題。

我看不到今天在內地有什麼研究過壟斷行為的專家。美國研究反托拉斯應該始於戴維德（A. Director），跟著就是斯蒂格勒（George J. Stigler）、佛利民（Milton Friedman）等人。這些人跟我很熟，他們一致反對反壟斷法例。當然也有贊同的，但屬少數，而且這些人水平不怎麼樣。水平高的夏保加（Arnold Harberger，現通譯為哈伯格）認為，反壟斷偶爾有可取之處。

高　淵：你認為中國經濟發展的一大動力，是縣域經濟的競爭，現在應該強化還是淡化地區競爭？

張五常：我絕對不認為地區競爭制度需要淡化，而是需要改進。其中要

改進的一個重點，是要怎樣增加幹部的獎金來源。另一方面，我建議把作為地區競爭主角的縣改為有限公司制，但這是不淺的學問，要仔細研究。

高　淵：改革開放初期，你一度認為腐敗不是大問題，甚至還要"鼓掌歡迎"，但後來你又擔心腐敗長久存在下去。在腐敗與經濟發展的關係上，你是怎麼認為的？

張五常：我從來不贊成貪污腐敗，但當年見到出現一些貪污現象時，我是"高興"的。這是因為貪污替代了之前的"走後門"，反映當時以等級界定權利的制度正在瓦解。從以等級界定權利轉到以資產界定，貪污可能很難避免。

但必須注意的是，不能讓貪污制度化，不然改革開放就會停頓下來。當年我大聲疾呼，說國家不要走上印度之路，北京的朋友一律贊同。這是昔日。八年前我對新《勞動法》提出不同意見。

80 年代吵歸吵，大家都沒有錢，都希望國家好起來

高　淵：我們來回顧一下中國改革開放的歷史進程吧。20 世紀 80 年代初，當各界還覺得看不清時，你曾撰文斷定中國必然會走"市場化道路"。促使你做這個重要判斷的關鍵因素是什麼？

張五常：當年，我把廣義的交易費用，分為兩類：知道外間訊息的費用與說服當時等級特權放棄他們既得利益而改革的費用。1981 年，我發現這兩方面的成本都在下降。更重要的是，我當時認為這兩種費用的走勢不會再回頭，所以我肯定地推斷了中國會轉走市場經濟的路。

當年反對我這個推斷的行家朋友不少，其中西雅圖的同事巴澤爾（Yoram Barzel）說他雖不同意我的推斷，但認為我的理論半點瑕疵也沒有，應該發表。

高　淵：在 80 年代研究中國經濟時，你主要是跑農村還是企業，當年給你印象最深的是什麼事？

張五常：當時我主要研究承包合約，起初是考察工業，包括那所謂"層層承包"，跟著轉到農業的承包問題上。印象最深是在首鋼的宿舍住了兩個晚上，也在那裏交流，提出所有權和使用權這兩權要分離。印象同樣深的，是溫州的一位副市長，帶我到雁蕩山腳下的一間賓館內挑燈夜談，再跟著在杭州的一家國企，跟工廠的廠長吵了起來。

想當年，吵歸吵，大家雖然都沒有錢，但都希望國家能好起來。今天有錢了，很多人想的是怎樣弄更多的錢，利益團體就容易出現。大家沒錢時比較容易愛國，有了錢卻容易為了一點小利益做出一些對社會經濟整體有害的事。這類現象不是中國獨有。20 世紀 70 年代初，美國推出的價格管制，害得經濟不景氣超過 10 年。

高　淵：現在回過頭去看，你認為中國 80 年代改革最大的成功在哪裏，原因是什麼？

張五常：80 年代經濟最大的成功是兩權分離，就是把土地的使用權界定為個人所有，容許出售土地的使用權，也容許轉讓。當時，國家職工轉為合同工，是相同的產權轉變，同樣重要。當時最大的問題是人口還不能自由流動，這約束著人民的選擇自由。我為此寫了《與木匠一夕談的聯想》與《補鞋少女的故事》。

高　淵：對 1992 年在中國歷史上的地位，你如何評價？與 1978 年相比，有什麼相同和不同？

張五常：1992 年是非常困難的一年，鄧小平在該年春天南下，帶來一個重要的轉變。1978 年鄧小平復出，當然也重要。歷史學家一般不相信一個人可以改變世界，鄧小平看來是做到了。

高　淵：鄧小平去世後，你和夫人都穿黑衣去新華社香港分社祭拜。你對鄧小平懷有怎樣的感情？你們見過面嗎？

張五常：鄧小平是個偉人。1997 年我在美國加州大學洛杉磯分校的夏保加首屆演講中，對他做了極高的評價。那次到新華社祭拜，我花了幾千塊錢買了一套黑西裝、一條黑領帶，太太也買了一套黑衣服。但花這些錢是值得的。

我沒有見過鄧小平先生，是因為我明顯做錯了一件事。1988 年，我帶佛利民夫婦到北京，接待方說有可能安排見鄧小平先生，細想後我婉拒了。原因是我記得佛利民曾經在台灣對當地的一個領導人很不客氣，我怕佛老與鄧老吵起來。今天回顧，是我做錯了選擇。相信佛老如果見到鄧老，大家會很客氣的。

高　淵：有人說，90 年代中國經濟發展雖快，但依然有很重的計劃經濟色彩，你怎麼看？當年提出了 "國企三年脫困"，你如何評價從那時以來的國企改革路徑？

張五常：要搞好經濟，是不能沒有計劃的，問題只是怎麼樣的計劃。有原則的計劃非常重要，我們也要問信奉的原則是否對社會整體有利，而跟著推行有關的政策也不容易。

關於國企改革，一個要點是 2000 年起中國的地價上升，幫了國企改革一個大忙。因為國企連土地一起出售，得到的錢容許遣散國家職工，跟著可以改制。可惜到今天，擁有壟斷權力的龐大國企還沒有好好地改。這一點我在 1982 年發表的小書中，就推斷了這些國企的頑固存在性。

高　淵：關於 90 年代中國改革開放，你印象最深的事情是什麼？

張五常：有三件相關的事都很重要。其一是通脹率從 1993 年初的 25% 減少到 1997 年的零通脹，跟著到 "負四通縮"，但經濟卻飆升；第二件是國家開始讓人民流動，使工作年齡的農民在幾年時間裏有四分之三轉到工商業去；其三是縣際競爭這個制度在 1994 年開始形成。

高　淵：那個時候，你開始在內地報紙上撰寫文章，吸引了越來越多的內地讀者。當年那些文章都是你授權發表的嗎？

張五常：我從來沒有在內地的報紙上撰寫過文章。如果有，那也應該是轉載。

高　淵：2001 年，加入世貿組織對中國改革開放進程具有什麼意義，最大的利好在哪裏？

張五常：加入世貿是我的次選，但在當時的形勢下可能沒有更好的選擇。我的首選是中國自己全盤開放外貿，取消關稅。這是香港的經驗，證實可行。歷史上，我們見不到保護主義能給一個國家帶來上乘的經濟發展。我也深信中國人的能耐。不僅聰明，而且吃得起苦，完全放手讓他們參與國際競爭，我要賭的錢會全部押在他們那邊。

高　淵：你怎麼看 21 世紀起初幾年中國的發展？

張五常：21 世紀起步的六七個年頭，中國發展得非常好。跟著就出現了幾個情況。其一是新《勞動合同法》的推出；其二是人民幣的處理變化較大；其三是引進凱恩斯的思維，就是那 4 萬億加上地方政府推出據說近 20 萬億的刺激經濟投資。當然，加大投資不一定是壞事，我們要看這些投資的回報率究竟是多少。

高　淵：抗戰期間，你曾隨父母到廣西農村避難，對農村有切身體會。你怎麼評價這些年中國農村的發展變化？

張五常：大致上，從 1994 年到 2007 年這 13 個年頭，中國農村發展得很好，農民收入增長較快，雖然以戶籍人口算是另一回事。我認為，當年撤銷農業稅是很好的 “一著棋”。目前還是讓農民自己自由發展最好。在基建與交通等各方面，國家要做的都做得差不多了。

我關心的重點，是農村窮孩子的教育問題。我有一個觀察非常重要，我認為農村孩子的天生智商跟城市孩子沒有分別。可惜他們的教育機會不及城市。中國發展的最大本錢，是有無數的聰明腦子，而且沒有什麼種族歧視。問題是，要多給他們有啟發性的學習機會。

高　淵：中國改革開放以來，最重要和最困難的年份分別是哪一年？改革開放進行得最順利的時間段是哪個時間段？

張五常：最重要與最困難的年份可能同在 1992 年，最順利的應該是 2000 年到 2007 年這七年。

高　淵：有人說，中國經濟至少還能高速增長 30 年，而且 GDP 很快會超越美國。也有人說，中國經濟面臨一些問題，要避免像當年日本那樣陷入停滯。你對此是樂觀還是悲觀？

張五常：從財富方面看，我認為中國早就超越美國了。這是因為中國的房地產價格高於美國，而我們的高樓大廈那麼多。另一方面，我們的聰明腦子更是無數，都是值錢的資產。

今天雖然我不樂觀，但我認為中國不會像日本有 28 年停滯不前那麼悲觀，這是因為日本的不幸是源於借貸膨脹又破裂這個很難處理的大麻煩。今天中國要把目前的形勢改過來是可以的，問題是懂不懂得怎樣做，加上能否跨過那麼多利益團體那一關。

高　淵：你認為中國改革開放總體成功的關鍵原因是什麼？又如何評價改革開放這些年在中國五千年歷史上的地位？

張五常：成功的關鍵就是鄧小平先生當年說的，要讓每一個人發揮他的潛力。這觀點在中國歷史上有人說過，例如老子。鄧老能把這項艱巨工程付諸實踐，是個奇跡，但到目前只實踐了約一半。歷史上的中國曾經有好幾段時期做得很好，這些大家都知道，不用我說了。

回港工作最重要的原因是要回來觀察中國的改革開放

高　淵：我們再來看看你的人生經歷。1982 年，你從美國回到香港，擔任香港大學經濟系主任。當年讓你下決心回來的，是港大的這個職務，還是能獲得近距離觀察中國改革開放的便利？

張五常：當年我在美國的待遇很好，回港工作是要減薪的。但母親年老，要多看她；又希望讓兩個孩子學點中文 —— 但後來還是沒學成。最重要的還是回來觀察中國的改革開放。我知道自己對經濟制度的運作有很好的掌握，但我不是個改革者。提些建議可以，但也只此而已。

高　淵：有不少人認為，你當年離開美國，脫離了經濟學核心學術圈，對你的學術發展不利。現在回頭再看，你怎麼看待當年回港的得失？

張五常：有些人認為用中文下筆不算是學問，可惜那些認為中文不是學問的大師，寫出來的英文我讀來卻像中文。當年見到國家改革開放，我當然感到高興。重要的是從近距離觀察這場改革的過程中，我對經濟制度的運作知道得更多了。今天回顧，一些懂中英兩種語言的經濟學朋友認為，在經濟學上，我的中文作品的貢獻是英文作品的兩倍。

高　淵：1983 年，你在《信報》開設專欄後，很多文章對內地改革開放，特別是產權理論方面具有啟迪意義。你如何評價當年這些專欄文章的價值和作用？

張五常：1983 年之前，我沒用中文寫過東西，但後來寫起來發現還可以。當然，剛開始是有些朋友幫忙修改的。我的《賣桔者言》（1984）、《中國的前途》（1985）、《再論中國》（1987）這三本書大都是《信報》專欄文章的集結。這三本書得到內地朋友的喜愛，我當然高興。

今天回顧，這幾本書的建議可能對國家的改革有點影響。其實，沒有影響也無所謂，我只是因為對中國青年前途的關心而下筆。

高　淵：當年那些專欄文章中，你最得意的是哪幾篇？

張五常：上述三本書的文章我都有用心寫，其中最花時間的是 1984 年 11 月 15 日發表的《從“大鍋飯”到“大包乾”》和 1985 年 4 月 26 日發表的《中國大酒店（之一）》。可能有點影響的是 1986 年 6 月 25 日發表的《出售土地一舉三得》。這篇文章發表後，1987 年春天深圳的朋友邀請我到那裏研討，跟著在那年 12 月 1 日他們在深圳舉行土地拍賣。巧的是，那天是我的生日。我也很喜歡 1986 年 6 月 1 日發表的《補鞋少女的故事》。

高　淵：2000 年之後，你更頻繁地在中國的高校巡迴演講，受到了明星般的追捧。你認為自己是明星嗎？中國需要明星一般的經濟學家嗎？

張五常：我平生最怕出名，從來沒有用過一張名片。懂是懂，不懂是不懂，什麼名頭、明星一律是廢物。我只是為年輕的學生指導一下。中國絕對不需要什麼明星經濟學家。什麼名頭我一律不要，就是給了我也懶得用。

很多人不知道，做學問這個行業，論成敗，沒有什麼能比得上一篇重要文章。而文章重要性的衡量是要經得起時日的蹂躪。這就是為什麼我那麼重視自己的文章能否傳世。

高　淵：內地和港澳的經濟學家中，你最欣賞誰？

張五常：還健在的不便說。但我認識而又謝世了的，我欣賞楊小凱。小凱天賦高，可惜他對經濟學基礎概念的掌握弱了一點。要是小凱有我的際遇，他會成為一個經濟學大家。

高　淵：在全球範圍內，你最尊敬的經濟學家是誰？和你關係最密切的經濟學家是誰？

張五常：我最尊敬的經濟學家是阿爾欽（Armen Albert Alchian），因為他是我的老師。阿爾欽的思想我學得深入。跟我關係最密切的經濟學家是巴澤爾，因為他跟我在西雅圖華盛頓大學共事 13 年，日夕研討。

身為炎黃子孫，對國家的興衰所說的話，免不了比較誇張

高　淵：有人覺得，你長年住在香港，對內地缺乏實地勘察和第一手的數據，但又對內地發展 "指手畫腳"。你怎麼看待這種聲音，你的觀點符合中國實際嗎？

張五常：對於內地的實地勘察，我可能做得比任何人都多。這方面，內地尤其是北京的朋友幫了我很多忙。所以對我的這種批評是不對的。另一方面，我對他人寫的關於中國的論著以及政府的報告一無所知，這是我多年來研究經濟的法門。

要是自己見到的與讀到的不一樣，作為一個學者要怎麼辦呢？生命短暫，我不要花時間處理這個問題。這裏我不單是說我對中國的研究，在回到香港工作之前，我大部分的論著都是基於實地考察，不依靠讀物。

高　淵：你作為一個特立獨行的經濟學家，經常為中國改革開放唱讚歌，也經常發表尖銳的意見。你認為，經濟學家應該和政府保持怎樣的關係？

張五常：身為炎黃子孫，對國家的興盛或衰退所說的話，免不了比較誇張。我只是一個學者，無足輕重。有人問我意見，我知的說知，不知的說不知，我可能說錯，但我不能說自己不相信的話。1983 年在香港，我曾跟一位在新華社工作的、我童年時的師姐說："我可以不說，也可能說錯，但我不

能說我自己不相信的。你們要我不說，只交代一句便是。”這個君子協定持續了多年。

高　淵：很多年前，就有人預測你很可能獲得諾貝爾經濟學獎。現在，你還期待這個獎嗎？

張五常：傳我會拿到諾貝爾獎的說法，起自 1971 年。之後，我多次聽說我有怎樣怎樣的機會。但你要知道像奈特（Frank Hyneman Knight）與羅賓遜夫人（Joan Robinson）那樣的高人，也與該獎無緣。作為後學，我能怎樣看自己呢？我是做經濟解釋的，來來去去的研究都是找世事驗證。這個取向在目前的經濟學發展中屬少數，而這些年經濟學的諾貝爾獎不重視我選擇的這條路。

高　淵：你如何評價自己的學術成就和地位？在全球經濟學家中，你排在什麼位置？在華裔經濟學家中，你又排在什麼位置？

張五常：那要看是哪一方面的經濟學了。在某方面，我看好自己；在某方面，我是考不合格的。在產權與交易費用的研究上，多年前一些行內朋友把我排在第一位。曾經拿過諾貝爾獎的諾斯（Douglass C. North），把我譽為他所在的“華盛頓學派”（經濟解釋學派）的創始人。老實說，這些對我都不重要。對我重要而我又感到自豪的，是以文章傳世的時日衡量。我覺得做得好，比數十年前自己預期的更好。要知道自己的某篇文章能否傳世，起碼要等 30 年。

今天老了，發覺自己四十多年前發表的文章，今天大部分還在，在美國的研究院的讀物表中常見。我沒有發表過大紅大紫的文章，但文章的頑固存在性讓行內的朋友嘖嘖稱奇。當年我沒有想到，像《蜜蜂的神話》那樣容易寫的文章竟然可以歷久彌新。要是當年知道，我的英語有影響力的文章會不只兩掌之數。寫學術文章若不是為了傳世，還有什麼其他意思呢？

你問在經濟學家中我怎樣排自己的位置，那就讓我選擇對自己有利的準則吧。從文章傳世時日這個準則衡量，讓我無聊地預測我不會有機會見到的將來，從百多年來新古典經濟學的發展看，我鬥不過的恐怕只有馬歇爾（Alfred Marshall）和費雪（Philip A. Fisher）這兩個人。

我從外國人視角看中國歷史

王賡武

祖籍江蘇泰州，1930 年生於荷屬東印度（今印度尼西亞）泗水。南京國立中央大學肄業，新加坡馬來亞大學歷史系畢業，英國倫敦大學博士。先後任吉隆坡馬來亞大學教授、歷史系主任、文學院院長，澳大利亞國立大學教授、遠東歷史系主任、太平洋研究院院長，1986 年起，擔任香港大學校長十年。現任新加坡國立大學特級教授、東亞研究所主席，台灣"中央研究院"院士。

"中國正經歷歷史上第四次崛起……需要的是和平和善意。這不僅是當前的需要，而且是長期的需要。因為中國要把數量龐大的勞動力帶入小康生活，並不是件容易的事。"

　　他被新加坡前總統納丹稱為"新加坡國寶級學者"，其實，他是澳大利亞公民。

　　他被公認為與余英時、許倬雲齊名的"海外三大華人史學大師"，但他說，那兩位是中國教育體系培養的傳統學者，他則是從外國人視角看中國歷史。

　　他被口述史家唐德剛比作顧維鈞大法官，說他不做駐強國大使，也應做大學校長。果然，王賡武當了十年香港大學校長。我提及此事，王教授笑道："唐德剛是'馬後炮'，我當了校長以後他才說的這話。我曾在倫敦遇到過他，但跟他不熟，當時我只知道他在哥倫比亞大學搞口述史。他那篇文章是在我當校長之後寫的，我們這些研究歷史的人都這樣——事情過去了，我都知道了。"

　　但在他看來，當校長到底沒有當教授那麼有意思。當教授可以天天跟學生自由交流，當校長要辦很多不得不做的公事。在港大那十年，他只帶了兩個研究生，因為不敢帶，沒那麼多時間。

　　87歲的王賡武教授一頭銀髮紋絲不亂，雖是盛夏，依然身著筆挺的灰色西服，一口標準的普通話，時而穿插幾句英文。誠如唐德剛先生當年所言，他兼具了中國儒生和英國紳士的氣質。

　　這位老紳士的經歷頗為特別。他生於印尼泗水，求學於怡保、南京、新加坡和倫敦，任教於吉隆坡馬來亞大學和澳大利亞國立大學，執掌香港大學整整十年。從港大榮休後，應新加坡前副總理吳慶瑞之邀，擔任新加坡國立大學東亞研究所所長、主席，至今已 21 年。

2015 年 11 月，習近平訪問新加坡時，前往新加坡國立大學，在 "新加坡講座" 上發表演講。作陪的除了李顯龍等新加坡政要，還有該校校長陳祝全和東亞研究所主席王賡武。演講結束後，王賡武向習近平贈送禮物 —— 由新加坡本土陶藝家創作的一件陶瓷藝術品。

王賡武和余英時、許倬雲同齡，都是 1930 年出生。余英時是錢穆的高徒，新亞書院第一屆的研究生；王賡武和許倬雲是在台灣第一次見面，他跟兩位交往都不少。

"應該說，他們兩位是真正的中國學者，是中國教育體系培養的。我是外國學者，而且是半路出家，要坦白承認，我跟他們差得多了。"

雖已耄耋，但王賡武每週還會到東亞所上兩三天班，而且都是自己開車。"現在年紀大了，盡量避免晚上開車，好在新加坡不大，開車也就十分鐘。" 他每年還要來兩三次中國，或講學或開會。但他都會避免冬天遠行，因為在東南亞住了幾十年，"早就成了熱帶動物"。

前段時間，王賡武的三個孩子一起回新加坡看望父母。"大兒子 60 歲，大女兒 58 歲，小女兒 56 歲，他們都定居澳大利亞。這次他們都不帶孩子，三個人和我們一起住了兩個多星期，非常高興。" 在王賡武心中，國家的概念已經不強烈，家人和朋友在哪裏，才是最重要的。

從泗水到怡保：“那時候的南洋華人總是要想方設法回家的。”

高　淵：你生在印尼泗水，這個地方現在聽起來還是覺得很遙遠。

王賡武：印尼當時叫荷屬東印度，還是荷蘭人統治時期。我父親在泗水華僑中學當校長，這是當地第一家華人中學。但沒過多久，就遇到了全球性的經濟蕭條，這個中學辦不下去了，只能離開了。

高　淵：你父親為什麼會下南洋？

王賡武：我祖父輩從中國北方遷到江蘇泰州，家裏有“學而優則仕”的傳統。我父親從小讀四書五經、《離騷》《文選》，後來考進了南京東南大學的高等師範學院，他喜歡文學和英文，所以專攻英國文學，這為他後來去海外執教打下了基礎。

畢業後，南京的教育部正在為南洋的華校找教師，我父親被聘出國，先到了新加坡華僑中學，隨後在吉隆坡尊孔中學、馬六甲培風中學教語文，反響很好。1929 年泗水成立華僑中學，他就被推薦去當校長。

高　淵：離開泗水時你多大了？

王賡武：一歲多一點。我父母當時很想回國，但沒有旅費，就去了馬來亞霹靂州的怡保，當副視學官，就是為霹靂州政府管理當地華校。

所以我對泗水沒什麼印象，坦率地說，現在問我家鄉在哪裏，不是泗水，更不是泰州，而是怡保，泰州就是祖籍。我在那裏一直住到 16 歲回國，從南京回來後，又在怡保住了幾個月，才去新加坡唸書。

高　淵：對怡保印象怎麼樣？

王賡武：怡保當時是一個相當興旺的小城，因為有錫礦，可能是世界上最多最好的錫礦。當地的華人很多，城裏的店多數是廣東人開的，城外的錫礦很多是客家人在經營。我小時候，怡保是比較富裕的，但日軍打進來之後就亂了，後來錫也不值錢了，這個小城就慢慢蕭條，現在完全就是個小地方。

1941 年日軍打到怡保，我父親不願為日本人做事，副視學官的工作就沒了。當地華人都做小生意，但他一點也不會，只能到一些學校教教書。好在我們家就三個人，我沒有兄弟姐妹，還可以維持。

這樣到了 1945 年，抗戰勝利了，父親希望我回去上大學，他也很想回國，就打算全家回去，不在南洋待下去了。所以我一直說，那時候的南洋華人都是純粹的華僑，不是移民，從前沒有移民的概念，總是要想方設法回家的。

高　淵：你從小上的是華校還是英校？

王賡武：英校。我父親讓我到英校去練英文，華校的那些東西他可以教，他從《三字經》開始，包括《古文觀止》等，四書五經是選讀的。他只教我文言文，不教白話文，也不鼓勵我看白話文的書。

家裏完全說中文，學校說英文，這是兩個不同的世界，觀念思路都不一樣。但也有它的好處，英文學好了之後，懂得外國人的世界觀，而且當時馬來亞是英國的半殖民地，不了解他們不行，所以我父親鼓勵我學好英文。

高　淵：你們全家是 1947 年回國的？

王賡武：對，坐船回來的。這是我第二次回國，第一次是 1936 年，我才六歲，父母帶著我回了趟老家泰州，住了大概兩三個月。那次見到了祖父母，等我 1947 年回泰州時，祖母已經去世了，只見到了祖父。

回來大概不到一個月，就去南京考試了。我記得是 6 月底，天熱得不得了。我父親幫我報的名，考中央大學外文系。

高　淵：為什麼考外文系？

王賡武：因為別的系考不上吧。中央大學那年只招 400 人，而且工科招得多，理科還好，文科很少。我想主要是兩個原因，一是經費不足，當時在內戰；二是剛剛爆發了反飢餓、反內戰的學生運動，是中央大學帶頭的，南京政府很頭疼，乾脆少招點。

中央大學錄取的名單，《中央日報》要刊登的。當時有人看到，工學院錄取的學生中，有個學生叫朱鎔基，但他自己選擇上了清華。我在中央大學學習了一年多一點，二年級第一個學期沒唸完，學校就解散了，因為解放軍已經打到長江邊上。

當時我父母又回到怡保了。因為我父親身體實在不好，他回國後在中央大學附中教書，南京的冬天非常冷，屋子裏沒有取暖設備，他在南洋待了二十多年，完全吃不消，病得很重。1947 年的冬天過去後，我母親就說一定要回怡保了，她很怕我父親過不去南京的第二個冬天。

高　淵：但你繼續留在南京？

王賡武：那是 1948 年底，中央大學已經解散了，大部分江浙學生都回家了，我和一些四川學生還留在校園裏，想等學校恢復。當時學校還管飯，但社會上物價飛漲，我是比較幸運的，我父母回去之後，每個月給我寄 15塊港幣，我就變成大富翁了。

坦白說，我是不願回去的，很想在中國開始新的生活。但父母堅決要我回怡保，我是家中獨子，就必須得走。上海的叔父幫我買好船票，再趕到南京催促我趕緊走，這樣我就只能走了。

高　淵：當時怎麼去上海，火車還開嗎？

王賡武：寧滬鐵路還正常運行，而且不收費，因為全是難民，人多得不得了，都到上海去。我根本擠不上火車，送我的同學把我從窗口推進去，我就一路坐在我的箱子上。到上海大概是半夜一兩點鐘，外面戒嚴了，可以下車，但不能出站。我一直坐在箱子上，等到早上六點才出站，那已經是 12月初了，冷得不得了。

在上海的叔父家等了好幾天，坐的是香港太古公司的船，從上海到新加坡，中間要停靠基隆、廈門和香港。到基隆港要停兩天，我就下船坐公共汽車去台北玩，那是我第一次到台灣，記得都是日本式的房子，馬路很清潔。

但我後來才知道，當時 "二二八事件" 過去才半年，局勢還很緊張。我真的很幼稚，一點也不知道，還下船去玩。

高　淵：回到怡保後，面臨怎樣的變化？

王賡武：我們全家離開怡保的時候，根本沒想過還會回去，所有東西都賣了。剛回去那幾個月，我精神上很受打擊，因為不知道以後怎麼辦，我在中央大學學了一年多，難道就放棄了？

我去考了新加坡的馬來亞大學，校址就是現在的新加坡國立大學。我參加了劍橋考試，專門針對中學畢業生的，當時是全世界大英帝國殖民地統一考試。對我來說很方便，成績足夠了，還拿了一筆小小的獎學金。

高　淵：新加坡馬來亞大學怎麼樣？

王賡武：1949 年剛剛成立，我是第一屆新生。以前是萊佛士學院，類似於美國的文理學院，那年跟愛德華七世醫學院合併，成立了馬來亞大學。第一屆一共招 100 名學生，其中 60 名文科生，40 名理科生。當然，還有那兩所學院兩三年級的學生，全校總共六七百個學生，規模很小。

馬來亞大學的規定是，學生頭三年是不分系的，每個人可以在三個系學習。當時文學院一共就四個系 —— 英國文學系、歷史系、經濟系和地理系，當然也可以選理科的數學系，文理兼修。但我對數學和地理都不感興趣，選了前三個。

高　淵：到了四年級要"三選一"，為何最終選擇了歷史？

王賡武：我本來想讀英國文學，有個教英國文學的老師非常好，他是英國人，被劍橋大學要回去了。這個系其他老師我不太欣賞。也可以選經濟系，這是最實用的，但我不太感興趣。

歷史系的幾個老師都很好，新來的帕金森教授（Cyril Northcote Parkinson）非常好，後來很有名，專門研究英國海軍史。他發現，從 18 世紀到 19 世紀末，英國擁有世界上最強的海軍，但海軍司令部規模很小。"二戰"後，英國海軍沒落了，司令部卻變得非常龐大，蓋了座大樓。他就提出了著名的"帕金森定律"，指出在行政管理中，行政機構會像金字塔一樣不斷增多，行政人員會不斷膨脹，每個人都很忙，但組織效率卻越來越低下。

高　淵：帕金森教授對你的影響大嗎？

王賡武：他教書非常認真，看問題又很客觀，比如他教英國殖民地歷史，不講英國怎麼好，而是完全從客觀的角度講。當然，他教西方政治思想史的時候也會有偏見，但他自己知道，他會說他的偏見是什麼，他認為這是主流，但可以爭論。

我當年就跟他公開討論，我那時年輕，站在自由主義立場上，他相對比較傾向於保守主義。但他對我很公平，畢業後還把我留下來，當他的助教，是位好老師。

高　淵：你是從這時候決定研究歷史的？

王賡武：我上大學時，喜歡參加各種活動，演戲、辦報、詩文活動等，從來沒想過當學者。後來遇到帕金森教授，他給我自由發揮的空間，他一直跟我說，你對什麼有興趣，你覺得自己能做什麼，你就做什麼。

到我寫畢業論文的時候，他建議我寫本地史。而且，他要求我學會用檔案，因為這是研究歷史的方法。我想，我的論文一定要跟中國、跟華人有關係，就想研究康有為和孫中山。

當時去中國大陸或台灣找檔案都不合適，帕金森教授說，可以去香港。他給我去香港的旅費，我在香港待了一個多月，找不少人談。我這篇論文是想研究康、梁和孫中山在新馬的歷史，講的是戊戌政變之後，康有為的保皇黨和孫中山的革命黨之間的鬥爭，這場鬥爭當時可以說把華僑社會分裂成兩部分。

我還去新亞書院拜訪了錢穆，他對我態度非常好，很高興跟我談歷史。當時，他剛出版了《中國歷代政治得失》，書很薄，我特別喜歡，也是對我後來從事歷史研究工作影響最深的一本書。

高　淵：後來你去英國倫敦大學讀博士，為何選了中國歷史？

王賡武：說起來也是笑話，英國的制度很特殊，我是先拿到獎學金，至於哪個學校收我是另外一回事。我申請了倫敦大學亞非學院，想跟一位研究明史的教授學習，但我報到的時候，他卻走了，去了澳大利亞。

學校裏面研究中國歷史的教授就那麼幾個，他們看到我是從東南亞來的，就讓我跟一位研究東南亞歷史的教授學習。他問我想研究什麼，我說自己的興趣在中國歷史，他說可以，但你要自己負責，然後他就不管我了。

他不管我，我就天天自己去圖書館。其實，英國的教育制度就是這樣，跟美國相反。美國是不管你以前學什麼，可以給你一兩年的功夫，培訓你做這件事。英國不是，他們要求你以前的成績非常好，收你的理由是因為你能夠自學，自己做研究。

高　淵：你的博士論文是怎麼寫出來的？

王賡武：我一直都沒有得到好好的指導，好在當時看到一個英國人在寫博士論文，才知道博士論文該怎麼寫。那個英國人的博士論文題目是"安祿山叛亂的歷史背景"，寫得很精彩，他的學問非常好，後來當了劍橋大學教授。

我剛好在研究唐史，很喜歡《資治通鑒》裏唐朝的那一部分，看到他那本博士論文，受到了啓發，就研究中國中古史了。

我在倫敦大學學了三年，主要是獎學金用完了，我的博士論文是《五代時期北方中國的權力結構》。1957 年，我回到了新加坡馬來亞大學歷史系。

馬來亞大學用的是英國那套教育體系，當時一個系只有一個教授，就是系主任，別的都是副教授 —— 非常嚴謹的精英制度。但也有不利的地方，這套制度讓英國大學失去了很多人才，很多人都因此跑到美國去了。

高　淵：你後來為什麼離開新加坡？

王賡武：這個故事長一點。我回到新加坡後，馬來亞獨立了，當時叫馬來亞，到 60 年代才組成了馬來西亞聯邦，彼時新加坡還是殖民地。獨立之後，馬來亞政府就說，馬來亞大學不應該在新加坡，應該在吉隆坡。但新加坡不願意，因為學校已經發展得不錯了。後來決定，馬來亞大學分兩個校區，分別是新加坡的馬來亞大學和吉隆坡的馬來亞大學。

我們這些教師是自由選擇，願意到哪個校區都可以，我當時是馬來亞公民，1959 年就去了吉隆坡。沒過幾年，新加坡馬來亞大學就更名為新加坡大學了，後來又改稱為新加坡國立大學。

高　淵：你是吉隆坡馬來亞大學的第一批教師？

王賡武：對，我是新加坡馬來亞大學的第一批學生，還是吉隆坡馬來亞大學的第一批教師。辦一個新大學很有意思，那時候忙得不得了，學校發展得很快，當時是整個馬來亞聯邦唯一的大學。

我們歷史系招人也招得很多，我去的時候是講師，後來是高級講師，就被選為文學院院長，做了一年後就當教授。那裏也是英國的體系，一個系只有一個教授，我就成了歷史系主任。

高　淵：後來是什麼原因促使你離開？

王賡武：從 1959 年到 1968 年，我在吉隆坡馬來亞大學工作了差不多十個學年。事情忙得不得了，學生又多，一直在到處請老師。我自己既是院長，又是系主任，還要教書，而且因為是新大學，一開始沒有研究生，改文章都要自己改，沒人幫忙的。

總之是手足忙亂，沒有時間做研究。我有些擔心，如果一直這樣下去，研究方面不會有新成果。我當時出版的書，其實都是我的論文。就在這時候，澳大利亞國立大學請我去當教授，這是一所研究型大學，對我的引誘力太強了。

高　淵：當時，你的研究重點還是中古史嗎？

王賡武：五代史做不下去了，因為在教學和管理上要花很多時間，在那種環境下很難持續。我開始做海外華人研究，尤其是東南亞華僑所面對的新問題。這些是切身問題，是我自己，也是我家人、朋友、同學、同事們都要面對的問題。

但當時，當代中國的資料在馬來西亞和新加坡都看不到，屬於禁書。在去澳大利亞前一年，就是 1967 年，韓國教育部請我去韓國講學一個月，看到他們對中國的東西保留得很好，圖書館也非常好，我很激動。剛巧那時候澳大利亞國立大學遠東歷史系請我去，我從韓國回來跟太太講，"還是去吧，至少澳大利亞是開放的"。

高　淵：對澳大利亞國立大學印象怎麼樣？

王賡武：他們的圖書館很好，尤其是關於當代中國的資料，能買到的他們都買。我覺得太有意思了，就寫了幾篇當代中國的研究文章，後來出了本書。

我先是當遠東歷史系主任，他們也是傳承了英國那套制度，一個系只有系主任是教授。後來叫我當太平洋研究院院長，做了五年，我不想再做了，就回到系裏當教授。這時候，香港大學來請我當校長了。

力推香港大學轉型："不重視研究，學校怎麼辦得好？"

高　淵：香港大學為什麼請你去當校長？

王賡武：到現在我也沒弄清楚是為什麼，而且我自己從來沒有想過要當大學校長。

我跟港大有些接觸，大概是從 20 世紀 80 年代初開始的。當時我受邀擔任香港的大學委員會的委員，這個委員會負責分配政府用於大學教育的資金。英國就是這樣的制度，教育部撥給大學的資金不是由政府分配的，而是由民間性質的大學委員會負責具體分配。這個委員會中有大學教授，也有商界人士。

香港的大學委員會每年開兩三次會，但不是都在香港開，有時候會在英國開。我當了兩三年委員，後來就不當了，但也許在那時候，香港大學校方對我有印象。

他們找校長是在全球物色人選，我根本沒想過，更沒提出申請。有一天，香港大學來聯繫我，問我對校長職位有沒有興趣，是否願意去香港談一談？我就跟我太太講，這又是一個很好的機會。

高　淵：對你來說，這個機會意味著什麼？

王賡武：一是出於對當代中國的興趣，對我來說，香港是個很好的觀察點，離中國內地不太近也不太遠；二是出於對歷史的興趣，當時整個東南亞已經去殖民地化了，香港還被英國殖民統治，我是在殖民地出生長大的，對西方帝國如何在殖民統治地區去帝國化，還是蠻感興趣的。

高　淵：你從 1986 年開始擔任港大校長，當時你覺得港大是一所怎樣的大學？

王賡武：我去的時候，香港大學是一所典型的殖民統治地區大學，一直不重視研究。英國是帝國教育制度，好的研究型大學都在英國本土，優秀的學生都送到英國去做研究，而殖民統治地區的學校不需要做研究。這就等於在他們自己的帝國體系內，做了分工，像港大這樣的大學只要做好教學就行了。

這是個很大的問題，一個大學沒有真正一流的研究環境和研究成果，這個學校怎麼辦得好？我的前任黃麗松校長已經看到這個問題，他是港大第一位華人校長，他曾向大學委員會爭取更多的研究經費，但沒能獲得同意。

高　淵：你的目標是要把港大轉變為研究型大學？

王賡武：我跟黃麗松校長的看法一致，港大有最好的學生，教師也很認真教書，不敢說每個人都不錯，但總體水平相當高。所以教學方面不成問題，而且學生那麼優秀，他們都會自學。但學校沒有研究成果，我覺得學校不能這麼辦下去。

我去了之後，就不停地爭取研究經費。但好不容易申請下來了，又面對一個問題，怎麼鼓勵老師們做研究？因為在那個環境中，大多數老師只會教學，都好多年不做研究了，這靠什麼去推動呢？

一方面，我要求老師們都去申請研究基金，事先都要寫好課題規劃，有的人連規劃都寫不出來，真是頭疼得很；另一方面，我們擴大了對中國內地的研究生招生——香港的學生不愛讀研究生，他們要早點賺錢。這對港大的老師又是一種壓力，你不做研究，怎麼帶研究生？

高　淵：到你 1995 年卸任港大校長時，港大轉型成功了嗎？

王賡武：坦白地講，還有一個推動力，就是港大的老師非常關心回歸之後怎麼樣。我跟他們說，你們如果沒有研究成績，以後沒人理你的，就沒有希望了。他們明白，要受到中國的大學和教育部尊重，自己一定要有足夠的學術成果。

臨近回歸那幾年，不少港大教師移民了，這確實帶來了相當大的衝擊。但也有好處，他們走了，我可以請新的人來，對新人可以提出更高的要求。有一點港大是非常有優勢的，就是香港的薪水很高。當時港幣和美元直接掛鈎，那幾年美元一直在升值，港幣也就很值錢。

這樣過了幾年，港大慢慢地就好了。後來到我走的時候，基本上解決了轉型問題。

高　淵：你在這麼多大學學習、工作過，香港的大學教授薪水處於什麼水平？

王賡武：算是高的，比澳大利亞、馬來西亞都要高，比英國本土也高，美國的大學教授也不是收入都高，要看什麼專業。這一點上，香港的大學是有吸引力的。

高　淵：你從香港大學榮休後，為何會選擇來新加坡？

王賡武：原計劃是回澳大利亞國立大學，他們也歡迎我回去。但正好新加坡副總理吳慶瑞找我，當時他已經退休了，他當副總理時辦了這個東亞所，最早叫東亞哲學研究所，後來改名為東亞政治經濟研究所，再後來改名叫東亞研究所。其實就是研究當代中國，因為他認為新加坡對中國太不了解了。

那時候，他是東亞所主席，我們是老朋友，他比我大十歲。他身體不好，跟我說："請你來幫我。" 我說要回澳大利亞，他說："我需要你現在就來幫我。" 我以為來個兩三年，就回澳大利亞了。沒想到，到今年已經21年了。

高　淵：你是怎麼規劃東亞所的發展的？

王賡武：1996年，我來的時候，東亞所是一個獨立的研究機構，不歸屬新加坡國立大學。吳慶瑞希望自由獨立，但我跟他說，這個獨立的研究所規模太小，而且經費不足，只有放到大學裏面，才能請到更優秀的人，因為很多人都覺得在大學裏面才有前途。

吳慶瑞一開始很不願意，後來他提了個要求，就是要我來當所長，具體負責東亞所的運作。這樣我就當了十年東亞所所長，直到2007年改任東亞所主席。

東亞所這些年發展得還不錯。國立大學很支持我們，更重要的是中國發展得這麼好，我們是搭上了中國的快車。

高　淵：現在還帶研究生嗎？

王賡武：現在不帶了，年紀大了，不能負起這個責任。我現在每週到東亞所來兩三次，平時在家裏寫東西，還要參加不少會議，畢竟還是大學教授。

外部視角看中國：“目前中國的改革動力，可以和秦統一中國時的爆發力相提並論。”

高　淵：十多年前，你曾經寫過一篇文章，認為中國正面臨歷史上第四次崛起，現在依然持這個觀點嗎？

王賡武：對。那篇文章是用英文寫的，是給外國人看的，讓他們了解中國的歷史發展是起起伏伏的，它衰落了，但還可以復興，這是中國的特點。很多文明一旦衰落就完了，被別的文明代替了。

在中國歷史上，第一次崛起是秦漢時期，第二次是隋唐時期，關於第三次崛起充滿了爭議，我認為是明清時期，現在是第四次。中國的關鍵是要統一，一旦分裂肯定是最弱的時期。

高　淵：所以在 1949 年，你在海外看到新中國成立，充滿喜悅？

王賡武：非常高興，我在那之前也是不願離開的，但我父母一定要叫我回來。我很多年後才知道，中央大學好幾個同學都是地下黨，後來在北京遇到他們，他們說當年不能告訴我真實身份。

高　淵：中國的第四次崛起跟以往三次相比，有什麼不同？

王賡武：目前中國的改革動力，完全可以和兩千多年前秦第一次統一中國的爆發力相提並論。今天的中國還會讓人想起公元 7 世紀時中國的復興。那時的中國戰勝了外來入侵，吸收了外來思想，還向外國貿易和新技術打開了大門，為今天的中國創造了寶貴的文化遺產。

當然，世界在經歷了歐洲的殖民主義和帝國主義後已經面目全非，中國的這一次崛起與以往截然不同。那種認為中國將趕超並威脅其他大國的說法，實際上是一種誤解。對中國來說，真正重要的是，如何面對社會顯現的問題，如何保持現行社會制度的穩定，如何實現國家統一。

這意味著，中國需要的是和平與善意。這不僅是當前的需要，而且是長期的需要。因為中國要把數量龐大的勞動力帶入小康生活，並不是件容易的事。

高　淵：你在海外研究中國歷史，覺得有什麼利弊？

王賡武：可能看中國歷史的角度不一樣。你說我傳統還是不傳統，這很難說。因為我有我父親的影響，他教我的東西相當傳統。但我在外國學校學的東西，受了西方歷史教育的影響，他們的史學傳統跟中國的不太一樣。

高　淵：你生在印尼，學在新加坡、中國和英國，先後在馬來亞、澳大利亞的大學任教，又在香港大學當了十年校長，現在又回到了新加坡。在你內心，你認同自己是哪國人？

王賡武：以前是馬來西亞人，80年代入籍澳大利亞，現在是澳大利亞人。我要老實承認，我現在的國家觀念不強。從我一生的經驗來看，國家好像已經疏離了，對我來說，我的家人在哪裏、朋友在哪裏，這才重要。

非常幸運的是，我工作的幾個大學環境都很好，都是非常自由的。我研究什麼，寫什麼文章，從來沒人干涉過，沒有人說你不應該寫什麼。這方面，我太幸運了。

象牙
塔中

陳佳洱　　　吳啓迪　　　方漢奇

大學，映照一個民族的靈魂。對於現在中國有沒有世界一流大學，尚有爭論。但可以肯定的是，要建設一個世界一流的國家，必定需要多所世界一流的大學。

20 世紀 90 年代，陳佳洱當了三年半北京大學校長。將近 20 年後，他說："像牛津、哈佛那樣的一流大學中國現在還沒有，我覺得還要等三五十年。"

1999 年 8 月 5 日上午，吳啓迪在同濟大學校長室發病，她在醫院住了五個月，滿腦子想的都是同濟還沒進入 "985 工程"。

年逾九旬的方漢奇是位 "駐校教授"，他的家就在中國人民大學內的宜園，步行到新聞學院只要三分鐘。

身處象牙塔中，他們或許最能感受中國一流大學的發展變革，以及與世界一流大學的差別。

我當北大校長那些年

陳佳洱

1934 年生，上海人，兒童文學家陳伯吹獨子，加速器物理學家，中國科學院院士、第三世界科學院院士。曾當選中共十五屆中央候補委員，中共十六大代表、大會主席團成員。畢業於吉林大學物理系，曾任北京大學校長，國家自然科學基金會主任、黨組書記。先後獲美國加州門羅學院、日本早稻田大學、香港中文大學、英國拉夫堡大學等院校榮譽理學博士學位，並獲德意志聯邦共和國綬帶功勳十字勳章，當選英國物理學會特許會員、紐約科學院院士。

"我當校長那時候，院系沒有行政級別，校長是享受副部級待遇。我聽說，有的前任校長直到退休，還是正局級。我的感覺是，大學裏面一搞行政級別，就變成'學而優則仕'，就走到歪道上去了。"

　　一早，京城狂風大作。

　　與陳佳洱院士相約九點，在北京大學重離子物理研究所二樓見面。從賓館走過去，原本只需六七分鐘，但那天走了 20 分鐘。路上行人姿態各異，頂風而行的都身體前傾，順風走路的則盡量後仰，大風灌進口鼻，產生瞬間窒息感。

　　二樓是兩排辦公室，其中一間門口貼著一行小字：陳佳洱院士。敲門無人應，等了幾分鐘，看到一位瘦削的白髮老者慢步拾級而上。他見了我就握手微笑道："抱歉啊，來得晚了。"

　　此時，距九點還有五分鐘。陳佳洱掏鑰匙開門，說："其實我早就出來了，剛要走出小區，一陣大風把我帽子刮走了，我去找帽子了。結果找到卻拿不到，被刮到汽車底盤下面了。"

　　我說："您自己走過來的？沒車送？"陳佳洱邊為我泡茶，邊說："我就住在藍旗營那邊，走過來不到 20 分鐘，不用車送。"

　　他的辦公室陳設非常簡單，一桌一椅一沙發，開水還是自己到走廊上打的。83 歲的陳佳洱作為中科院院士、北大原校長，依然保持著中國老派知識人的脾性：儒雅、謙虛、和善。

　　我們的話題從他出生開始，聊了他父親陳伯吹先生，聊了他的學業與工作經歷，聊了他 90 年代當北大校長那幾年的往事，更聊了他對中國建設世界一流大學的思考。

1934 年 10 月 1 日，陳佳洱在上海廣慈醫院出生，沒有兄弟姐妹。在那個年代，這種情況並不多見，戰爭是關鍵因素。三歲多的時候，"八一三"淞滬會戰爆發，日軍佔領了上海。當時他父親陳伯吹從事抗日救亡活動，為了避免日本特工的抓捕，就去了重慶北碚國立編譯館編教科書，出版《小朋友》雜誌，而陳佳洱和母親生活在上海。

在陳佳洱的記憶中，父親很和藹，是一位慈父，從小到大從來沒有打罵過他。倒是母親曾打過，但也屈指可數。母親是鋼琴教師，他們的教育總體還是寬鬆的，陳佳洱從小生活、學習都比較自在。

很小的時候，父親就給他講電的故事，表演摩擦生電的實驗。上中學時，帶他去看《發明大王愛迪生》《居禮夫人》等電影。特別是看了《居禮夫人》後，父親教育他要像居禮夫人一樣，做對社會有貢獻的人。

陳伯吹一直既鼓勵陳佳洱寫文章，也引導他追求科學。陳佳洱讀初中時，抗戰剛剛勝利，父親從北碚給他帶回一本英文版著作《森林中的紅人》，並鼓勵陳佳洱將這本書翻譯成中文，在《華美晚報》上發表。

雖然父親的專業是教育學，但是對科學和文學都有濃厚的興趣。他曾對陳佳洱說，要不是小時候家境貧寒，沒有足夠的資金供他讀書，他很可能選擇去學數學。

後來，陳佳洱沒有成為像父親那樣的作家，但也繼承了父親對數理化的愛好，成為加速器物理的權威學者。加速器是使帶電粒子增加速度的裝置，應用於原子核實驗、放射性醫學等領域。我問他："科學家當大學校長，有何利弊？"他淡淡一笑："會比較呆板，但一般會比較認真。"

又說起他的堂弟 —— 港澳專家陳佐洱、指揮家陳佐湟，以及他三位在科研領域頗有建樹的兒子。我說："你們陳家幾代人都很優秀。"他說："優秀談不上，反正都比較老實。"

不滿 16 歲上大學：“同學們一直管我叫 ‘小兒科’”

高　淵：你的中小學都是在上海唸的？

陳佳洱：對，小學上了兩個，一個是基督教的培德小學，另外一個是上海西區的工部局小學。抗戰勝利後，我上了位育中學，校長李楚材是陶行知的學生，跟我父親是好朋友。但好朋友歸好朋友，這是私立中學，交了費才能入學的。

中學同學中，有一位後來大名鼎鼎的田長霖。他有個外號叫“大頭”，人很聰明，特別是考數學，他總是全班第一。他後來先去了台灣，再去美國，被稱為“華裔奇才”。我和他同學四年，他一直坐在我後面。他喜歡跟我開玩笑，高興的時候就用鉛筆在背後捅我。他後來說過一句話：“我用鉛筆捅出了一位北京大學校長。”

長霖在美國普林斯頓大學獲得博士學位後，成為引領熱物理領域發展的著名科學家。我留學英國後，成為加速器研究專家；而且我們同為中國科學院院士，同在 20 世紀 90 年代出任中美兩所名校的校長，他是美國加州大學伯克萊分校首位華裔校長，我當了北京大學校長。

還有個外號叫“麵包”的同學，胖胖的，老是流著兩根鼻涕。後來當過中國核試驗基地司令員，中國工程院院士，是鄧小平同志表揚的全軍科技模範，叫錢紹鈞。

高　淵：1950 年你就上大學了，當時才 16 歲吧？

陳佳洱：當時還不滿 16 歲。中學是初高中一貫制，根據成績分甲班和乙班，甲班唸五年，乙班唸六年，我被選到了甲班。

剛進大連大學時，削蘋果把手弄破了，去醫院掛號，護士一看我還沒到 16 歲，就給我掛了“小兒科”。後來被同學們知道了，就管我叫“小兒科”。

高　淵：當年最嚮往哪個大學？

陳佳洱：我最想考的是上海交通大學和北京大學，交大是家鄉上海的大學；北大是五四運動的策源地，講的是科學民主，一直很嚮往。

但我父親有幾個地下黨的朋友，他們建議把孩子送到老解放區去鍛煉。

當時東北解放區有兩個大學可以選，一個是大連大學，另一個就是哈爾濱工業大學。我聽說大連靠海，風景好，就報了大連大學。

大連大學就是現在的大連理工大學，當時是多學科的綜合大學。1952年院系調整以後，把一些系調出去了，後來就改名大連理工大學。

我考的是電機系，因為我喜歡電。同時，我也覺得新中國成立後要發展工業，就一定要發展電機。到了東北老解放區後，發現這裏確實跟上海不一樣。就在離大連大學不遠的地方，有個勞動公園，裏面有塊碑，寫著"勞動創造世界"。一看到這個碑，我就深有感觸，覺得世界是勞動人民創造的，我們要為勞動人民服務，做勞動人民的知識分子。這個給我印象很深。

高　淵：在大連大學的學業怎麼樣？

陳佳洱：我在班上是小組長，也是物理實驗課的課代表。我們物理實驗課的老師是應用物理系的系主任王大珩先生，他是我的恩師。他向工學院的屈百川院長建議，培養工程技術人員，如果沒有理科的底子，視野和思維都受限制。所以後來就成立了大連大學應用物理系，由他來擔任系主任。

因為我是課代表，所以我對物理實驗比較努力。王大珩先生對實驗的要求很嚴格，雖然是系主任，但他親自來帶我們做實驗。每次做實驗，我們還沒到，他已經在實驗室門口等著了。每個學生進門，都要先經過他的口試。他會問："你今天來做什麼實驗？為什麼要做這個實驗？實驗的目的是什麼？你準備怎麼做？"

高　淵：物理實驗是你的強項嗎？

陳佳洱：王大珩先生的實驗課一做就是半天。做的時候，他到處巡視，檢查同學做實驗的認真和嚴謹程度。做完以後，他要看你的實驗數據記錄，還要給你打分。根據開始的提問、實驗進展和數據結果，按5分制來打，得5分非常難。

我們班上有一個"潛規則"，誰得了5分，就得請客吃花生米，因為大連花生米又便宜又好吃。我記得那一個學期我有幸請了三次花生米。

從東北人大到北大："可以說恩師朱光亞帶了我一輩子"

高　淵：在大連大學讀到本科畢業嗎？

陳佳洱：沒有，1952 年底全國高校院系調整，我們就去了當時的東北人民大學，前身是東北行政學院，後來改稱吉林大學。

物理系的很多老師都是從北京調來的，系主任是清華大學的余瑞璜，他是國際一流的 X 射線晶體學家，能自己做 X 光管。教我們分子物理的是霍秉權，當過清華大學教務長，後來當鄭州大學校長。當時的東北人民大學物理系，號稱有"十大教授"，實力很強。

高　淵：對你影響最大的是哪位？

陳佳洱：是朱光亞教授，他是我的恩師。

高　淵：朱光亞當時很年輕吧？

陳佳洱：他 29 歲，比我大 10 歲。他教原子物理，講得非常好，備課也認真，板書特別清晰。

當時，他剛從朝鮮回來，得了一枚軍功章，在我們學生眼裏，就是一個大英雄。他上課不是簡單灌輸知識，而是從歷史講起，像講故事一樣，把我們從經典物理引導到量子物理。他不僅講課好，每次講完課還來輔導我們，會很認真地聽你的提問，並把問題簡化後寫在黑板上，然後他倒過來問你，一直把你問懂，非常循循善誘。

我對朱老師特別敬佩。他當時是系裏最年輕的教授，29 歲就正教授了。他在北京大學的時候是副教授，從朝鮮回來調到東北，不到一年就升正教授了。我這一生，對我影響最深的就是朱光亞，他的業務功底非常好。

高　淵：你跟朱光亞的私交密切嗎？

陳佳洱：我們師生關係非常密切，情誼很深，可以說朱老師帶了我一輩子。

我的本科畢業論文就是他出題並指導的。當時的論文題目是"研製探測 β 放射性粒子的蓋革—繆勒計數管"。他對我要求很嚴，每週都檢查我查閱文獻的筆記，理解不對或不準確的地方他都用紅筆勾出來。經過近一年的努力，我終於在他的指導下研製出中國第一支能探測 β 放射性的計數管。後來他說，我的畢業論文比他預期的還要好。

就在那時，毛主席說我們也要有原子彈。中央專門組建了核武器專家委員會，由周總理牽頭，具體是聶榮臻元帥負責。他們知道朱光亞原來就是蔣介石派到美國去學原子彈的，就把朱光亞調到北京。

高　淵：其實你們師生並沒有分開多久，朱光亞馬上把你調到了北京？

陳佳洱：對，朱老師是 1955 年春天被調到北京的，先在錢三強先生主持的中科院近代物理研究所工作。沒過多久，教育部發來調令，要調我去北京。

但我們系主任余瑞璜不幹了，他說："假如要調走陳佳洱，我就辭職！"所以，一開始沒調成。但也沒多久，大概是 6 月份，中組部來函調我進京，余瑞璜也沒辦法了，只能放行。

我先到了中科院近代物理研究所"物理六組"，實際上呢，當時中央正委託錢三強的近代物理所，幫助教育部建立"北京大學物理研究室"，大量培養核科技人才。調我來就是參與這件事，當時我們只跟北大校領導單線聯繫，對北大廣大師生是保密的。

我當時將近 21 歲，記得我報到時，他們看我年紀小，說哪裏來的小孩？你走吧，我們要辦公。我拿出報到證，他們才知道我是朱光亞的學生，後來都對我很關照。

高　淵：你們主要培訓北大的本科生？

陳佳洱：一開始是招北大、復旦和武漢大學等學校的三年級學生，經過一年的訓練，就送到核工業的科研院所和工廠工作。但後來覺得這樣訓練一年的質量還不夠高，就開始從本科新生中選拔。為此，1958 年後，北大正式成立了原子能系，後來改名叫技術物理系。

高　淵：後來去英國留學是因為什麼機緣？

陳佳洱：我是 1963 年底被公派留英的，此前的留學生大多去蘇聯。當時，中國科學院黨組書記張勁夫跟英國皇家學會達成了人員交流協議，互派留學人員，第一批中英各派四人。勁夫同志決定從高校和中科院各派兩名，北大推薦了我。

這是我第一次出國，路上還有波折。我們先乘火車到莫斯科，然後轉機去倫敦。那天晚上倫敦有雷雨，飛機只得降落在曼徹斯特。降落後，飛機上招待乘客吃飯，我們卻不敢吃，怕要收錢。想打電話也不行，因為沒有錢，然後坐大巴去倫敦。

我們離開莫斯科時，問使館能不能給我們帶點錢？他們說不需要，到了倫敦會有駐英國使館派人來接。結果飛機這一備降，使館人員直到半夜一點才找到我們。

高　淵：你們去了哪所大學？

陳佳洱：我們四個人去了不同的地方，他們三個分別去倫敦、雷丁的研究所和利物浦大學，我一個人去了牛津大學。我的導師是丹尼斯·威爾金森（Denys Wilkinson），他是牛津的英國皇家學會會員。他問我在國內做過什麼工作，我說搞加速器，他就讓我參加他們新到的串列靜電加速器的安裝調試工作。

這項工作大概做了一個半月，我一邊做安裝，一邊做實驗，晚上還做理論計算。然後就發現了一個問題：這個加速器出來的束流比預定的要弱，原因是他們設計的偏轉磁鐵接收空間和加速器出來的束流特性不匹配。當時我比較猶豫，到底告不告訴他們，因為我怕人家說剛來就指手畫腳。

後來威爾金森問我，這個加速器的束流為什麼通過磁鐵後減少這麼多。我就老老實實跟他講，這裏有一個匹配問題，因為磁鐵的真空室裏面裝了一些膜片，導致束流接收度下降。他聽了不但沒生氣反而很高興，馬上叫我寫了一篇內部學術報告。

我在牛津大學待了兩年半，其中包括在英國盧瑟福高能物理國家實驗室做等時性迴旋加速器的研究，中間還到伯明翰大學訪問研究了兩個月。

高　淵：留學英國這段經歷，對你來說有什麼價值？

陳佳洱：最主要是學到了怎麼做科研，以及科研需要怎樣的思維方式。

一開始，我覺得英國人挺鬆垮，早上大概要九點多到，到了十點半就茶歇了，午飯要吃一個多小時，到下午三點半又茶歇了。看上去，似乎沒工作多長時間，但後來發現，他們的茶歇和吃飯花這麼多時間，其實主要都是用來進行思想交鋒。

在他們的科學文化裏，做科研最重要的是要發展新思路（Developing Idea），不然做不出好的研究。他們最瞧不起的是沒有新思路就寫論文，諷刺這種人是"論文機器"。這是我在英國得到的最重要的收穫。我當北大校長時，就反對簡單地用發表論文的數量來評職稱，後來又加上什麼刊物的"影響因子"，其實這些都不重要，重要的是你的研究有什麼新思路、新理論或新方法，對推動科學前沿的發展有什麼新貢獻，或對經濟社會發展有什麼貢獻。

高　淵：但這個問題現在也沒解決。

陳佳洱：對，所以我還不斷在提。現在無論是評職稱，還是讀碩士、博士，最後都要靠論文，導致大家只關注寫論文，成了英國人說的"論文機器"。

高　淵：你從英國回來，就正好趕上了"文革"開始？

陳佳洱：我是 1966 年 2 月份回來的，"文革"還沒開始。回來後，我就找到國家科技委，匯報發展中國加速器研究的重要性，後來科技委基礎局決定批給我 500 萬元經費，相當於現在的 5 個億，讓我在國內發展國際上最先進的等時性迴旋加速器。當時我非常激動和高興，我們教研室擴充到 50 個人，大家都幹得很投入。

結果幹了沒幾個月，"文革"爆發了，我被扣上五頂"帽子"："黑幫分子""資產階級反動學術權威""走資派""漏網右派"和"特務嫌疑"。紅衛兵把我抓起來，和北大校長陸平一起關在印刷廠裏做打雜。廠裏師傅對我都很好，說我腿勤手勤，幫他們搞技術革新。紅衛兵來鬥我打我，他們都保護我。

高　淵：一直關在印刷廠？

陳佳洱：總共關了兩年多，有一年關在第一教學樓，當時叫做"清理階級隊伍"。1969 年下放到漢中，在那裏一直待到 1979 年，整整十年。一開始都是體力勞動、種地、養豬、修鐵路，反正什麼活重、什麼活累就讓我幹什麼。修鐵路的時候，要不斷來回扛 100 斤一袋的水泥。當時，我一頓飯要吃半斤。

高　淵：那十年就沒再碰加速器嗎？

陳佳洱：開始的時候，我想這輩子搞不了加速器了，把英國帶回來的書都賣了，只留了幾本筆記本作為紀念。

後來，清華大學想搞加速器，他們知道我在英國研究過加速器，清華革委會就跟北大革委會建議，要我去清華聯合研究新型的直線加速器。我們經過半年多的研究討論得到了一個技術方案。這個方案雖然先進，卻因漢中山溝溝裏的條件太差，不可能在那裏研製出來。我就提出，讓我留在北京繼續查文獻。經過一段時間的文獻調查，我發現德國法蘭克福大學提出的一個新概念 —— 螺旋波導加速器，對我們很有意義。雖然實驗上還未做出來，但我覺得它的結構小巧、簡單，有可能在漢中研製出來。

回漢中後，我就和技術物理系的同事一起，從事螺旋波導加速器的研究工作。我們和加工車間的工人師傅一起，克服重重困難繞製成有足夠機械強度的螺旋線，並在此基礎上製成相互耦合的螺旋波導，最後完成了高頻測試並在預定高頻功率下穩定運行。

為了測試載束運行下的性能，我們就將它運到北京，利用北師大的 400 千伏高壓倍器上的氘束，測試其聚束性能，結果非常好，只用了 8.4 瓦的射頻功率就高效地將 350 千電子伏的連續氘束群聚為 1 個納秒的脈衝束。實驗結果與群聚理論的預期完全一致。1983 年，我在美國國際加速器會議上報告了這一成果，並獲得了北京市科技進步二等獎。

副校長、代校長、校長："1984 年國慶遊行，北大學生突然打出來 '小平您好' 的橫幅，我有點吃驚。"

高　淵：70 年代末回到北大後，擔任什麼職務？

陳佳洱：我回到了技術物理系，擔任教研室主任。印象最深的是參加了全國科學大會，錢三強同志還讓我負責全國低能加速器研究規劃的制定。

1984 年，我直接從教研室主任被提升為北大副校長，我也不清楚具體原因，我在去英國之前曾擔任過系的副主任。可能那個時候要提拔一些年輕幹部，我那年正好 50 歲。那時北大還特批了十名正教授，我是其中一位。

先是分管外事、科研，後來還分管方正集團。最早不叫方正，叫北京大學新技術公司。一開始，漢字排版軟件市場競爭很激烈，只有《經濟日報》選用方正，但用下來效果非常好，《人民日報》等許多報紙跟著都改用方正，後來方正佔到了 90% 以上的國內市場。

高　淵：1984 年國慶遊行，北大學生打出了“小平您好”的橫幅，你事先知情嗎？

陳佳洱：那天我就在天安門上面，事先一點也不知道。當時講好，除了帶一面北大校旗外，不能帶任何東西。結果，他們突然打出來“小平您好”，我有點吃驚，我想學生會不會闖禍？回頭一看，鄧小平同志在帶頭鼓掌。

我的感受是，一方面覺得我們北大學生了不起，實際上就是擁護改革開放；另一方面覺得鄧小平同志了不起，他理解北大學生的愛國熱情。

高　淵：什麼時候擔任代理校長？

陳佳洱：那是 1989 年，丁石孫校長出國了，指定我當代理校長，當時我是常務副校長。代理了幾個月，直到吳樹青從中國人民大學調到北大來當校長，我繼續當副校長。過了兩年，還兼了國家自然科學基金委員會副主任，工作重心就放到基金會了。

高　淵：那幾年有點淡出北大的感覺，後來是什麼原因出任北大校長的？

陳佳洱：吳樹青當了七年校長後要換屆，教育部派人來，讓北大三四百個中層幹部民主推薦校長，結果我排在第一。但我自己沒投自己，我強烈推薦周光召，他剛從中國科學院退下來，如果他來當校長，教育和科研的結合肯定會做得更好。

組織上連續找我談了三次話，前兩次我都推薦周光召。到了第三次談話，告訴我中央已經定了，這樣我只能硬著頭皮當北大校長。

高　淵：你當北大校長任內，主要做了哪些事？

陳佳洱：當校長時，我已年近 62 歲，總共當了三年半。那幾年，我主要是推動學科建設，因為一個學校辦得好不好，學科建設是安身立命的根本，要有在世界上領跑的特色學科，學校才能在世界上有地位。學科建設的關鍵是人才，必須要有領軍人物，所以那時候我特別注意引進人才，尤其是培養和引進年輕人才。

為了促進學科之間的交融，我還提議成立若干學部，比如：人文學部包括文、史、哲等系，社會科學部包括經濟、管理學院和法律等系，理學部包括數學、物理和化學學院等，信息與工程學部包括信息、計算機等，後來還成立了醫學部。當時，中央正在推進院校合併，任命我做北大和北醫合併的組長。我們商量下來，合併必須堅持一條，北大跟北醫通過學科交叉來合併，所以專門成立了醫學部。

高　淵：先成立醫學部，再跟北醫合併？

陳佳洱：對，醫學部先放在那裏，這有利於兩校的合併。然後還想跟北京航空航天大學合併，打算先跟北航聯合成立一個北大航空航天研究院，北航領導也很想合併。但後來因為種種原因，沒能合起來。

除了學科建設和合校，我還推動課程交叉。為提高學生的文化和科學素養，規定文科學生至少修四個理科學分，理科學生也至少有四個文科學分，互相要學。

高　淵：接下來就是要籌備北大百年校慶吧？

陳佳洱：當時，我特別想通過百年校慶，來提振一下北大師生的士氣。從 1997 年秋天起，我三次邀請江澤民總書記來北大參加百年校慶。第三次是哈佛大學校長來訪，哈佛和北大有合作關係，我陪著哈佛大學校長去見江總書記。那天談得很高興，他還帶著哈佛校長參觀他的辦公室、會議廳和小花園。哈佛校長看完後，就告別了，我沒走。

我說："江總書記，我找您還有事，再過一個多月我們就要校慶了，北大是新文化運動的中心，是五四運動的策源地，所以一定要請您來，指導我們建設一流的大學。" 他說："那好，你去寫個材料來。" 我們就連夜寫了一個報告。

高　淵： 報告交上去後，有回音嗎？

陳佳洱： 我記得是 1998 年 4 月 25 日下午，我們得到通知，26 日早上江總書記要來視察。時間太短，我們根本來不及準備，只能是什麼樣就讓他看什麼。

我們請他看了新的計算機實驗室、最新的指紋識別技術，還有我們的賽克勒博物館。然後去圖書館，我本來想帶他到教師閱覽室，結果他直奔學生閱覽室。當時，我很不放心，不知道學生會怎樣表現。

結果真是出乎我的意料。江總書記現場吟了很多詩，他吟什麼詩，學生就對什麼詩。然後，江總書記用英文、法文、德文，還有羅馬尼亞文跟學生聊天，學生們都能應答，表現得非常好。

高　淵： 這些學生不是校方事先安排的？

陳佳洱： 我們在教師閱覽室有準備，但學生閱覽室沒有。教育部長陳至立跟我說，你們北大真的了不起。

高　淵： 就在那個時期，北大提出了要建設世界一流大學？

陳佳洱： 對，就在北大校慶上，中央正式提出，中國要建 "若干所具有世界先進水平的一流大學"。緊接著，我跟清華大學簽訂了北大清華攜手共同建設世界一流大學的協議書，規定我們兩校學分互認、教授互聘、資源共享、後勤共建等八條。然後，我們又聯名向中央要求撥一筆專款來建設世界一流大學，中央也批了，所以後來有了 "985 工程" 大學，因為是 1998 年 5 月份提出來的。

"真正的一流大學要出一流的人才，出一流的科研成果。"

高　淵：你跟北大有這麼多年的情緣，你所理解的北大是一所什麼樣的大學？和中國這麼多大學相比，北大的特性在哪裏？

陳佳洱：北大的傳統就是"愛國、進步、民主、科學"，北大的學風是"勤奮、嚴謹、求實、創新"。北大師生首先是非常愛國的，從新文化運動與五四運動，到"團結起來，振興中華"，再到"小平您好"，都說明北大師生愛國。

另外，北大提倡"思想自由、兼容並包"，這是蔡元培先生提出來的。所以一直以來，北大的教學研究環境比較寬鬆。當然，北大也在不斷自我完善，就像魯迅先生說的，"北大是常為新的，改進的運動的先鋒，要使中國向著好的，往上的道路走"。

高　淵：你是以物理學家的身份，擔任北大校長的。在你看來，科學家當校長的利弊在哪裏？

陳佳洱：比較呆板，但也會比較認真。

高　淵：你覺得自己適合當校長嗎？

陳佳洱：我還是適合做研究。

高　淵：但你當校長那些年，口碑很不錯。

陳佳洱：口碑我也不清楚，我這個人比較隨和一點，跟我溝通比較方便。

我當校長的時候，還堅持給研究生講授加速器物理，每週上一次課。如果我不上課的話，我跟學生、教授的共同語言就會少得多。我自己上課，才知道教師想什麼、學生想什麼，我理解他們、支持他們。

高　淵：去年北大表示要嘗試取消院系領導的行政級別，你對中國大學的行政級別怎麼看？

陳佳洱：我當校長那時候，院系沒有行政級別，校長是享受副部級待遇。我聽說，有的前任校長直到退休，還是正局級。

我的感覺是，大學裏面一搞行政級別，就變成"學而優則仕"，就走到歪道上去了。這是對大學很大的損害。對學校來說，最重要的是要對國家社會發展有貢獻，要讓教授們沉下心來做教學和科研。

高　淵：從 1998 年提出中國要建世界一流大學，到現在 20 年過去了，中國現在有沒有出現世界一流大學？

陳佳洱：像牛津、哈佛那樣的一流大學中國現在還沒有，我覺得還要等三五十年。

真正的一流大學要出一流的人才，出一流的科研成果。我有一次陪美國史丹福大學的校長去見朱鎔基總理，那時候國際上對大學排名炒得很熱。朱總理問："你們史丹福大學很有名，又締造了矽谷，為什麼只排在第四？"史丹福大學校長說："總理先生，你把這個排名忘了吧，我們史丹福大學有史丹福大學的文化，我們史丹福大學有史丹福大學的傳統，不管它排第幾名，史丹福就是史丹福。"

這話說得非常好。我們中國的大學必須堅持自己的文化和傳統，加快培養和引進世界一流的人才，才有可能真正成為世界一流的大學。這一點，清華現在比我們做得好，比如他們引進的薛其坤教授發現了量子反常霍爾效應，在國際上是領先的！

高　淵：就北大來說，跟世界一流大學的主要差距在哪裏？

陳佳洱：還是缺乏能引領未來的領軍人物！特別是在科研上，我們國家的方針是"自主創新、重點跨越、支撐發展、引領未來"，最後一句話最重要，就是要引領未來。

生命、同濟和

江上舟

吳啓迪

1947 年生於上海，浙江省永嘉人。智能控制專家，同濟大學教授。於清華大學獲無線電專業學士學位、自動控制專業碩士學位，於瑞士蘇黎世聯邦理工學院獲電子工程博士學位。曾任同濟大學校長、教育部副部長，當選為中共第十六屆中央候補委員。

"我當校長那幾年，正好是中國高校合併的高潮，也引來很多爭論，不少人懷疑一窩蜂把一些學校併起來是否合適？我覺得，中國合併若干所大學是有必要的，綜合性大學符合高等教育的發展潮流。但合併一定要考慮大學的歷史，最不應該出現的情況是，把兩個優質但沒有淵源的大學硬合起來，這是得不償失的。"

吳啓迪還是老樣子。

雖已年屆七旬，看上去依然清矍而幹練。

或許是早年留學瑞士的緣故，她跟我約在一間咖啡館，在鬧中取靜的南昌路上。說好九點半見面，她提早了二十多分鐘。看我有點詫異，她微笑著跟我解釋，之所以提前到，是要先和一位同事商量工作。

中國有很多大學校長，吳啓迪教授是其中為數不多的名人。1995 年，她以民主推舉的方式，成為同濟大學首任女校長。一直到 2003 年赴京任教育部副部長，她當校長那八年，主持了同濟兩次與其他高校的合併，也經歷了前所未有的高校擴招。時隔 20 年，她對當年的高校改革，是怎麼看的呢？

和吳啓迪聊天，她的先生江上舟是繞不過去的。他們同在清華大學無線電系學習，畢業分配同赴雲南，然後一起回京工作，一起考上清華研究生，先後到瑞士蘇黎世聯邦理工學院攻讀博士。回國後，一個在上海，一個去海南，長期分居。多年後，他們又在上海團聚，直至 2011 年江上舟因病辭世。

這些年，吳啓迪極少與媒體談起江上舟，這次跟我聊起往事，言必稱"我先生"，三十多年相伴的感情清晰而內斂。我說："江上舟先生被稱為戰略型科學家，曾力促大飛機和集成電路芯片項目落戶上海，您認為他是個怎樣的人？」吳啓迪平靜地說：「我先生很關心政治，學習能力很強，他不搞基礎科研，更關注戰略上的事，這是他的特長。」

吳啓迪更讓外界惦記的，是她在將近 20 年前經歷的一次生死考驗。

1999 年 8 月 5 日上午，吳啓迪在同濟大學校長室發病，突然腹痛難忍，隨即被送往醫院搶救，查出是急性壞死性胰腺炎。這病非常難救，還併發心肺肝腎等臟器功能嚴重障礙，心臟八次驟停，做了四次手術，可以說瀕臨死亡。在瑞金醫院住了將近五個月，直到年底才出院。

醫學界都說，能把吳啓迪校長救回來，是中外醫學史上的奇跡，所以她至今感激那些醫生。躺在病床上的那五個月，雖然九死一生，但她還是很樂觀，別人都說她堅強。「其實，我當時精神狀態是比較亢奮的，因為滿腦子想的都是同濟還沒進入‘985·工程’，這個目標我是放不下的。」

吳啓迪住院期間，教育部和上海市的領導都很關心，經常去醫院看望。只要他們來，她一定會提這件事，在氣管被切開的那段時間，不能講話，就用筆來寫。

有一次，上海市委書記黃菊到醫院探視，吳啓迪又提了這事，還對他笑了笑。就聽黃菊跟別人說：「吳校長病得這麼重，怎麼還在笑？」吳啓迪當時氣管切開不能說話，心裏想，我有機會當面向領導提“985”的事，能不笑嗎？

在病情特別危險的時刻，吳啓迪會思考生命。她在想，生命儘管頑強，但有時候又很脆弱，就像一張紙，一捅就破。在這時候，如果還有很多事沒做完，就會覺得很遺憾，但這反過來又會激勵她堅持下去。

吳啓迪會用各種方法來鼓勵自己。她想到了電影《鐵達尼號》中的情節，當男主人公傑克覺得自己必死無疑時，對女友露絲說：「你一定要頑強地活下去，要過得幸福。」當時，她病床邊有一台 CD 播放機，不斷放著音樂，《鐵達尼號》的主題曲 *My Heart Will Go On* 經常迴蕩在病房中。

採訪那天晚上，吳啓迪就要去杭州出差，第二天再去蘇州開會。問起她的健康狀況，她笑笑說：「現在還有幾個兼職，都不取報酬的。身體還行吧，還能走動走動。我想再做兩年，到 2020 年是我大學畢業 50 年，這也兌現了我當年的諾言：為國家工作 50 年。」

擴招：“早晚要做，但當時做得有點急了。”

高　淵：發病的那個上午，你當時在處理什麼事？

吳啓迪：那天上午接到一個電話，說馬上要開學了，今年大幅度擴招，還合併了上海鐵道大學，新招學生 7000 人，來了怎麼住啊？

以前同濟大學每年只招兩三千個學生，我對此很焦慮。當然也不能說因為這事，導致了我發病，不要掛鈎。

高　淵：1999 年是中國大學大規模擴招的起點？

吳啓迪：對，那年召開了全國教育工作會議，我參加了。當時為了應對亞洲金融危機帶來的衝擊，會上提出了怎麼促進消費，拉動內需。當時，國務院有關部門提出一個方案，認為對於老百姓來說，教育是非常重要的一種消費，因為中國人特別重視教育，希望子女都能上大學。

很快，中央要求我們教育部所屬高校大幅擴招，一開始要求擴招一倍，後來發現其實做不到，但至少平均擴招了 1/3。

高　淵：那個提出方案的“國務院有關部門”，是教育部嗎？

吳啓迪：後來很多人都以為是教育部提出擴招的，其實不是。跟大學擴招一起提出的還有“教育產業化”，都是當時的國務院宏觀管理部門提的。

高　淵：當時你對大學擴招怎麼看？

吳啓迪：作為一個大學校長，在國家沒有任何投入的情況下，要多招這麼多學生，不管從哪個角度看，都是困難的。同濟在那幾年經歷了一個困難時期，首先碰到的是學生宿舍問題，男生已經八個人一個房間了，再擴招一倍不可能，即便是三分之一，也沒有空間了。

但當時國家經濟有困難，大學要作出自己的貢獻，我們還是接下了任務。其實，各個大學都是在非常困難的情況下接受擴招任務的，思想上也沒有形成共識。

高　淵：在擴招中，同濟什麼時候最困難？

吳啓迪：應該是 2000 年和 2001 年，我印象中這兩年都是每年招 7000 名學生，當然這沒持續幾年。當時還叫我們招二本，我說我們同濟從來不招二本的。後來學校實施了後勤改革，通過銀行貸款以及和企業合作建設學生公寓，總體上緩解了空間緊張問題。

但有些問題很難在短期內解決。擴招前，同濟的師生比是 1：8，擴招後達到 1：10 甚至 1：12。從辦學效益講，擴招當然是好的，但學生太多、教師太少，實際上對辦學質量是有影響的。但不管怎樣，我們還是克服困難，完成了擴招任務。

高　淵：現在回頭看，你認為當年擴招對不對？

吳啓迪：對於擴招，社會上一直有很多議論，認為擴招大大影響了中國高等教育的質量。2003 年，我到教育部工作後，站在國家的高度來看整個高等教育，越來越覺得擴招這件事早晚要做。但當時做得有點急了，如果分幾年來做，可能更穩妥。

在大學工作的時候不知道，中國在 20 世紀 90 年代中期的大學毛入學率只有 5%，比印度還要低兩個百分點。如果當時的大學校長都知道這個情況，可能會對擴招更積極一些，因為我們總不見得還不如印度吧。

高　淵：和大學擴招伴生的，還有 "教育產業化"，你贊同這個理念嗎？

吳啓迪：我從來不接受教育是一個產業的觀點。記得當時在北京的一個論壇上，我發言的觀點就是教育不能產業化，因為教育是公益事業。教育可能有部分產業或非公益的功能，但這一般是指非學歷教育。

我的觀點沒有得到大多數人的認同，很多人認為我太保守，思想跟不上形勢。也有些人拿美國的私立大學舉例，來支持教育產業化的觀點。其實，美國不少私立大學辦得好，有他們特殊的發展過程，他們是通過基金會來規範運作的，而不是出資人自己辦學。整個歐洲，包括英國，以及亞洲大學幾乎都是公辦的。還有人說，日本當時正在實施法人化的高教改革，但法人化不等於私有化。

當時，不少人的思路是，讓大學自己去收錢，自己去發展，後來對醫院也是這個思路。這是不對的，教育和醫療向來是國家的事、社會的事，不能是產業。

與清華的緣分：“我們家五個人都是清華電子工程系畢業的。”

高　淵：現在回過頭來說說你的經歷。你是溫州人，小時候在溫州生活過嗎？

吳啓迪：我生在上海，小時候的記憶都是關於上海的。2009 年，我父親100 週年誕辰的時候，我們全家（包括江上舟）回過一趟老家。溫州還有個“世界溫州人大會”，2017 年我帶兒子全家去參加過，我兒子是跟我家姓吳的，老家那裏有個吳氏祠堂，還有祖屋保留著。

小時候一直住在徐匯區，小學是南洋模範小學，後來叫天平路一小，就在南模中學對面，中學上的是位育中學。在我的記憶中，中小學老師都很敬業。當時，老教師有不少來自名牌大學，比如中央大學、復旦大學、聖約翰大學等，後來的年輕教師才來自師範院校，如華東師大、上海師院（上海師範大學前身）。

高　淵：現在基本上都是師範生當中小學老師。

吳啓迪：這在中國相當一段時間內是有必要的，尤其是在一些比較貧困的省份，能保證中小學師資到位；而且減免學雜費的師範院校，還讓不少貧困生上得起大學。不過從今後的發展看，應該爭取讓素質最好的人才去當中小學老師。

最近，我經常在教育部的一些座談會上呼籲這一點：為什麼清華、北大畢業生不能去當中小學教師？這需要槓桿撬動，比如政府購買服務等相關政策。

高　淵：考大學的時候，什麼原因讓你想離開上海？

吳啓迪：我們那時候的想法跟現在不一樣，覺得沒有出去過，就一定要出去。其實，家裏是不太同意的，因為我兩個姐姐都已經去北京了，我們姐妹三個，如果我也出去的話，父母身邊就沒人了。

所以，我母親當時就勸我還是讀上海的學校吧，我父親是上海交通大學的教授，他們覺得上交大也挺好。但我還是一門心思想離開上海，就填報了清華大學無線電系。

當時，我大姐就在清華大學無線電系上學，我的選擇跟她很有關係。我上清華的時候，吳邦國同志是我們的輔導員。其實我們家五個人都是清華電子工程系（當時叫無線電系）畢業的，大姐、大姐夫、我和我先生江上舟，還有我大兒子吳江楓。

高　淵：在清華的感受怎麼樣？

吳啓迪：我考進去的分數很高，所以很受校領導和輔導員的重視，他們鼓勵我入黨，我曾寫了好幾次入黨申請書。但一年後，"文革"開始了，我因為是知識分子家庭出身，當時被定為出身不好，自己又成了所謂的"修正主義苗子"。所以，我是不能加入紅衛兵的。

我主要是幫著抄抄大字報。大串聯我很積極。實際上，串聯倒是給我們長了很多見識，各省大學都有接待站，住宿不要錢，在各地高校看大字報。

串聯去了很多地方，因為我本來就想出去走走。先後到了天津、河北、四川、重慶、廣東、廣西、湖北，反正是一路走，哪裏有火車就上。當時坐火車不要票，只要憑學生證就行，不過多數沒座位，都是站著的，有時候上下車要從窗口爬進爬出。

坐車的大都是學生，而且當時民風比較淳樸，基本上沒什麼安全問題。但後來開始武鬥就不行了，造反派把學校房子都佔了，我就經常待在上海。我曾到上海無線電二廠勞動，幫技術員描圖，也做過鉗工，覺得挺好的，學到不少東西，與工廠師傅有很多接觸。

高　淵：大學畢業分配時，想回上海嗎？

吳啓迪：沒有回上海的名額，除了大城市，其他任何地方都有可能，也有留校名額，但留校名額由工宣隊掌控，當時工宣隊負責人是遲群；而且，當時清華的氛圍已讓我們無可留戀，我們也不想留校。於是我和江上舟被分配到祖國的邊疆雲南。在雲南省電信局報到時遇到一位軍代表老李，他和藹地問了我們的情況，就說，不要把你們分開派到兩個不同的縣了，還是一起留在昆明吧，正好剛建一個新的電訊器材廠，跟你們的專業對口。

高　淵：你和江上舟是一起分到雲南的？

吳啓迪：對，當時我們在談戀愛，他當時是所謂的"可以教育好的子女"，也不可能留校。還有另外一個女同學，上海人，出身不好，被單獨分到了麗江。據說我們三個是歷史上分配到雲南的第一批清華學生，以前沒有過。

去了之後，我們都覺得昆明挺好的，四季如春，廠裏對我們也挺重視。後來廠裏還來了一批省體工隊下來的運動員，所以生活挺豐富的，排球賽、乒乓球賽、羽毛球賽天天都有。後來，不少人說我倆是因禍得福，那時候有好幾對像我們這樣談戀愛的，去了更遠更艱苦的邊疆。

這個廠現在沒了，因為通訊的概念全變了，原來的產品已沒有需求了。當時這家廠主要搞微波機和載波機，我研發載波機，我先生研發微波機，一起試製新產品，我們在廠裏挺頂用。

我們在雲南待了五年，1975年回到北京。我們能回來，是因為我的公公江一真在"文革"中受到很嚴重的迫害，在監獄裏心臟病發作，然後保外就醫。當時，他身邊一個人也沒有，子女都插隊了，連老伴都去了江西的幹校。

當時有人向中央反映，說像他這種情況，還是應該有人回來照顧。正是因為這個機會，把我和我先生調回了北京。

高　淵：你先生的哥哥江上虹當年挺有名。

吳啓迪：江上虹是個很傳奇的人，他先當兵，是個好兵，後因家庭原因受到迫害。"文革"中密謀暗殺江青，差點被判死刑。他會飛簷走壁，功夫很好。

高　淵：你們回北京後去了哪裏工作？

吳啓迪：我們都在電子工業部，我在標準化研究所負責通信和計算機產品的標準。我後來跟這些領域的專家都比較熟，因為定標準的時候要請專家，我負責會務。我那時候要經常出差，給鐵道部和民航局"捐了"很多錢。我先生在電視電聲所，做產品開發。

高　淵：當時，兩個兒子已經出生了？

吳啓迪：大兒子是在昆明生的，後來送到上海外婆家。外婆還在上班，所以只能放到別人家裏寄養，然後是全托，他還生過大病。

小兒子是回到北京後生的。本來想如果生個女兒就自己要，結果又是一個兒子，我媽勸我把他過繼給我大姐，因為大姐沒孩子。所以，小兒子一直跟著我大姐生活。

高　淵：在電子工業部工作幾年之後，為什麼決定考研？

吳啟迪：主要是我們正規的大學學習只有九個月，"文革"開始後，在迷茫中度過了那混亂的大學五年。我們在昆明工廠的時候自學了不少，我先生比我還賣力，他求學的願望比我更強烈。1978 年恢復研究生招生，我們開始想考中國科學院，後來想想還是考了母校清華。

當時我們已經工作八年了，年近 30 歲，但在考生中還算年輕的。而且，兩口子一起考進來，當時挺受校領導關注的。

高　淵：你們又考了同一個專業？

吳啟迪：沒有，這個我是讓他的，我沒考通信，去考了自動控制，這個專業對我來說等於是重新學。

因為每個專業的錄取名額都非常少，20 個考生裏能錄取一個就不得了了。我們只有分開考，才有把握都考進去。我大學只上了一年的課，但也不知道什麼原因，入學後，在免修的考試中考得還不錯，免修了兩門課。

高　淵：後來是什麼機緣，你們一起去瑞士蘇黎世聯邦理工學院留學？

吳啟迪：我先生先去的。他考上研究生不久，又考上了出國研究生，就去集訓外語了，第二年就公派去了蘇黎世聯邦理工學院，他是"文革"後首批公派留學生。

我是研究生讀完，拿到了碩士學位後，再考慮留學的。那時候大家都想去美國留學，排隊不知道要排到什麼時候，我先生對蘇黎世聯邦理工學院感覺很好，就叫我也去吧。我當時不了解這所大學，只知道是愛因斯坦的母校。

因為要出國，我在 1981 年三四月份就提前進行碩士論文答辯了。那年中國剛剛開始授予碩士學位，清華又是最早授研究生學位的單位之一，所以我的碩士學位證是"00X"號，非常靠前。

高　淵：你也是公派出國留學嗎？

吳啟迪：我是自費公派，算清華大學派出，但費用自理。因為我先生拿的是瑞士聯邦獎學金，可以資助一下，我出去生活沒問題。後來，我在蘇黎世聯邦理工的教授那邊打一份工，先是給他當助教，後來成了他的博士生。

其實，我本來沒想讀博士，我這人對自己沒那麼高要求。我先生是很要求上進的，而且他父親盯著他拿到博士學位。

高　淵：你們是哪一年回國的？

吳啓迪：我是 1985 年完成博士論文答辯，1986 年初就回來的，沒有在國外逗留。其實，蘇黎世聯邦理工學院的畢業生在瑞士和德國很容易找工作，但那時候的中國留學生都回來的，1989 年前沒有人留下來。

我先生比我晚一年畢業回國，因為他的社會活動太多了，他是全瑞學生會主席。他回國後先到了國家經委，當時朱鎔基還是國家經委副主任。他被特批當了處長。後來海南開發了，他的從政願望很強烈，自告奮勇去海南，我想人各有志，就讓他去吧。

當時的海南很艱苦，他當了三亞市副市長，鳳凰機場是他負責建設的，天天跟徵地農民打交道，這是很苦的事。當時全國沒幾個人知道三亞，他把三亞弄上了中央電視台的天氣預報節目，慢慢打開知名度，現在當地很多人都還記得。

他離開三亞後，又到海南省洋浦開發區當黨工委書記、開發區管理局的第一任局長，一直到 1997 年來上海，先後當市經委副主任、市政府副秘書長。他參與了大飛機和集成電路芯片項目，向中央爭取過來落戶上海。現在的年輕人都不知道這些事了。

高　淵：2011 年，江上舟因病辭世，很多他當年的老同事至今都在緬懷他，說他是位戰略家。你怎麼評價你先生？

吳啓迪：他很關心政治，在國外對學生會這些事情很積極，他不搞基礎科研，更關注戰略上的事，這是他的特長。

他的學習能力很強，而且算賬算得很清楚，對數字很敏感，像芯片要花多少錢進口等，這些數據最早是他提供的。在決策大飛機項目時，國務院有關同志專門找他談了一次，後來我發現，國務院總理溫家寶在科技大會上的講話中的一些素材是他提供的。比如：為什麼要上大飛機項目，為什麼一定要做民用大飛機，為什麼要自己製造芯片、光刻機，等等。他在這些戰略問題上有思考，跟中央不少人也講得上話，可以推得動，我認為他的貢獻主要就是這些。

他年輕時身體很好，我們在清華大學綿陽分校勞動時，他可以同時背兩袋 100 斤的水泥袋。那時候，我也能背一袋，一頓飯要吃八兩。"文革"中有一段時間我們經常去頤和園游泳，在學生食堂前東大操場打球，我們那時候是"三個飽兩個倒"，一天三頓飯，還睡兩個覺。我現在還經常回想起那些年。

當校長那八年："現在再有人叫我當校長，我是肯定不當的。"

高　淵：從瑞士回國後，為什麼不回母校清華大學，而是去了同濟大學？

吳啟迪：因為當時我父親已經過世了，就我母親和兒子在上海，所以我不回清華是肯定的，一定要回上海。

因為我父親的關係，一開始有點想去交大。上海大學的錢偉長校長也來找我，跟我談了六個小時，他希望我去上大。當時，徐匡迪是上大常務副校長，他也跟我談過。

但我回北京請教了我們清華的老領導，也去教育部人事司了解情況，他們說同濟大學現在非常需要人，而且說我在蘇黎世是用德語的，同濟正好德語也是強項，同濟電子工程專業不太強，正好需要人啊。

我父親在世時，一直覺得同濟是個好學校，他對李國豪校長是很尊重的。當然，我高考不考同濟，是因為我當時並不喜歡土木建築專業。我從瑞士回來後，同濟很希望我去，同濟電氣系的黨總支書記專門到北京來，住在我家旁邊的招待所，天天來盯我。

高　淵：初到同濟感覺怎麼樣？

吳啓迪：我一到同濟，江景波校長馬上讓我進了校務委員會，這樣平台就不一樣了。我這個人也是有點初生之犢不畏虎，在學校裏喜歡到處講講，結果不少老先生對我印象不錯，他們說這個人還有點想法。

我也沒什麼資源，一門心思想搞學術。當時，有個老教授給了我 600 元複印費，用來複印資料申請科研經費。申請到的第一個項目是自然科學基金，三萬元，當時已經是頂格了。後來又拿到一個教育部的青年教師基金，還有霍英東基金，等等。

高　淵：後來逐步轉做管理了？

吳啓迪：對，校務委員會是一個諮詢機構，在那裏能見到我們學校最有名的教授。我到同濟後的第一個管理崗位，是電氣系自動化教研室主任。後來當系副主任、研究中心主任，1990 年當校長助理，1992 年當副校長。

高　淵：1995 年，你出任同濟大學校長，當時很受國內外輿論關注，媒體都把焦點放在你是第一位民主推舉產生的校長。當時是怎麼推舉的？

吳啓迪：這不必過度渲染，其實就是設了校長遴選委員會，由一些老教授和民主黨派人士組成，向黨委會推薦校長人選。當時，我和另外三位教授被推舉為校長候選人，組織上進行了很多考察工作，對此我是不知情的。

然後，學校為每個候選人安排了十分鐘的校內電視講話，由全校幹部測評投票，最後把我作為第一候選人上報國家教委。整個過程是在同濟黨委領導下，黨委全委會通過，經國家教委黨組批准的。我很感謝大家對我的信任和支持，我知道我的優勢可能就在於當時相對年輕。

高　淵：八年校長當得辛苦嗎？

吳啓迪：很辛苦，所以現在再有人叫我當校長，我是肯定不當的。當時的同濟大學面臨很嚴峻的競爭，主要是三件大事。

一是國家要在 21 世紀重點建設 100 所大學，這個 "211 工程" 已經啓動，但同濟還未進入，而同濟一定要躋身高校 "國家隊"；二是作為一所立足上海的重點大學，同濟要爭取國家教委和上海市政府共建；三是國家教委將要對高校進行文明校園建設評估，實際上是對學校全方位工作的評價。這三件大事關係到同濟能不能趕上高教改革的步伐，能否打下繼續發展的堅實基礎。

在校黨委的領導下，我和同事們夜以繼日地工作，調動一切積極因素，在 1995 年底前都實現了。消息在校園裏傳開後，師生們都很高興，我也信心倍增。

高　淵：你在病榻上最關注的"985 工程"，這個目標是什麼時候實現的？

吳啓迪：那是在 2003 年，我到教育部工作之後。其實，調我去教育部的事，組織上已經問了我不只一次了，第一次我沒同意，因為那時同濟還沒進"985"。到了 2003 年，我看這事已經差不多成了，而且萬鋼已經當副校長了，有了接班人，我可以走了。

1998 年 5 月，中央正式提出，中國要建"若干所具有世界先進水平的一流大學"，第一批包括清華、北大等，上海的復旦和交大均榜上有名，這就是"985 項目"大學。

在歷史上，同濟歷來就是中國高等教育的第一梯隊，怎麼能變成第二梯隊？你要知道，一所大學進不進"985"，政府扶持的力度是完全不一樣的。一開始，我們沒能進入"985"，李國豪老校長安慰我說，我們不在乎這個。但後來進了"985"，我首先把消息告訴他，他很高興的，這是不可能不在乎的。德國現在也在搞德國大學卓越計劃，評選"精英大學"，這就是向中國學的。

高　淵：你跟同濟有這麼多年的情緣，你所理解的同濟是一所什麼樣的大學？和中國這麼多大學相比，同濟的特性在哪裏？

吳啓迪：同濟是一所比較特殊的大學，它是 1907 年由一位德國醫生創辦的。後來第一次世界大戰德國戰敗後，就交給中國人辦了。很多人以為，但凡外國人創辦的一定是教會學校，但同濟恰恰不是。

新中國成立前，同濟有醫、工、理、文、法五大學院，尤其醫和工是中國歷史最悠久的，是著名的綜合性大學。1952 年院系調整後，同濟就以工科為主了，十位化學領域的院士去了復旦等學校，很多醫科教授去了二軍大（第二軍醫大學）、上海第二醫學院，稍後醫學院搬往武漢，有大約十位醫科一級教授離開了同濟，船舶製造專業給了上海交大。當然倒過來，交大也把他們的土木工程專業給了同濟。

所以我一直說，大學之間不要亂競爭，歷史上是你中有我、我中有你。

高　淵：你當校長期間，同濟經歷了兩次合併，你怎麼看高校合併？

吳啓迪：我們經歷過兩次，第一次是和上海城建學院、上海建材學院合併，第二次是和上海鐵道大學合併。當時的上海鐵道大學，剛從上海鐵道學院和上海鐵道醫學院合併而成。

我當校長那幾年，正好是中國高校合併的高潮，也引來很多爭論，不少人懷疑一窩蜂把一些學校併起來是否合適？我覺得，中國合併若干所大學是有必要的，綜合性大學符合高等教育的發展潮流。但合併一定要考慮大學的歷史，最不應該出現的情況是，把兩個優質但沒有淵源的大學硬合起來，這是得不償失的。

高　淵：那幾年，你一直在推動同濟往什麼方向發展？

吳啓迪：德國前總理施羅德曾說過，同濟大學是一所偉大的大學。在中國高等教育歷史上同濟是有重要代表性的，而且一直是一所綜合性大學。當時有些人覺得，同濟就應該以土木工程為主，為什麼要搞人文、社科等？

我的回答就是，同濟要回歸，回歸我們歷史上綜合性大學的地位。

高　淵：你先當八年校長，後來又當了五年教育部副部長，哪個位子更辛苦？

吳啓迪：我在教育部分管高等教育和職業教育，但總體來說比當校長輕鬆，因為上面還有部長。當時，周濟部長還是壓力挺大的。

高　淵：同濟大學校長是副部級，你對中國大學的行政級別怎麼看？

吳啓迪：在我們國家，是不可能沒有級別的，我覺得不用去議論這事。這是我們的特點，如果你沒有行政級別，就不能看一些文件，就不能了解許多事情。你說一個大學校長或者黨委書記，不了解這些他怎麼管理學校？

高　淵：這些年身體還好嗎？

吳啓迪：我還擔任國家自然基金委員會管理科學部的主任，這是兼職，是完全的志願者，不取酬。身體還行吧，還能走動走動。我想再過兩年，到屆了，就不做了。2020 年正是我大學畢業 50 年，這也兌現了我當年的諾言：為國家工作 50 年。

新聞史家是新聞事業的守望者

方漢奇

廣東普寧人，1926 年 12 月生於北京，1950
年畢業於國立社會教育學院新聞系。1951 年
起，先後在聖約翰大學、北京大學和中國人民
大學任教。1984 年成為中國第一批新聞學博
士生導師，1989 年創立中國新聞史學會，並
擔任首任會長。專著《中國近代報刊史》、主
編的《中國新聞事業通史》等，是中國新聞史
權威著作。

"我現在是早上看手機，晚上看電視和報紙⋯⋯很多上班族就是這個習慣⋯⋯知道了新聞以後，深度報道和評論可以慢慢看。所以我晚上看報紙，這方面是紙媒的優勢，關鍵是要有分析、有回顧、有前瞻，對新聞事件有多角度的深度報道。"

方漢奇是位"駐校教授"，他的家就在中國人民大學校園內的宜園，步行到新聞學院只要三分鐘。

只按了一下門鈴，裏面便傳來急促的腳步聲，91歲的方漢奇自己開門迎客。他麻利地沏茶倒水，順手遞給我一張名片，上面寫著：中國人民大學榮譽一級教授、北京大學新聞學研究會學術總顧問、中國新聞史學會創會會長。

方漢奇作為中國新聞史學泰斗，早在1951年就在聖約翰大學講授新聞史專題，後來的《人民日報》總編輯范敬宜便被他吸引，常從中文系跑來聽課。

有學生談起方先生的課，用八個字形容：滿座嘆服，驚為天人。他講梁啓超，隨口就可以背出一篇千字政論，一邊背誦，一邊踱步，興之所至，旁若無人。20世紀80年代，他的公開大課，學生多到擠坐在窗台上。

方漢奇是新聞史大家，也是公認的幽默大師。即便在"文革"中蹲牛棚，他依然玩笑不斷。有一次，他很嚴肅地對同住一棚的同事黃河說："毛主席已經過問你的事了，你很快就能解放。"黃河大喜過望，問他是怎麼知道的。方漢奇指指新編《毛主席語錄》說："上面有句話，一定要把黃河的事情辦好！"

前一陣子，他又幽默了一把，不過是被動的。

2017 年底，"方漢奇基金"在中國人民大學成立。即將過 92 歲生日的方漢奇，將所獲的"吳玉章人文社會科學終身成就獎"獎金 100 萬元全部捐贈用於設立基金，以推動新聞學、新聞史研究和新聞傳播學科發展。不料，當方漢奇到銀行要轉賬 100 萬元時，櫃員懷疑其遇到詐騙，陪同方老一同前往的人員，被當成騙老人錢的騙子審問，還差點報警。

銀行那天的值班經理表示，老爺子年歲比較高，陪同老爺子的是兩個年輕人，比較急，這讓他們心裏面馬上提高了警惕，問了一下老爺子匯款的用途。老爺子斬釘截鐵地說這就是捐款。這時候，一位女士出示了當時的新聞，然後銀行工作人員私下也在百度查了一下信息，才確認是真實的。

年過九旬的方漢奇獨居京城，兒子在芝加哥，女兒在倫敦。他們會回來看他，他也會飛過去，算起來，方漢奇已經去了 15 次美國，最近剛回來。

問起日常起居，方漢奇說，做飯對我來說不是問題，自己能做。"我不僅在幹校做過一年大鍋飯，在家裏也做過 15 年的飯。那時候家住在北京城裏，我那口子在北大附中當老師，她上下班很遠，一直是我做飯。而且，現在學校食堂就在我們樓對面 20 米，還有一個小保姆，讓她做也可以。"

住在大學校園裏，讓方漢奇感覺舒暢。因為學校環境不錯，而且年輕人多，很有朝氣。他有什麼問題，比如電腦故障了，就找學生來幫忙。

老先生還愛趕時髦，不僅是國內最早的一批網民，而且微博、微信都用得很熟練。聊了一個下午，告別時，他用自己的自拍杆熟練地和我合影。我說想加個微信，他立馬遞過手機說："那你掃一下我的二維碼。"跳出來的微信名字是"coco"，我問："這是您的英文名字？"方先生搖頭道："不是，這是我兒子家裏那條狗的名字。"

顛沛童年：輾轉於 14 所中小學

高　淵：聽說你童年顛沛流離，換了很多學校？

方漢奇：我這個年齡段正趕上抗日戰爭。1931 年就是"九一八"事變，一直到大學畢業，整個學生時代都處在非常動蕩的社會。我的小學和中學一共唸了 14 個學校，有時候一年還不只換一個學校，這在現在是不可思議的。

我是廣東普寧人，生在北京，第一所小學在西安。當時我父親方少雲在河南開封工作，沒帶家眷。我母親就帶著我和弟弟住在西安我祖父家。在那裏先上了一所穆斯林辦的培德小學，後來轉學到西安女師附小。

上到二年級回到了北京，先上西直門小學，然後是師大二附小。這個學校很有名，王光美當時也在那讀書，她比我高兩屆。

高　淵：抗戰全面爆發後，全家去了香港？

方漢奇：那時候，整個華北已經擱不下一張書桌了。我們一家從北京坐了一天火車到天津，在那裏等了一個月，才等到一艘船去香港。船上八天八夜，非常艱辛。

我在香港換了四所小學，最後是在一所女校畢業的。當時是戰亂時期，女校也就近招男生了，但全班就我一個男生。

先在香港的文化中學唸初一，然後到重慶上了兩個學校，又到廣東韶關上了兩個學校，再到梅縣，最後在汕頭高中畢業。汕頭那個中學，我就上了高三下半學期。

高　淵：後來報考了哪幾所大學？

方漢奇：我一門心思只想考新聞系。當時國內五所大學有新聞專業，我考了四所，南京的政治大學、上海的暨南大學和復旦大學、蘇州的社會教育學院。北京的燕京大學也有新聞系，但學費太貴，我上不起，就沒去考。

我只報考新聞系，就是喜歡。這個興趣是從高一開始的，我在韶關上學。當時抗戰已經進入中後期了，日本要打通粵漢鐵路，準備攻打韶關。我是班上的學習委員，要辦牆報和壁報，還要採訪，時刻關注這些戰爭的信息。這就和新聞有點關係了，但只是在學校裏辦報，屬於新聞的廣義傳播活動。

上了高二以後，開始搜集歷史上的報紙。我從 1942 年搜集到 1953 年，有十年的時間，從一二十份到 3000 份。1953 年，我到北大新聞專業工作，把舊報紙全都送掉了。

當時送給了北大中文系新聞專業的資料室，現在都在人民大學，就在我們新聞學院的樓裏。應該說，這三千多份報紙，還是有很多珍品的。

高　淵：考試成績怎麼樣？

方漢奇：只考上了社會教育學院，也是勉強考上的，其他三個都落榜了。你看我的經歷就注定考不上，唸了 14 所小學和中學，文史課倒沒關係，反正開卷有益，但數理化不行，課程接不上。

高　淵：當時覺得遺憾嗎？

方漢奇：也沒什麼，社會教育學院是國立的教育學院，相當於師範學校，不但不要學費，還給學生發東西。每個月給我們的伙食定量是兩斗半米，一斗米是 45 斤，加起來有一百多斤。然後，每年發兩套衣裳。這些對我挺重要的，因為家裏沒錢。

高　淵：當時家境不好嗎？

方漢奇：我父親當過立法委員，後來又當了汕頭市長，但他沒錢，所以我不能考學費貴的教會學校。而且，我在蘇州上大學的四年，沒有回過一次汕頭的家，因為沒有路費。

那時候，國民政府的官員也不是個個都貪污的，一個市長的兒子居然沒錢回家，現在很難想像。

家裏七個兄弟姐妹，我是老大，父母負擔重。我主要是在社會教育學院吃公費，家裏偶爾給點零花錢。後來，我大學畢業去了上海，他們都去了台灣。

高　淵：有"台灣關係"這個問題，後來有沒有影響？

方漢奇：我的歷史問題有兩個，這只是其中之一。另一個更嚴重，我在重慶上初一時，加入過"三青團"（三民主義青年團）。當時也不徵詢學生意見，是全校集體加入，介紹人寫的是宋美齡，因為她是這個中學的名譽校長。

後來我在汕頭上高三時，學校一查說我 1939 年就入"團"了，介紹人還是宋美齡，就讓我掛個名當區隊長。新中國成立後，這個職務達到了反動黨團骨幹的起點線，被內部控制，直到 80 年代我才被吸收加入中國共產黨。

大學四年：舊書店裏淘舊報紙

高　淵：大學唸得怎樣？

方漢奇：那四年，我沒參加"三青團"的活動，倒是經常參加地下黨組織的反飢餓、反內戰運動，我還喜歡音樂，參加一些演出。

社會教育學院抗戰時在重慶璧山，勝利後要回到南京，但需要重建校園，於是就借了蘇州的拙政園，我的大學四年就在拙政園度過。

環境太好了！園子裏每一個亭子都放一架鋼琴，社教學院有藝術系，教戲劇、音樂、美術等，所以滿園琴聲。

高　淵：師資情況怎麼樣？

方漢奇：學校規模不大，一共 400 個學生吧。老師也還不錯，我們新聞系主任是俞頌華，他是中國第一批去蘇聯採訪的記者，同行的有瞿秋白和李仲武。他還以《申報》記者的身份，去延安採訪過毛澤東。他屬於民盟系統，進步人士，自由主義者，1947 年就去世了。

緊接著，是馬蔭良當系主任，當時他是《申報》總經理。後來在他手裏，把《申報》全部移交給了《解放日報》。

高　淵：大學時還繼續收集舊報紙嗎？

方漢奇：繼續。蘇州有很多舊書店，有不少舊報紙，但書店老闆看中的是老版本的舊書，不在乎舊報紙，我撿了很多漏。一般是拿新報紙去換，他們可以用新報紙當包裝紙，有的舊報紙就送給我了，基本沒花錢，我也沒多少錢。

當時收集到了《述報》一套十本，這是海內孤本，中國內地僅此一套。前幾年，我把這套報紙送給了蘇州大學，在蘇州收集到的，應當回到蘇州去。

高　淵：研究新聞史就是從那時開始的？

方漢奇：對，那時開始寫一點新聞史方面的小文章，也關注新聞史的研

方漢奇

究題目。比如我上大三的時候，寫過一篇研究宋代新聞史的文章，有將近一萬字，但寫完沒地方發表。當時新聞史的專業刊物很少，《中央日報》辦了一本《報學雜誌》，《前線日報》有一個講新聞史的專欄。《前線日報》是第三戰區長官司令部辦的報紙，總編輯宦鄉是地下黨員。

高　淵：上大學時，最嚮往什麼職業？

方漢奇：最想當記者啊，但我知道是不會要我的，因為我不夠格，有過"三青團"的歷史。

還想參軍，但更不行了。1949 年 4 月，蘇州剛解放，29 軍的幾位新華社記者到我們新聞系來，介紹戰地記者的生活，我聽得心裏熱火一團，特別嚮往去前線採訪。後來，好幾個同學參軍走了，我真是很羨慕。

高　淵：1950 年大學畢業後，就去了上海？

方漢奇：我的老師馬蔭良先生邀請我去的。當時的背景是，上海解放後，《解放日報》成為市委機關報，《申報》和《新聞報》停辦，報館和印刷設備都交給《解放日報》使用。這兩家報社的一些老報人，不適合在黨報工作，需要另行安置。

於是，《解放日報》辦了上海新聞圖書館，安排了二十多個老報人，館長就是馬蔭良。我在上大學時，辦過一次個人集報展，展出了一千五百多份報紙，給他留下了印象。他也知道我寫過新聞史的文章，新聞圖書館不能全是老人，需要一個幹活的年輕人。所以他就來信說，給你留了個位子，願意來就來。

這是一個很好的崗位，我不能當記者，做這個也跟新聞有關係。這是我第三次到上海，1930 年我曾到上海姥姥家住過半年，1939 年在上海的大夏大學附中唸過一學期。

高　淵：來了之後主要做點什麼？

方漢奇：大多數時間在看報紙。新聞圖書館在思南路 71 號，是一幢小洋房，離周公館很近。那時候我還沒成家，就住在一樓，二三樓就是圖書館和辦公室。

我參加了一次"土改"，在上海的郊區，離寶山縣城不遠，有四五個月。就在那裏學了點上海話，因為老鄉們聽不懂普通話。另外，我還用一年時間，把上海所有圖書館都跑了一遍，一共四十多個，調查這些館的藏報，編了一本上海各圖書館藏報目錄。那時候剛解放，徐家匯藏書樓的法國神父都還沒走，那裏收藏的報紙特別多。這本目錄的書名是嚴獨鶴題的，他是老報人，他看了後，覺得有點遺憾，因為這本書沒有前言和後語，應該有個背景交代的。

那些報人：被老報人招為婿

高　淵：嚴獨鶴當時有什麼職務嗎？

方漢奇：他是新聞圖書館的常務副館長。他當過《新聞報》副總編，長期兼任副刊《快活林》的主編。張恨水的《啼笑因緣》就是經他精心編輯後，在《快活林》上連載，使張恨水名滿天下。後來汪偽政府接管《新聞報》後，曾對他重金留聘，但嚴獨鶴毅然辭職。他過 60 歲生日時，蔣介石送過壽禮，畢竟他是上海很有影響的報人。

嚴獨鶴英文很好，中文當然更不用說了。我剛到新聞圖書館的時候，有些外國神父經常請他參加宗教活動，第一年他還應付一下，後來就推掉了。他是在"文革"中受到衝擊去世的。

高　淵：對馬蔭良印象怎麼樣？

方漢奇：他是同濟大學畢業的，德文很好。他和史量才有親戚關係，史量才被蔣介石暗殺後，整個《申報》的經營管理都委託馬蔭良來管。抗戰時，《申報》被漢奸霸佔了一段時期，他因為不與漢奸合作，還受到了通緝。

新中國成立後，他先在新聞圖書館當館長，後來去了解放軍的學校教德文，"文革"中也受到了衝擊，但他熬過了"文革"，最後活了九十多歲。

高　淵：在新聞圖書館那三年，天天就和這些老報人在一起？

方漢奇：一共有二十多位老報人，其實說老也不算老，除了嚴獨鶴年過花甲，其他人年紀都不大，馬蔭良只有 45 歲。他們都是從第一線退下來的，一般都有二十多年的新聞工作經驗，有很多見聞。

那時候，老先生們每天中午都要喝點小酒，每人起碼喝一斤，都能喝。我不大會喝酒，喜歡聽他們講故事，很有趣。吃完飯有三個小時的休息，然後再聊會天就回家了，神仙過的日子。我那三年，就是一邊看報紙，一邊聽故事。

高　淵：感覺上，那三年就像在"讀研"吧？

方漢奇：在自學。不光是聽他們講故事，下午五點他們下班後，就都是我的時間了，每天晚上看書看報。

老先生們看我愛唸書，工作也賣力，都對我不錯。好幾位還來給我說親事，黃寄萍先生託我們館內的一位女同事，把他女兒黃曉芙介紹給我，曉芙後來成了我妻子。黃寄萍先生當過《申報》社會調查部主任，還管過體育，編過雜誌。當時館內有待嫁女兒的老先生不少，但我岳父佔了先，這是後來才知道的。

高　淵：也就是那時候，應邀去聖約翰大學講新聞史，范敬宜也來聽課？

方漢奇：聖約翰請我去講新聞史的專題，不是系統講一門課。其實就是講講我的看報心得，這種專題課往往比較好聽。

范敬宜是中文系的學生，他的太太是新聞系的，他當時正追求他太太。當然，也許他對新聞史本身就感興趣。他是無錫國專畢業的，然後進了聖約翰，所以中英文都好。"文革"結束後，我去東北講課，他在《遼寧日報》當記者，吃飯時主動過來說，當年聽過我的課。

其實我當年對他沒印象，范敬宜很有才，後來當到《人民日報》總編輯。他去世後，設立了"范敬宜新聞教育獎"，我獲得了首屆"新聞教育良師獎"。

北大歲月：備課一週就上講台

高　淵：後來去北大教書，是因為遇到了羅列？

方漢奇：對，就是因為他的關係。羅列當時是《解放日報》的秘書長，他也住在新聞圖書館的一樓宿舍。本來張春橋也想住進來，他和夫人文靜還來看過房子。那天我看到他昂首闊步地走進來，他當時是《解放日報》的領導，這些地方歸他管。但據說他嫌這裏不好，後來住到了隔壁的香山路。

羅列 20 歲左右就在蘇北參加了新四軍，當過幾家革命報刊的記者編輯，擔任過蘇南新聞專科學校的教務長。這個學校的學生，很多是新中國第一批新聞工作者，林昭就是這個學校畢業的。林昭後來也去了北大，我跟她先後在北大新聞專業和人大新聞系相處六年，我是老師她是學生。感覺上，她就是一個典型的江南女子，吳儂軟語的，也很聰明。沒想到，後來這麼剛烈。

高　淵：和羅列關係很好嗎？

方漢奇：因為都住在新聞圖書館，天天低頭不見抬頭見，他又做過新聞教育，我們有很多共同語言。另外，我們還是廣東老鄉。

他是 1952 年去的北大。當時，北大中文系要成立新聞專業，最初是想請《解放日報》社長惲逸群去，但惲逸群受到誣陷，被停職檢查了，就請了羅列，因為他有新聞教育的經歷，據說人選是胡喬木定的。羅列臨走的時候就問我，有沒有興趣去北大講新聞史？

高　淵：北大為何有吸引力？

方漢奇：其實，那時候的社會評價是，北大是一所舊學校，地位不如人民大學，因為人民大學是新的。而且，人民大學是 "吃偏飯" 的，50 年代請蘇聯專家到大學任教，分給了人民大學 100 位，還把唯一的新聞學專家放到了人民大學。當時的排序是 "人北清師"，人民大學、北大、清華和北師大。

但我一點也沒猶豫，因為我對教師這個職業感興趣。

高　淵：到北大後，就開始教新聞史？

方漢奇：我是 1953 年 8 月 23 日到北大的，9 月 1 日就上課，只有一個星期時間備課，只能一邊備課一邊上課。特別是要講革命報刊這部分，當時沒有什麼材料啊，還得上檔案館、圖書館去查。這不像在聖約翰講專題，那時候就是我知道什麼講什麼，現在作為一門課，必須要成體系了。所以挺忙活的，得惡補。

高　淵：革命報刊的材料得從頭整理？

方漢奇：當時有的材料，就是胡喬木寫的《中國共產黨的三十年》，裏面提到了《新青年》和《共產黨》月刊，還有毛主席辦的《湘江評論》等。但這些不夠，得再擴大，再去開掘。當時剛建國，材料要現找。

因為是現備現教，這門課一開始的效果不好，學生們意見很多。這些都必須在教學中不斷去改進充實。我還結合教學，發表了十多篇論文，像《太平天國的革命宣傳活動》等就是那幾年寫的。

高　淵：這樣的教學與研究一直持續到什麼時候？

方漢奇：1958 年以後，重點就不在教學方面了。"反右"的時候，我差了一點點（被劃為右派）。我當時就說了一句話，我說報上登的那些意見，也不是沒有道理，有的意見還是可以參考的。

但這就不行了，說我同情右派。後來安排了一次教研室內部的批判，批判了一天，上下午兩個會，我就悶頭做記錄，表示虛心接受批判。我還有"三青團"的歷史問題，還有海外關係，所幸最後沒被劃為右派，但是內部掌控，這已經很危險了。當年北大劃了 700 個右派，在北大當個右派太容易了。

運動的時候，我就見縫插針地做卡片，把零碎的時間利用起來。白天搞運動，晚上可以看書做卡片，然後備課。備課也是教學相長，一年是一個回合，一個回合提高一點。等到"文革"結束以後，才開始有比較系統的新聞史的教學，特別是研究方面有了較大的開拓。

中國新聞史比較完整的教學，從 50 年代起步，是一個慢慢摸索的過程。

高　淵：到人民大學是哪一年？

方漢奇：就是 1958 年，當時北大新聞專業和人大新聞系合併了。"文革"中人民大學一度停辦，我又回到了北大，後來再回人民大學，就在兩個學校間來來回回。

我一進校門，看到校園裏全是煉鋼的小高爐。那時候已經大煉鋼鐵了，馬上又是三年困難時期，學習和研究都擱置了。當時的口號是，"教育為無產階級政治服務，教育與生產勞動相結合"，根本不提學術研究，真是浪費了不少時間。我的大多數教育科研，是在"文革"結束後這四十多年幹的。

高　淵：在歷次運動中，幹些什麼活？

方漢奇：北京的郊區我都去勞動過，還修過水庫，一去一個多禮拜。"文革"時，我在幹校砸石頭，五斤重的錘子，一天要掄一萬多下。還當過一年的炊事員，用鐵鍬炒菜。

高　淵：這倒是很鍛煉身體。

方漢奇：天天鍛煉，那時候我 40 歲，身體真好，拉 500 斤的車不是問題。幹校回來後，還得繼續勞動，人大校園裏所有地下管道我都鑽過，要疏通管道，所有的樓頂我也都上過，給瓦工、木工當下手。

我就說，知識分子勞動化這不難，但勞動人民知識化難度就大了。

高　淵：到了 1984 年，王中、甘惜分和你成為中國第一批新聞學博導，你們三人交往多嗎？

方漢奇：當年一起參加過很多活動，我和王中還住過一個房間。他晚年身體不好，另外愛開點玩笑。1985 年，我跟他一塊兒參加《大眾日報》的報慶活動，會上會下他常說些調侃的話，其實是有所指的。

老甘是我很多年的老同事，50 年代在北大，後來一起去人民大學，"文革"時一起住牛棚。一直到他去世，我們都在一起。

高　淵：他們兩位有什麼不同？

方漢奇：王中是莫言的老鄉，山東高密人。他參加革命的時候已經讀大學一年級，學外語的。當時知識分子到解放區去的不多，大部分是中學生，唸到大學去的也有，但不多。所以，他比一般解放區的幹部文化基礎好，又是學外語的，思想也比較開放。

老甘來北大前，是新華社西南分社採訪部主任。他一度被日軍俘虜，自己逃了出來。後來黨內老審查他的歷史，黨籍也被停了。所以不適合在第一線工作，就被調來了北大教學。

總的來說，王中是新四軍，老甘是八路軍；王中在華東，老甘在延安；王中是唸外語出身的大學生，老甘是小學學歷，完全靠自學。他們在新聞理論的教學和研究上，都有很深的造詣。

民國報業：張季鸞的功夫、范長江的採訪、胡政之的經營

高　淵：咱們回過頭來說說新聞史研究。在被研究的老報紙中，相當部分是民國的報紙，它們在中國新聞史上也佔有重要地位，你怎麼看這段歷史？

方漢奇：那時候，辦報紙不需要很大的投資，所以辦報紙並不難，但要辦得好很難。當時像《大公報》《文匯報》《晨報》《時事新報》，上海的《申報》《新聞報》，再加上《民國日報》等，無論是評論、採訪還是編輯，各方面都比較強，辦得也很投入。

高　淵：跟這些報業翹楚有過接觸嗎？

方漢奇：在 80 年代有一些接觸，像《文匯報》的徐鑄成、《大公報》的王芸生、重慶的王文彬、上海的馮英子等，都給我留下了比較深的印象。

高　淵：民國報人身上有哪些東西值得繼承？

方漢奇：簡單地說，就是張季鸞的功夫、范長江的採訪、胡政之的經營。

張季鸞的文字功底好，還是海歸，當時海歸辦報的很少，他的綜合素質高。范長江做記者的那一段，是他人生最輝煌的階段，後來他離開新聞界了，就沒有發揮的機會了。胡政之和陳銘德、鄧季惺的經營管理能力，都是很高的。

高　淵：為什麼當時民間報紙普遍比國民黨的官辦報紙出色？

方漢奇：國民黨的報紙因為有政府經費支持，所以它們沒有經濟困難，像《中央日報》《和平日報》都是十幾個地方版，不考慮成本。相對而言，民間辦報要維持就不容易了，必須要有特色，才能有受眾，才能有經濟上的收益。很多東西都是被逼出來的。

高　淵：我們現在能從前人那裏借鑒什麼嗎？

方漢奇：辦報有很多共性的東西，應該為當代人參考借鑒，這是理所當然的，頂多加一句：有所借鑒、有所揚棄。毛主席和魯迅都講 "拿來主義"，研究新聞史的目的就是這個，不然幹嗎上這個課？

我們媒體這些年得到的教訓不少。"大躍進" 的時候，很多 "衛星" 都

是媒體帶頭放的，甚至明知是假，也在那裏吹牛。1958 年，我帶學生在《保定日報》實習，那裏的記者編輯正在"放衛星"。他們也知道是假消息，特別是一線記者心裏是清楚的，但不能不跟，不跟就會捱批，這也是沒辦法。我們講新聞史的時候，這些就是教訓。辦報紙，就是要把真實性放在第一位，真實性是媒體的核心屬性。

媒體變革：早上看手機，晚上看報紙

高　淵：現在中國媒體正處於巨變期，你還關注媒體變革嗎？

方漢奇：我因為還在帶研究生，所以必須關注媒體的發展，而且要緊跟。但是我和年輕人比起來，還是相形見絀，年輕人總是比我們老年人接受新事物更早、更快、更及時。

現在主要是新媒體和新的傳播手段，給報紙帶來了很大的壓力，很多人尤其是年輕人不看報了。紙媒面臨很大的衝擊，得想辦法適應這個新形勢。

新聞事業是不斷發展的，在互聯網出現之前，它也面臨過很多挑戰，從廣播到電視，都對紙媒產生過衝擊。只不過，互聯網的衝擊力度是前所未有的。

高　淵：紙媒還有多少生命力？

方漢奇：紙媒的核心生命力就是白紙黑字。現在，圖書館還在保存報紙，沒有人保存微信，因為報紙可以立此存照。所以，紙媒還是有它存在的必要和發展的前景，就是要適應新形勢。

關鍵是，大家的閱讀習慣改變了。我現在是早上看手機，晚上看電視和報紙。每天早上打開手機看看微信和新聞客戶端，昨天主要的國際、國內新聞，花一兩分鐘就全知道了。現在很多上班族就是這個習慣，上班路上看一下新聞。

知道了新聞以後，深度報道和評論可以慢慢看。所以我晚上看報紙，這方面是紙媒的優勢，關鍵是要有分析、有回顧、有前瞻，對新聞事件有多角度的深度報道。

高　淵：現在主要看哪些報紙？

方漢奇：我是報社送什麼就看什麼。比如《北京青年報》《新華每日電訊》《參考消息》，香港的《大公報》《文匯報》等。

現在，媒體人的壓力是很大的，競爭很厲害啊，要想既有政治效益，又有經濟效益，是需要動一些腦筋的。

高　淵：你長年從事中國新聞史的研究，出了很多著作，《中國近代報刊史》是第一部嗎？

方漢奇：對，"文革"結束後需要這麼一本書，為新聞史教學提供教材，這是一項歷史任務。

我從1978年夏天開始寫，因為教學工作比較忙，都是利用課餘時間寫作，拖了兩年才完稿。寫作計劃也一變再變，最初打算寫8萬字，後來逐步改為15萬字、20萬字、30萬字，最後定稿是五十多萬字。

因為是70年代末寫的，那個時候還有不少思想束縛。比如說，革命就好，改良就不好，改良就是修正主義，因此歷史上孫中山就好，梁啟超就不好，先定了調，沒有具體分析。

這三十多年來，這本書出了好幾版，但我沒有改動一個字。

高　淵：為什麼不改呢？

方漢奇：沒考慮過，因為沒有必要。它就是那個時代的產物，明白人一看就知道，當時就是那麼一個框框，就是時代的局限認識，沒有必要去改。但書裏面講的那些事，都是客觀存在的東西，這個沒有問題。事實是第一性的，至於怎麼去分析，與時俱進地看就行了嘛。

高　淵：你教過的學生，像蔡銘澤、陳昌鳳、程曼麗、彭蘭等現在都當了大學新聞學院的領導。怎麼評價中國大學的新聞教育現狀？

方漢奇：現在開設新聞教育的辦學點太多了，全國有七百多個。一些重點院校的新聞院系日子還好過一點，一般院校辦那麼多的新聞系，可能學生將來的就業都會有問題，供過於求了。

幾個重點院校的新聞院系，它們的圖書資料、師資力量的配備還是有基礎的，把這幾個重點院校辦好，保證第一線有足夠的後續力量，把這個事業發展下去，就符合客觀需要了。

現在看來，80 年代的新聞院系發展得太快，當時因為百廢待興，需要新聞採編人才。「文革」結束時，全國只有 42 家報紙，緊接著媒體全面開花，有的恢復，有的新辦，需要大學培養新生力量。當時多設新聞教學點是有必要的，但現在應該適當掌控了。

高　淵：教學的方式方法需要改進嗎？

方漢奇：現在已經變化很大了。我經歷過 50 年代學蘇聯的那一段，大概是從 1953 年開始，一邊倒學蘇聯，高等院校聘了很多蘇聯專家。那些專家剛開始還都有模有樣的，到後來就不那麼整齊了，他們沒有把最好的師資力量派過來。

像北大中文系的蘇聯專家就是衛國戰爭受傷的一個老兵，還只是副教授。他講課時，學校讓所有教授都去聽，那個專家講課是寫了講稿，他唸一段，然後翻譯一段，這就形成一種教學模式。

到後來，因為政治運動多了，中國的教授也按這種模式上課。大家都是事先寫好講稿，到課堂上唸。當時的北大中文系，吳組緗、游國恩和王力都很有名。王力是搞語言學的，因為史太林說過語言學沒有階級性，他就還比較好辦。但講文學理論、文學史就面臨問題了，像吳組緗講《紅樓夢》《三國》等，1953 年以後都是寫了講稿來唸。

高　淵：聽說你講課很吸引人？

方漢奇：我倒是從來不唸稿，但是也不敢胡說八道。如果唸講稿的話，會把教和學兩個環節都弄得非常沒意思，學生聽著也沒勁，應該說，唸講稿不可取，但如果放開來講，政治上首先要正確，在這個前提下可以在學術範圍內發揮。

其實我上課是肚子裏有講稿，因為我平常做卡片，又跟大家合作寫過新聞通史，我想講的東西都在肚子裏。而且，我是用十桶水去應付一桶水，所以我講課是「東方不亮西方亮」，總有東西吸引學生。

我常說一句話，媒體人是社會的守望者，新聞史家則是新聞事業的守望者。要明白，歷史研究總是為現實服務的。

媒體
巨變

白岩松　　張力奮　　胡錫進　　曹景行

這是一個媒體大變革的時代，身處"亂世"的媒體人怎麼想、怎麼做？

　　白岩松還在央視，因為他覺得新聞還在這裏。在他看來，每次媒體變革的實質就是尊重規律、尊重時代和尊重期待，尤其要尊重人們不斷變化的期待。

　　張力奮當了一輩子記者，曾在英國BBC和《金融時報》任職多年。他說："我仍認同記者這個職業的價值，如果我們把自己看得很低，這讓別人怎麼尊重你呢？"

　　胡錫進飽受爭議，很多人敬仰他，也有很多人抨擊他。在中國的媒體中，這樣廣受關注的人物屈指可數，他知道怎麼賣報紙。

　　曹景行做過報紙、雜誌、電視和電台，後來玩起來了"一個人的CNN"，佔領所有微信好友的朋友圈。

　　我們的媒體記錄著這個國家的歷史，媒體人需要更專業、更勤奮。

我沒走，
因為新聞還在這裏

白岩松

1968 年 8 月生於內蒙古呼倫貝爾市，1989 年
畢業於北京廣播學院（現為中國傳媒大學）
新聞系，進入中央人民廣播電台工作。1993
年，參與創辦中央電視台《東方時空》，並推
出了《東方之子》等欄目。1997 年主持了香港
回歸、三峽大壩截流等重大事件的電視直播。
現在主持《新聞週刊》和《新聞 1+1》等節
目。2000 年，被授予"中國十大傑出青年"。

"我覺得新聞人是這樣，絕大多數時候應該處在邊緣，因為如果新聞人很靠前，那麼一定是這個時代出問題了。但當大事發生，需要你的時候，你必須迅速、得體、專業、持續、理性地出現在公眾面前，投入報道。"

約好上午十點半見面，戴著口罩的白岩松提前了七八分鐘到。

感覺上，他是個老派人。

比如，他不用微信，我們聯繫都是通過短信。他短信必回，但一般會是一兩個小時之後。這說明，他並不是一直抱著手機。用他的話說："我和手機不親。"

再比如，我問他開車了嗎，他從褲兜裏掏出一張北京交通卡說："坐地鐵來的。"幾乎每次坐地鐵，白岩松都會買一份報紙或雜誌，在人手一台手機的地鐵車廂裏，屬於明顯的另類。

聊到將近 12 點，白岩松看了看時間說："馬上要討論晚上節目的選題了。"話音剛落，他的手機就響了，是《新聞1+1》節目的編輯打來的。白岩松先問編輯有什麼選題，耐心聽完後，馬上說了自己的兩個選題，並且很詳細地闡述這兩件事的來龍去脈，以及評論的立場和切入口。

在聊選題時，白岩松語速很快、情緒飽滿。而這檔節目，他已經做了九年，每週至少主持三次。看得出，他很享受當媒體人的感覺。說到媒體轉型，他認為關鍵是"種好糧食"，就是做好原創內容。"現在不少傳統媒體做新媒體後，自己也開始'炒菜'了，但你'炒'得過人家嗎？"

從報紙到廣播，再到央視主持人，從 1993 年起，白岩松親歷了電視雜誌、電視直播和電視評論三個時代。在他看來，每次變革的實質就是尊重規律、尊重時代和尊重期待，尤其要尊重人們不斷變化的期待。

正因如此，白岩松在 2016 年里約奧運會的開幕式上，嘗試了一次段子手式的解說，反響強烈。也因如此，他覺得又到了做新東西的時候了，因為感受到了公眾期待的新變化。

很多人看了白岩松解說的里約奧運會開幕式，把他稱作"國家級段子手"。其實，用這種輕鬆的方式來解說奧運會，他不是第一次嘗試。

四年前，在 2012 年倫敦奧運會的閉幕式上，白岩松就是這樣說的，當時報道就非常多。只是那時候別人管這叫"吐槽版"，現在則變成了"段子手"，其實風格是延續的。

在白岩松看來，這次反響之所以更大，可能是因為開幕式從來都比閉幕式更受關注。另外，開幕式容易冗長，因為有很長時間的運動員入場。把那種冗長的觀眾上廁所的時段，變成好玩的時段，就會吸引大家的關注。

而且，這是中國解說奧運會開幕式的進程中，解說員第一次全程看屏幕，而沒有看稿子。在直播現場，白岩松手頭有個粗線條的稿子，但他對自己的要求是，一定不能看。

因為如果一會兒看屏幕，一會兒低頭看稿子，必定會錯過屏幕上很多信息。比如：這個引導的姑娘沒騎自行車，他就說"是不是掉鏈子了"；那個哥們熱淚盈眶，他說"是不是想到會有很多獎金"，等等。

這樣做的目的，他當然不是想收穫"白岩松段子手"的稱號。而是因為，現在觀眾對奧運轉播的期待是，不僅要有，而且要好，觀眾已經越來越不喜歡大的詞彙了。從 2010 年亞運會起，白岩松就開始"破大詞"，嘗試用幽默、輕鬆、歡樂的解說。這次到了巴西，就做得更加徹底了。

之所以能迅速引起廣泛反響，說明他尊重了觀眾的期待。從這個角度看，白岩松又是個新派人。因為他不拒絕變化，希望通過尊重期待來凝聚期待，然後推動社會的變革。

最近這幾年，白岩松很忙。不過，有的是真忙，有的是假忙。

他辦了一個新聞學堂，取了一個類似當年西南聯大的名字，叫做"東西聯大"。雖然每屆只招 11 個學生，但白岩松做得非常投入，他希望給新聞教學帶來一點新東西。

　　很多人以為他還忙著在朋友圈發雞湯文，這當然是假的。白岩松說，他沒這麼"憤青"，也沒這麼文青，但他也沒法打假，只能說："叫白岩松的人真多。"他還忙著寫書、寫專欄，特別是還要忙著回答一個千篇一律的提問："你怎麼還沒從央視出來？"

　　我自然也沒能免俗，問他會不會在央視做到退休，白岩松的回答很坦率："將來辭不辭不知道，我現在不是還在嘛。我已經有很多年，不去想五年之後的事情了，因為很多事情是不以個人意志為轉移的。"

　　顯然，白岩松對央視懷有很深的情感，而且在他看來："此時此刻，新聞還在這裏。"

《東方時空》的江湖地位

高　淵：你是從 1993 年開始做電視的，在那之前做過一段時間紙媒？

白岩松：對，我在《中國廣播報》當編輯，整整四年。我是北京廣播學院新聞系畢業的，分到了中央人民廣播電台。當時希望工作崗位離新聞近一點，比如去做 "早報摘要" 之類。但因為種種原因，讓我去了《中國廣播報》，當時感覺就是一個登節目表的地方，同事們年紀都比較大，我是非常不願意去的。

高　淵：時隔多年回頭來看看，這段紙媒生涯有價值嗎？

白岩松：我現在非常慶幸，命運有這個安排。

正因為去了報紙，才會錘煉自己的文字，才會有時間嘗試很多東西，比如說後來我兼職做了一年多廣播主持人，自己還不斷寫東西。我到那兒不久，就成為一個整版的編輯，既要約稿，也要改稿、起標題、畫版樣，還要去印刷廠，當時還是鉛印。

大學剛畢業時，我不知道什麼是好文章，但四年後知道了。我還在報紙上寫各種評論，同時寫了《中國流行音樂小史》，九萬多字。我在報社得過 "最佳標題""最佳版面""最佳文章"，等等，把該得的獎都得了。

這為我後來做電視打了非常重要的底。我們報紙是週報，我有大把的時間思考和寫作。後來做電視直播、新聞評論，都跟這段經歷是對應的。我經常說，所謂口才的最高境界是 "出口成章"。

高　淵：是什麼機緣去了央視的《東方時空》？

白岩松：就是因為不斷發表文章。1992 年底到 1993 年初，中央電視台有一幫人在籌辦《東方時空》，缺個策劃。當時崔永元也是我們廣播電台的，他有個同學在那個組裏，就推薦我去，說小白在《廣播報》上的文章挺不錯。

我一開始還是兼職，當然不願意出鏡，不然被電台的同事看到不大好。但《東方時空》的製片人時間夠狠的，我被 "趕鴨子上架" 當了採訪記者。

因為這檔節目要填補央視晨間節目的空白，我記得時間對我說："你覺得有誰會這麼一大早看電視嗎？"

高　淵：當時你想跳槽去央視嗎？

白岩松：沒過幾個月，央視就希望把我調過去。但第一次被我拒絕了，原因是《廣播報》正在籌辦一份流行音樂的新報紙，而且刊號已經基本通過了，我們在做第一期的樣報，名片都印了。

這事由我總負責，目標是以這張報紙為基石，扛起流行音樂的大旗，將來出唱片、簽歌手、辦演出，形成產業一條龍。現在回過頭去看多前衛啊。但後來最後一關沒能通過，當時對流行音樂還是有點不同的看法，這樣我就離開了。

高　淵：二十多年過去了，很多人依然對《東方時空》印象深刻，你認為它帶來了什麼？

白岩松：《東方時空》最重要的歷史貢獻，是對語態的改變，它改變了過去那種高高在上的電視語言體系，我把它定義為"第三種語言系統"。它既不是老領導的話語，也不是純粹街頭巷尾的老百姓話語，而是一種全新的語言狀態。

另一個變化是這個節目的平視態度，既不仰視也不俯視。"平視"這個詞是我引入央視評論部的，大家都接受了，後來寫進了我們的"部訓"。

高　淵：語態和視角的變化，是怎樣具體操作的？

白岩松：在《東方之子》這個子欄目中，被採訪者過去都是被仰視的。我們特別強調，要把對方當作一個普通人去平視他，最關注的不是他的頭銜，而是人和人性的東西。

還有一個子欄目是《講述老百姓自己的故事》，普通人的生活容易被俯視，但我們也追求平視，拉到跟《東方之子》一樣的平台上。

另外，平視還要有一個更深層的思考，不僅僅是平視人，還要平視社會。我覺得，平視社會意味著輿論監督走進中國的傳媒，尤其是電視。過去我們報道的社會生活，全是陽光燦爛的那 180 度，但是從《東方時空》開始，以及第二年誕生的《焦點訪談》，我們看到了生活中的另外 180 度，那裏可能有很多問題、缺點、腐敗等，這樣呈現的社會生活開始變得真實起來。

《東方時空》從第三種語言系統的搭建，到平視訪談對象的態度的建立，再到平視整個社會，由此輿論監督成為中國傳媒題中應有之義，到現在已經習以為常。我覺得，這就是《東方時空》的江湖地位。

正面遭遇直播時代

高　淵：你轉行做電視的時候，想過自己會火嗎？

白岩松：一切的成功都是因為你不背包袱，同時又不去暢想更遠的未來。在做《東方時空》的時候，我們不知道將來會不會出名，當時就是覺得有一團火，一群氣味相投的人在一起幹事，大家互相促進，然後燃燒一下。

後來我由人物訪談，迅速變成直播節目主持人和評論員，這都不僅僅是我個人的喜好，而是中國電視走到了這一步，需要開疆拓土。

1996 年 1 月，我的一篇論文刊登在中國傳媒大學的學報上，題目叫"我們能走多遠"。最後的結束語是，"我急切地期待著新聞直播時代的到來"，因為如果沒有直播，就可能充滿假象。一年半之後，香港回歸開啓了中央電視台的大型新聞直播時代，我當時負責駐港部隊進港的全程報道。

高　淵：也就是說，你已經預見到直播時代必將到來？

白岩松：其實，我不僅寫了那篇論文，還早就為直播做準備了。從 1996 年開始，我在《東方之子》採訪的時候，就在攝像機上掛錶了，要限定自己的採訪時間。8 分鐘的節目，過去可能採訪一個小時甚至更長，但從 1996 年起，我要求必須在 25 分鐘之內結束，後來變成了 20 分鐘，就是為了訓練自己的直播能力。

高　淵：做直播的時候緊張嗎？會不會擔心把準備的話都說完了？

白岩松：不緊張是不可能的，但是我有方法調節自己。直播首先錘煉的是心理能力，或者說心理能力就是直播業務能力的重要組成部分。

直播是要準備"十"去做"一"，而且要準備應對突發情況。2004 年我直播悉尼奧運會賽事，這是我第一次參與奧運會直播。其中一項比賽時，我和體育頻道主持人寧辛對著鏡頭說了 28 分鐘，多煩人啊。

因為賽場的程序不斷在變，導播一會兒告訴我："收嘴，馬上頒獎儀式。"我剛收嘴，導播快哭了："接著說，頒獎儀式現在進行不了。"這不是我們能決定的，是悉尼組委會的工作，我們只能跟著他們變。

高 淵：做直播最大的不可控還不是這個吧？

白岩松：是的，比如 1999 年直播澳門回歸，請了一位境外嘉賓上直播。台領導有點緊張，直播馬上要開始了，他忍了半天，還是跟我說："小白啊，直播可得掌握好，這是咱們第一次引進境外嘉賓。"我就跟他說了一句話："你放心，門開了，我不會讓它關上，只會越開越大。"

在做直播的過程中，這樣的責任是必須承擔的。我們正面碰到了歷史，歷史也選擇我們這一群人，躲開是不可能的，做好了它就會加速，做不好就會停滯。如果我們把頭幾次大型直播都做砸了，直播進程一定會減速，那麼我們就是罪人。

所以，當你碰上了機緣，你躲不開，但同時你也有責任把它做好，不能讓歷史往回走。

高 淵：當直播成為電視的常態之後，接下來又會遇到什麼？

白岩松：我跟台裏的領導不斷地討論，直播成為常態之後，電視該走向哪裏？我說觀點正在成為新熱點，中央電視台這個傳媒，不能沒有自己的新聞評論。過去也有評論，但不是獨立存在，是依附於新聞的。

正是在這樣的背景下，2008 年創辦了《新聞 1+1》，這是一個嚴格意義上的電視評論欄目，我也成了央視第一個評論員。

高 淵：《新聞 1+1》的推出，是否意味著央視進入了電視評論時代？

白岩松：這件事情很有趣，中央電視台在 1994 年就成立了新聞評論部，但我們心裏都知道，不管是《東方時空》還是《焦點訪談》，都不是嚴格意義上的評論節目，但還是設立了新聞評論部，反映了大家對電視評論的一種期待。

到了 2003 年，央視有了專門的新聞頻道，大部分是直播的，一開始就設立了一個評論節目叫《央視論壇》，但沒做多久就不行了。我從這個欄目的第一期就開始參與，但我不是操盤的，後來我越來越不滿意，因為過於主題先行，我也就慢慢淡出了。但當時我已經在打我的"觀察員"身份。

高　淵：所以你想操盤一檔新聞評論欄目？

白岩松：《新聞1+1》是我籌辦的，等於說參與操盤，然後是確定參與者和節目理念。創辦頭幾年，把中國除了官方之外的電視評獎幾乎全拿到了，這反映了整個社會對電視評論的期待。

有一次，《新週刊》頒發年度電視欄目時，我說明年別再提名我們了，如果提名還會是我們得獎。這一點，其實並不讓我高興，因為不是我們做得有多好，而是只有我們在做。後來就不是這樣了，各種電視評論越來越多，包括央視四套的《輿論場》，等等。

這個欄目到2017年已經九年了，我也沒想到能活這麼久。中間經歷了各種各樣的事，動車事故、大連PX項目等雖然風險很大，但我們基本都沒有失語。之所以能夠走過來，很重要的一點是管理層的包容。

最大的官是製片人

高　淵：什麼時候覺得自己成了公眾關注的人物？

白岩松：我記得《東方時空》1993年5月1日開播，當年下半年就有媒體要採訪我了。最早幾篇採訪我的文章標題我都記得，其中一次接受《中國青年報》的採訪，標題是"我希望遠方的媽媽看見我"。

高　淵：你在央視當過最大的官是什麼？

白岩松：製片人。

高　淵：有行政級別嗎？

白岩松：股級？科級？最多的時候當了三個欄目的製片人，《新聞會客廳》《中國週刊》和《時空連線》。我在團隊裏實行編委會制度，民主管理、責任共擔，鼓勵創新和嘗試。所謂責任共擔就是削減我的權力，所有的事由編委會決定，有時候還會投票表決，為此我們獲得過央視的年度管理創新獎。

民主管理的好處是，每個人都要承擔更多的責任，這樣才能提升能力，也會更理性地約束自己。其實，越不擔責任越容易抱怨，越擔責越理性，所以我覺得民主是個好東西。

高　淵： 後來為什麼決定不再當官？

白岩松： 在 2003 年 8 月 19 日，我全部辭掉了，前後當了兩年多。我知道這個決定意味著什麼。

往小裏說，我一卸任，那三個欄目裏就有三個人提拔為正製片人，還有人被提為副製片人和主編，一下子提拔了十多個人。

往大裏說，這樣可以按照主持人和評論員的定位去思考，而不再按照製片人的方式去工作。因為屁股決定腦袋，製片人必須為節目播出負責，而主持人重點考慮新聞熱點在哪裏，這兩者是有區別的。我覺得，好的製片人有很多，但優秀的主持人不多。

高　淵： 卸掉行政職務以後，你的空間更大了嗎？

白岩松： 這樣更適合我。好幾年前，有記者採訪我，說你做節目的時候，更多考慮的是老領導還是老百姓？我說，真話告訴你，都不考慮，我考慮最多的是這條新聞是什麼。現在依然如此。

去年我看到一句話，感觸非常深。1959 年，英國 BBC 採訪羅素，請羅素針對思想和道德說兩句話，作為留給年輕人的財富。沒想到羅素老先生的回答是："關於思想我只想說一句話，你先要確定什麼才是真正的事實。"他又說："關於道德我也只想說一句話，恨是愚蠢的，愛才是聰明的。"

我覺得說得真好，尤其是頭一句。現在思想滿天飛，但真實的事實是什麼，很多人並沒有搞清楚。所以這些年來我一直提醒自己，一定要確定真實的事實是什麼，要把更多精力放在釐清事實上。

高　淵： 但有時候還沒有了解事實，你會不得不說嗎？

白岩松： 不，我一般不會這樣。如果新聞事實不清楚，我的重點是靠近新聞事實，而不急於發表評論；而且我已經學會，在不知道事實真相的時候，可以沉默。不然的話，很可能沒過幾天就被"打臉"。

應該考慮做新東西了

高　淵：你看好電視的未來前景嗎？

白岩松：將來一定也是融合。我對新媒體的擔心是，它們能否真正承擔起媒體的責任。但對於我們很多所謂的傳統媒體，我最擔心的是，以失去自己競爭力的方式去擁抱未來。

我們過去是"種糧食"的，我們的優勢也在於此，但現在有多少傳統媒體在認真"種糧食"？想"種好糧食"有三個條件必不可少：多一點人，多一點投入，多一點時間。不少傳統媒體做新媒體後，自己也開始"炒菜"了，但你"炒"得過人家嗎？

高　淵：這些年變化非常大，接下來可能迎來什麼新的變革？

白岩松：接下來的新東西可能出乎意料，我覺得會與人心更有關，更突出精神需求，但沒有想好。

我覺得此時的中國正處在折返點，由物質的中國向精神的中國轉變的關鍵時刻，每一個個體也如此。先從國家的目標來說，我們不正在由從數字可以衡量的目標，向數字無法衡量的目標階段轉變嗎？

過去說的翻兩番、GDP 等都是能用數字衡量的，而現在的幸福、尊嚴、中國夢等，都很難用數字衡量，只有 PM2.5 是用數字衡量的。所以，傳媒接下來要提供的，是與社會和解與對話有關的東西，因為中國已經撕裂得很嚴重了。

高　淵：媒體在其中能夠起什麼作用？

白岩松：媒體的重要使命就是匯聚期待。要讓期待凝聚在一起達成共識，這樣就會成為改變的力量。我還是願意相信，你要把未來當成朋友，它真的會是朋友；如果你把未來當成敵人，它終將會是敵人。這句話的背後就是期待的力量、判斷的力量。

此時的中國情緒佔上風，理性退得很遠了。我們相信的真實，更多的是想像中的真實，如果真實跟想像有距離的話，我們甚至願意扔掉真實的事實，去繼續相信期待的事實。就像美國打伊拉克，是建立在伊拉克擁有大規模殺傷性武器的基礎上的，打成了一片廢墟，過了很多年了，已經沒有人談論他們其實沒有大規模殺傷性武器，這太可怕了。

高　淵：你的媒體人生涯會以怎樣的方式繼續？

白岩松：我從 2008 年開始，做電視新聞評論欄目，到 2017 年，已經九年了，我真沒想到能走這麼遠。現在的電視上，到處都是新聞評論，我覺得我的使命完成得差不多了，應該考慮做什麼新東西了。

這不是簡單的個人喜好，而是我被時代的發展選擇了。我前幾年想開一檔深夜節目，這更符合我的氣質，但台裏沒讓。

要說個人愛好，我覺得像我剛做電視時那樣，做人物訪談是最好的。這既是一份工作，也是一個課堂，跟人交往最能讓人成長。我相信將來可能還會回到人吧，回到做與人有關的東西上來。

高　淵：你享受當媒體人的感覺嗎？

白岩松：我一直很喜歡"火柴"這個概念，把自己燒了才多大亮，但如果把一些東西點燃，那就不同了。

新聞人在報道每個新聞事實時，就是要扮演"火柴"的角色。媒體人最大的價值是，在報道每個具體的事實時，用自己這根"火柴"點燃"火堆"。

辦個學堂叫"東西聯大"

高　淵：聽說這幾年你除了主持節目，還辦了一個新聞課堂？

白岩松：我管它叫"東西聯大"。學生們來自北大、清華、人民大學和傳媒大學的新聞和播音主持專業，都是研究生一年級，每年招收 11 個。我希望是單數，因為我們這兒有些事情需要投票。

高　淵：為什麼叫"東西聯大"？

白岩松：因為輪流在傳媒大學和北大上課，分別在北京城的東西面，所以就取了這個名字，每屆學兩年。

各個學校每年會挑五六個人給我，最後我來定。給每一屆學生上第一堂課時，我都會說，你們回去想，白老師為什麼選擇了我？我說就兩個字：緣分。因為我從來不面試。

高　淵：為什麼要做這個事？

白岩松：我爸媽、舅舅、姑姑和嫂子都是老師，當老師一直是我的夢想。我以前也經常去學校做講座，但都是過客，沒法細細交流。

大概十年前，我就想自己招學生了，就是想給新聞教育添加點不大一樣的東西。幾年後有一天，我在讀趙越勝的《燃燈者》，看到一半把書一合，跟自己說，這件事必須做了。

高　淵：你希望他們在你這裏學到什麼？

白岩松：在我這兒學幾樣東西：一是文字要打磨；二是了解歷史，我用半年時間，讓他們走進歷史，起碼對過去 100 年的中國和世界有全面了解；第三是對人生與人性的思考；第四也是貫穿始終的，是新聞實踐業務。新聞理論可以在大學裏學，我這兒更強調實踐。

同時，我希望他們體驗一種教育的混搭，因為他們來自不同的大學，是幾所學校信息和理念的匯聚整合。他們在一起的親密度遠超同校同學，以後可能成為一生的團隊。

另外，我們還採用"撲克牌規則"，比如發言順序、作業誰先交、誰當班長等，全是抽撲克牌定的。這是一種潛移默化的民主模式。

高　淵：你在東西聯大投入了多少精力？

白岩松：我已經持續做了五年，畢業了三屆。我每個月給他們上一整天的課。有個有趣的現象，他們說見到我的次數比見到他們老師的次數多得多了，這透露出研究生教育的大問題。

現在研究生二年級就基本沒什麼課了，主要是實習、寫論文和漂著。學生們常會問我能不能多上一些課，我說不行，因為我同時帶兩屆學生，每個月要上兩個整天的課，還要批作業、指導閱讀，等等。

高　淵：東西聯大學費多少呢？

　　白岩松：我不僅不收學費，還倒貼錢。我的一個學生統計過，帶他們兩年，白老師砸進來小十萬塊錢。因為每堂課上完，我都要請他們吃飯。我們一般是下午一點上到六點，然後出去吃飯吃到晚上八點。吃飯是一個開放的課堂，有什麼問題都可以問，不是我的一言堂。

　　我曾開玩笑說，這事我要做到70歲。等到什麼時候，東西聯大第一期畢業生的孩子進了聯大，我的班就宣告結束。我還開玩笑說東西聯大有個校訓，就叫"與其抱怨不如改變，想要改變必須行動"，這16個字說明了我為什麼辦這個聯大。

怕手機變成手銬

　　高　淵：你一直沒開通過微博、微信，平常聯繫靠什麼？

　　白岩松：短信，或者直接打電話。

　　高　淵：每天要討論選題，如果用微信拉個群，不是比打電話更方便嗎？

　　白岩松：對，但我只要用微信就完了。因為我不太會說假話，別人問我用不用微信，我要有一定會告訴他，然後必定互相加一個。你說這樣我現在會有多少個群，日子沒法過了。

　　對這個我是有警覺的。現在可能只是極少數人有我這樣的警覺，但應該會慢慢演化成小集體的警覺，會有越來越多的中國人開始思考，別把太多的時間花在手機上吧。

　　就像中國人十年前玩命吃，現在中國人不那麼吃了，時髦的是跑步、快走。這個我不擔心，但需要時間。

　　高　淵：節約下來的時間做什麼？

　　白岩松：看書、聽音樂、踢球、跑步。

　　高　淵：有沒有節約時間之外的考慮？

白岩松：確實有。我每天在電視上說話，如果同時在微博和微信上說，很容易讓大家覺得，哪個是你？會引起很多錯亂。而且，如果我在微信上說的東西，在電視上沒說，可能就有人議論，你看電視台管得很死，在微信上敢說，在電視上不敢說。

高　淵：平時坐地鐵嗎？現在坐地鐵人人都在看手機，你看什麼呢？

白岩松：我剛才過來就是坐地鐵的。我一般會買張報紙看，特別是體育類的，今天因為路程太短就算了。另外，我是個"雜誌控"，特別喜歡雜誌，但現在報紙、雜誌經常在告別，很多都結束了。

我跟手機不親，怕它變成我的手銬。當然，有的碎片化時間，我也會看手機。我下載了一些資訊類的 APP，有時候會打開看一下。不過它們越來越同質化，靠這些找選題不行。

高　淵：你討厭新媒體？

白岩松：我是全身心地歡迎互聯網來到中國，這比任何國家都更生逢其時，因為這能讓不同的意見共生，還能打開信息的疆界，等等。

但問題是，互聯網到底是不是媒體？我認同它應當成為媒體，而同時也要承擔起媒體的責任。現在很多互聯網媒體沒有採訪權，整天在當"標題黨"，歪曲內容。這就是因為他們不種糧食，只是炒菜，不知道糧食有多珍貴，所以會隨意糟蹋。

我在想，為什麼不給予互聯網媒體採訪權呢？當他自己也種糧食的時候，就知道糧食的珍貴了，才可能擔起媒體的責任。我是希望以開放的姿態，把互聯網納入媒體責任的陣營中來。

比如說我前一陣子說過一句話："貴州智誠衝入中超，對於貴州人來說，可能就像 2001 年中國人看到中國足球進了世界盃一樣。"這句話一點問題也沒有，但網上的標題變成"貴州智誠衝入中超，就像中國隊進了世界盃一樣"，輿論一片喧嘩，我也是哭笑不得，我原來是有限定的，"對於貴州人來說"。

高　淵：一旦新媒體都有了採訪權，傳統媒體會不會更難生存了？

白岩松：我覺得能形成一種良性競爭，至少新聞知識產權保護有可能落實，而且他們的人員結構會改變。你看現在的互聯網企業，有幾個學過新聞，又有多少人經受過新聞訓練？

如果他們有了採訪權，就必須向專業化靠攏，因為他們要競爭，他們也不傻。這樣才能從惡性循環轉變為良性循環。

網上盡是"白岩松"

高　淵：你雖然不用微博、微信，但網上流傳很多你的文章。你看到這些冒牌文章，是什麼心情？

白岩松：我只能說，叫"白岩松"的人真不少。一般有出處的可能是我說的，沒有出處的大部分是假的，尤其是"憤青"類的。我沒法去打假，因為人家也可以叫"白岩松"啊。

1995 年，我採訪啓功老先生，我就問他："您經常去琉璃廠嗎？"他多聰明啊，說："去過，真有寫得比我好的。"我說："那怎麼判斷哪個是您寫的哪個不是？"他說："但凡寫得好的都不是我寫的，寫得不好的，有可能是我寫的。"

我沒想到這麼多年後，這話還給我了。

高　淵：有什麼辦法來鑒別"真假白岩松"？

白岩松：一是我沒那麼"憤青"，二是我也沒那麼文青。但現在很多確實真假難辨，因為頭一兩句話真是我說的，後面就變了。

高　淵：你出版了好幾本書，有人說書裏面充滿了人生智慧，也很幽默風趣，但有人說你的書是另一種雞湯，你怎麼看？

白岩松：別人怎麼議論，我完全不關心。我關心的是，100 個讀的人裏，如果有一二十個人，會被我書中的某些事情觸動並開始思考，就可以了。

我一直在琢磨文字的呼吸性，非常在意我的文字。很多年前，董壽平老先生給我寫過一幅字，"一言需自重，萬事貴質平"，每一言都需要自重，但萬事貴在本質是平易的。去年，濮存昕給我寫了五個字"真佛說家常"。我這些年，無論是文字還是語言，都力求做到自重、質平、家常，但背後要有很大的思考空間。

高　淵：除了寫書，你還在開專欄嗎？

白岩松：我可能比較喜歡文字，從來不敢斷自己的筆。我現在只開一個小小的專欄，寫體育。我覺得將來的社會上，有兩大能力素養會受到前所未有的重視：一是語言，二是文字，文字是另一種語言。

我帶學生的時候，有兩個要求。第一個是寫東西別那麼沉重；第二個是寫東西要有潔癖，減法做到極致。如果對文字沒有敬畏，還談什麼文化人。

高　淵：最近這幾年，你覺得你的影響力是在往上走還是往下走？

白岩松：這要大家評論吧。在網上，好像署名"白岩松"的東西超級多，排在頭幾位。我的《新聞1+1》和《新聞週刊》，在全中國新聞專題類節目的互聯網播出量，已經連續兩年排第一第二，你說這是在上升還是在下降？

個人影響力不是我該談論的，應該談的是媒體影響力。歸根結底，還是要走向優質內容吧，如果將來大家全是炒菜的，沒有人種糧食了，那新聞媒體才真的死了。

高　淵：收視率對你的壓力大嗎？

白岩松：我是比較幸運的，做過的節目收視率都很高。我一週起碼要做四天節目，三期《新聞1+1》直播，還有一期《新聞週刊》，後者的解說詞都是我寫的。收視率雖然不是最高的，但還處在不錯的位置，台裏綜合評價前20名。

我們有的兄弟欄目，一連兩個月做釣魚島，收視率一直很高。可是我覺得你還能說什麼，新聞都不在了，你還在為情緒做節目。我當時跟節目組的同事說，這件事有新聞的時候，我們要繼續做，沒有的時候，就做別的新聞。

我們這個團隊，因為朝夕相處時間長了，大家都能理解。現在有的節目過分軍事化，好像第四次世界大戰都已經打起來了，太可怕了。我們這一兩代最幸福的地方在於有將近 70 年沒有打過仗了，意味著絕大多數的人不會成為炮灰。

走與不走的真實原因

高　淵：你曾對媒體說，現在很多人碰到你都問你怎麼還沒走。你會在央視做到退休嗎？

白岩松：從 1993 年到現在，我不是一直在中央電視台嗎？將來辭不辭不知道，我現在不是還在嗎。如果沒有上上下下的支持和保護，我不會走到今天。

我已經很多年不去想五年之後的事情了。當你有了一定的歲數，當你做了很久新聞，就會知道，時代的變化，是不以你的意志為轉移的。

現在有人問我這個問題，我會反問我去哪兒呢？對方一般會說，去新媒體啊。我又接著問，具體哪家呢？到目前為止，沒有人回答過我這個問題。

高　淵：是不是經常有人勸你到體制外來創業？

白岩松：首先我認為，九百六十多萬平方公里的土地上，沒有體制外，這是一個偽問題。我們沒有體制外，只有編制外，這才是準確的說法。

每年不只一兩次有人找我跳槽，而且各方面的條件也都不會差，但關鍵是自己看重什麼。當錢不再作為我的目標時，我就自由多了，做選擇就容易了。我的生活方式不太費錢，現在也不缺錢，我夫人跟我有同樣的價值觀，那就沒問題了。

高　淵：你對央視懷有怎樣的感情？

白岩松：我關注的是一個地方背後活生生的人，比如台長什麼樣，主任什麼樣，同事什麼樣。2014 年 9 月的一天，我正在參加母校中國傳媒大學的校慶活動，突然接到電話說，我們的老台長楊偉光去世了。我頓時熱淚盈眶，然後就悄悄地走了，沒法繼續在那裏歡慶了。我一邊走一邊想到的一句話就是："一個人對了，一群人都對了。"

楊台是改變我們很多人命運的人，他尊重規律、尊重時代，更尊重了期待。他當台長的時候，開辦了《東方時空》《焦點訪談》《實話實說》《新聞調查》等欄目，當時多少人希望能進中央電視台工作啊！

90年代的時候，我的工資不高，但只要說我是《東方時空》的記者，別人立即肅然起敬，那就是一份職業榮譽感。我為現在很多年輕同行沒有體驗過這樣的職業榮譽感，感到真正的遺憾。我常常跟年輕同行說："真的，90年代那樣的日子，不給我工資我也會幹的。"

高　淵：除了人的因素之外，你還有什麼別的考慮？

白岩松：因為新聞還在這兒。像這次里約奧運會，我可以行走在各個場館，真正直接貼近奧運會。現在大多數新媒體沒有採訪權，你說我去幹什麼？

我的新聞生涯中，印象最深刻的那一瞬間，真的不是香港回歸、澳門回歸、奧運會，或者中國入世等，而是2008年汶川地震直播的那一夜，我走出直播間的時刻。我一打開手機，一下子湧進了近千條短信，以前只有除夕夜遇到過這種狀況。真是鋪天蓋地，我用了幾天時間才看完。作為一個新聞人，汶川直播那一夜是最難忘的。

高　淵：你希望經常遇到短信如潮湧的時刻嗎？

白岩松：我覺得新聞人是這樣，絕大多數時候應該處在邊緣，因為如果新聞人很靠前，那麼一定是這個時代出問題了。但當大事發生，需要你的時候，你必須迅速、得體、專業、持續、理性地出現在公眾面前，投入報道。

高　淵：對央視這個平台，你最看重什麼？

白岩松：這是一個很重要的發聲平台。國內哪家媒體都沒有這樣的放大能力。在我看來，此時此刻新聞還在這裏，就這麼簡單。

全球進入
假新聞時代

張力奮

1962 年生於上海，畢業於復旦大學新聞系並
留校任教。1988 年獲中英友好獎學金（也稱
包玉剛獎學金）赴英國留學，獲萊斯特大學大
眾傳播學博士學位。1993 年進入英國廣播公
司（BBC）工作，2003 年加盟英國《金融時
報》，曾任《金融時報》副主編、FT 中文網
總編輯、《FT 睿》雜誌總編輯。2015 年底，
回歸復旦大學，任新聞學院教授。

"我做了一輩子記者，仍認同這個職業的價值。在 BBC 和 FT 工作，我享受到外界對記者和新聞界的尊重……我們媒體人要更專業、更勤奮，如果我們對自己沒有這樣的高要求，而是把自己看得很低，這讓別人怎麼尊重你呢？"

2017 年 4 月 3 日，習近平在芬蘭最大的英文媒體《赫爾辛基時報》發表署名文章，題為"穿越歷史的友誼"。

顯然，這是為他一天後的到訪預熱。

中國領導人在出訪前夕，在到訪國重要媒體發表署名文章，這並非許多年來的舊例，至今歷史不過十年左右。

這個新慣例是多方合力促成的，其中有段鮮為外界所知的過程。張力奮是親歷者，他曾任英國《金融時報》副主編、FT 中文網總編輯。

約訪張力奮先生，他說就到申報館一樓喝咖啡吧。

那家咖啡館有點特別，不僅因為是五十多位復旦校友眾籌開的，而且只有英文名字"The Press"（報刊、報界）。

採訪滬上資深媒體人，也許沒有比這裏更合適的地方了。

其實，張力奮不僅是媒體人，也是傳媒學者，更是一位良師。1980 年，他同時報考了復旦大學新聞系和上海一所技校。復旦畢業後留校任教，兼了一個班的輔導員和班主任，這個新聞系的 8413 班後來名聲大噪，出了不少媒體名人。

1993 年，張力奮寫完博士論文初稿，即進入 BBC 電視台國內部，從助理製作人做起。22 年後離開媒體時，職務是英國《金融時報》副主編，並以創刊總編輯的身份，把 FT 中文網帶到了一個業界矚目的高度。

我曾問 8413 班的一位前輩，張老師當年給你們什麼印象？他說：“真誠可愛。”

　　孩提時，因為頭大人瘦，大人們送外號“黃豆芽”。小學時，他曾在少年宮接待外賓，那是他最早一次接觸外面的世界。

　　如今，外形依然頗具特色的他，除了在大學教書，還活躍在各種媒體論壇和峰會。最近，他拋出了“新媒體主義”這個新詞，他認為技術正變得瘋狂，使得不少媒體在轉型中失去了定位，而新聞專業主義則在弱化。

　　在媒體和媒體人都面臨巨變的今天，聽張力奮聊聊他的媒體人生涯，別具意味。我們的話題，是從中國領導人在國外媒體發文開始的。

中國新聞突然多了起來

高　淵：將近十年前，中國領導人開始在海外媒體發表署名文章，你在其中扮演過什麼角色？

張力奮：我是 2003 年到英國《金融時報》工作的。我作為 FT 中文網總編輯，可能是最早推動此事的。

當時，中國領導人要發文章，一般都選擇國內重要媒體，主要是《人民日報》，新華社會發通稿。如果出訪的話，大多是在北京接受到訪國媒體的集體或書面採訪。

以我當時在英國的感受，中國以這樣的方式與外界交流，是比較有隔膜的。我覺得收效不大，甚至很弱。

高　淵：《金融時報》會用新華社通稿嗎？

張力奮：《金融時報》一直非常強調用自己的信源和稿源。像路透社、美聯社的稿子都用得很少，除非特殊情況。

高　淵：那時候，世界對中國的關注度如何？

張力奮：2003 年到 2004 年，我們每天編輯新聞，發現跟中國相關的事情越來越多，並且來自世界各個角落。乍看起來，很多新聞彼此之間沒什麼關係。比如說，今天收到一條消息說，韓國造船訂單大增；明天收到一條消息，波羅的海油價指數上升；後天收到一條消息，南美國家的鐵礦石突然漲價。

仔細研究後發現，這些新聞背後都有“中國因素”。特別是當時中國入世不久，效應開始顯現，這是中國經濟真正走向世界。

高　淵：你們報紙上的中國新聞也越來越多吧？

張力奮：有幾次我為 FT 中文網選當日國際新聞，發現十條新聞都是關於中國的，最後只能拉掉幾條。而且，越來越多的中國新聞從內頁的行業版上了頭版，有的直接成了頭版頭條。

英國並沒有哪個部門給報社打電話，說中國現在很重要，你們要突出報道。中國就像一個埋頭勞作的莊稼人，突然有一天發現，自己在銀行裏已存了很多錢，成了經濟大國了。對這個經濟崛起的過程，中國一開始並不自覺。

高　淵：是什麼時候向中國官方提出，邀中國領導人為外國媒體直接撰稿？

張力奮：大概是 2007 年吧。遇到中國的官員，特別是外交圈的官員，我經常會問，中國領導人為什麼不能為《金融時報》這樣的權威外國媒體直接撰稿？為什麼這個事情必須做，我的理由是，中國已經強大，必須向世界解釋它在做什麼、在想什麼，需要直接跟他國的政治和商界精英對話。

一開始，得到的反饋是說這個事情可能有難度。但一年後，北京要舉辦奧運會了，這提供了一個比較好的契機。北京奧運會開幕前兩個月，時任國務院副總理王岐山為《金融時報》撰稿，闡述加強中美能源合作。這是 FT 言論版上（op-ed）第一篇中國高層的署名文章。

到了 2009 年 5 月，王岐山再次撰稿，談的是如何加強中英雙邊的金融對話。那時，已經爆發全球金融危機了。2012 年，時任常務副總理的李克強正式出任總理前，安排了歐盟之行，並第一次為 FT 撰稿，主要談中國和歐盟的關係。2013 年，已是總理的李克強為《金融時報》和 FT 中文網聯合撰文，是在大連舉辦夏季達沃斯論壇前夕，重申中國將繼續推進可持續發展。

高　淵：現在中國高層領導出訪前，在到訪國的主要媒體上發表署名文章，幾乎已經成了標配。你們試水的時候順利嗎？

張力奮：一開始，試的過程不是特別容易，關鍵是在尋找和相信中國內生的開放力。為外媒撰稿，要熟悉西方媒體的運作和溝通風格、邏輯，尋求國際通行的表達方式。比如那些領導人的署名文章，一開始文字磨合時間比較長，改了好幾稿。之後就順多了，編輯過程大大縮短。

這樣的署名文章都發在 FT 言論版上，一般要求不超過 900 個英文單詞，集中談一個觀點，講清楚就行。在這個版面上發文的，基本上都是全球政商學界的權威人士，如總統、總理、央行行長、國際組織首腦、財長、貿易部長、知名學者等。對言論版，《金融時報》有自己嚴格的操作規範，對所有撰稿人一視同仁，不會打破慣例，發一個整版的署名文章。

高　淵：你和中方是怎麼具體溝通的？

張力奮：FT 總部在倫敦，一般會與中國駐英國大使館或外交部溝通。

在倫敦獨家專訪溫家寶

高　淵：除了邀約中國領導人的署名文章，直接採訪是否更難？

張力奮：專訪任何一國領導人都很難。早在 2007 年，我向中方申請專訪溫家寶總理。這和邀約中國領導人寫文章一樣，就是希望中國能更開放，破一些傳統慣例，做以前沒有做過的事。比如採訪地點最好在出訪途中，而不是在中南海，更能顯示中國的自信。

經過一年多的等待，到 2008 年秋天，終於等到消息，溫總理可以考慮接受《金融時報》獨家採訪。

高　淵：當時有什麼背景？

張力奮：那時已經爆發全球金融危機。溫總理決定參加 2009 年 1 月的冬季達沃斯論壇，隨後訪問英國。中方答應在五天訪英期間，接受我們專訪，這是完全打破慣例的。

2009 年 2 月 1 日，溫總理抵達倫敦的第二天，在他的住地，海德公園文華東方酒店，接受了《金融時報》專訪。採訪組共四人，總編輯巴伯（Lionel Barber）、兩任北京分社社長，加上我。

高　淵：採訪前的提問和採訪後的稿件，需要給中方審閱嗎？

張力奮：FT 的慣例是，採訪前，會就感興趣的議題，提出採訪計劃，但不提供具體問題的清單。FT 對誰都一視同仁，中方表示接受。

那天溫總理談興很濃，原定採訪 60 分鐘，延長了 15 分鐘。中午採訪完，下午就得把近 4000 字的採訪記趕出來，一整版。晚上近六點，臨近亞洲版截稿，大家已很累，標題上卡住了。我說，乾脆就叫 "Message from Wen"（來自溫的信息），大家說好，就簽發了。當時正是全球金融危機的發作期，世界急切等待北京的信號。按照慣例，稿子發表前沒有給中方審閱。

高　淵：稿子發表後，中方滿意嗎？各界反響怎麼樣？

張力奮：我們在報紙上發了一個整版的採訪記，同時把採訪實錄放在了FT官網上。《人民日報》馬上轉載了採訪實錄，全文照登，一字未動，從一版轉到二版，這樣的處理前所未見。

各界反響相當大，大量的轉發、援引和評論，因為溫總理透露了中國將在"拯救計劃"中投入巨資，擴大內需（即馬上推出的"四萬億"）。當時西方國家都希望中國幫一把，這番談話非常引人注目。

高　淵：除了溫總理，你還採訪過哪些中方高層？

張力奮：還採訪過時任中共中央政治局委員、上海市委書記韓正。另外，王毅外長上任後的第一次獨家專訪，是我做的。他是2013年當外長，2014年1月份代表中國政府出席達沃斯論壇，我提前三四個月向外交部提出採訪申請。不少國際媒體在爭，結果FT拿到了。那次訪談中，包括中美、中日關係，以及很敏感的中朝關係，王外長都做了認真解答。那是一次中國官方對外交政策的完整闡述。

在達沃斯採訪完之後，當天趕了兩篇稿子。一篇寫成新聞——因那年安倍出席達沃斯，很受關注，我把王毅談中日關係那部分拎出來，發在《金融時報》頭版；同時又為FT中文網寫了篇採訪記。

在國際頂尖媒體的那些年

高　淵：在你的媒體人生涯中，有哪幾個節點特別重要？

張力奮：這是個好問題，我覺得首先是童年。我出生於1962年，小時候完全不知道中國之外發生了什麼，國內媒體對國內的實情也不報道。我記得，1979年《解放日報》在頭版刊登社會新聞《一輛26路無軌電車翻車》，後來拿了中國新聞獎。評委非常有眼光。這則報道是重大突破。之前很多年，交通事故這樣的"負面新聞"是不能上官方媒體的。

我是1980年考大學，當時國門剛剛打開，我懵懵懂懂地覺得，一個國家不能沒有好的媒體和優秀記者，所以立志考復旦大學新聞系。我父親不太支持。他知道我愛看書，希望我讀圖書館系。他覺得新聞這東西太敏感。

高　淵：當時全家都反對你考新聞系？

張力奮：母親說我肯定考不進，其實是為我減壓。她是小學老師，擅長一年級教學、漢語拼音和音樂。但她在"文革"中被學生絆倒摔傷，後來三十多年長期臥病在家。她是病人心態，就希望我身體好點。她叫我同時考技校，我們一幢樓裏有四個同屆生都考技校。她告訴我，不能特殊。

母命難違。考復旦的同時，又去考了一個技校。技校好像考三門課，我擔心真考進了，就把答案做好後再改掉，但還是超過了分數線。

高　淵：進了復旦新聞系後，覺得自己的選擇對不對？

張力奮：那時候，整個國家都非常熱切地想了解外面的世界，社會透明度不斷加強，這是中國媒體的一個黃金時期。不少老一代報人也都平反了，有的回到媒體，有的到了大學。在我看來，記者的功能和角色的合法化，是一個社會正常化的重要標誌。

高　淵：你的媒體生涯中，還有什麼重要節點？

張力奮：那就是 1988 年去英國留學，這讓我後來能親身了解國外媒體的運作。

1993 年 3 月份，我剛寫完博士論文第一稿。孩子才三歲，太太在唸物理學博士。我得養家了，想去 BBC 試試，覺得要去就去世界上最好的媒體。

BBC 有國內台和國際台。World Service 那裏有中文節目，"二戰"時成立，一直有華人同行。我申請的是 BBC 國內台，後來才知道，我應該是第一個拿中華人民共和國護照的 BBC 國內台製作人。

高　淵：對 BBC 印象怎麼樣？

張力奮：剛進去的時候職位比較低，是助理製作人，但開了眼界，感受到專業精神，也感受到中西方溝通的隔膜與困難。

我一直強調，什麼是好的教育，相當一部分就是開闊眼界。在 BBC，你的同事可能是世界上在這個領域做得最專業的一批人。為了一個十秒鐘的片頭，他們會坐上一整天，一幀幀地搞定。另外，我學到了職業自尊，理解了媒體與政府、市場、公民之間究竟是什麼關係。

高　淵：為什麼要離開 BBC，轉投《金融時報》？

張力奮：因緣吧。2003 年，FT 中文網要籌辦，時任 FT 副總編輯的約翰・李爾庭（John Ridding）真誠相邀。我覺得，FT 中文網要在中國落地，可以讓我觀察與研究中國更近一些。《金融時報》給了我按照自己的理念打造東西的平台。

高　淵：你覺得 BBC 和 FT 有什麼不同？

張力奮：兩家都在國際上最權威、最專業的媒體之列，FT 比 BBC 的歷史更長。他們有各自深厚的文化、做事方式，甚至儀式感。

我喜歡 BBC 的文化，那種格局、視野，以及 BBC 人的專業自尊。但和任何大機構一樣，它也有缺點 —— 官僚化，機構太大，效率不是很高，當時員工就有兩萬多人。FT 是老牌的財經媒體，不到兩千人，小而美，扁平結構，團隊合作緊密。

BBC 的資源要強很多。在 BBC 做夜班，每天有專車送回家。在《金融時報》時，我的團隊也上夜班。格林尼治時間晚上七點報紙截稿，我們開始選內容、交翻譯組，還要編輯原創內容，保證中文網和英文報紙的新聞內容同步。下班已是深更半夜，同事們常常小跑步趕末班地鐵。

高　淵：FT 中文網是按你的思路辦的嗎？

張力奮：FT 中文網是 FT 的一部分，是 FT 編輯理念的產物和延續。當然，我作為創刊總編輯，在建構和執行層面有我對新聞業務以及對中國大勢的思考。我堅持一點，就是一定要有原創內容。三年後，原創內容佔了 40%，到北京奧運會時，已接近 50% 了，一半內容保證原創。

FT 中文網資源很少，團隊很小，一開始才幾個人，這迫使我開闢外面的作者與專家資源，並很快建起一個專欄作家團。

後來很多人說這個思路做對了，其實是條件和需求使然，用 FT 的編輯理念、我對中國的判斷來打造專欄，培育專欄作家。

高　淵：你怎麼塑造這些專欄作家？

張力奮：當時，我的基本判斷是，中國在純新聞和信息披露上有進步，但對信息的解讀與加工做得遠遠不夠。FT中文網就應該盡力補這塊，做成那個樣子。

此外，我對一個媒體的語言風格與文體，有很高的要求。很多作者到FT這裏寫東西，我一定請他們遠離沒有生命和邏輯力量的表達、套話，而且越遠越好。FT是國際媒體，距離感很重要，不要太近，要想像自己坐在倫敦的酒吧裏寫東西。對作者我也會提些具體建議，成就他們的風格。比較成功的專欄作家，前後有五六十位，像周其仁、薛兆豐、吳曉波、老愚、徐達內等。

高　淵：會擔心他們寫出格嗎？

張力奮：我給寫作者足夠的自由空間、足夠的尊重。如果老去敲他們的"木魚"，他們寫不出來的。做媒體，壓力總有，總編輯就是承擔壓力的。

初創時期困難很多，我要求又高，只能找自己熟悉、相知的朋友與同行。我很感激他們，感激他們的承諾與包容。絕大部分專欄作家都是我找的，我在新聞圈的時間也長了。所謂人緣好，是別人的善意解釋。可能我不功利處事，也是個因素。大家很願意幫我，還要接受我的各種高標準，這的確是事實。同行間，彼此都出力相助，做事就容易些。

回歸大學是人生規劃

高　淵：你的學者生涯起於復旦，如今在好幾家媒體工作了二十多年後，又回到復旦。當年離開的時候，想過要回來嗎？

張力奮：想過的。這是我人生規劃的一部分。剛出國留學時，曾計劃50歲左右回到大學，是不是回到復旦不敢說。我去英國留學，擔保人是謝希德校長。現在回母校，對謝校長也是一個交代。

這學期上一門課"深度報道基礎"，還主持一個講座系列，邀請中國最頂尖的媒體人來演講。其他幾門新課，多與英國有關。理想的大學，不僅要學知識，更要培養眼界。有了眼界，才能作出好的判斷，做對社會進步有益的事。

高　淵：最近這幾年，每年都有一些紙媒關門。你做過報紙、雜誌、電視、電台，做新媒體也很早，現在是新聞學教授，你怎麼看中國媒體所處的時代？

張力奮：我覺得，中國媒體人在幸運中有點不幸。我們正處於一個劇變的轉型期，需要解決兩個問題，一是平台，二是本位。

一個媒體要生存，必須繼續拓展讀者或用戶，不要在乎他們在哪個平台上閱讀。這個時代，平台的轉型和遷移是很正常的。這些年，《金融時報》也在有意識地縮減紙質版，現在紙質版和網絡版付費閱讀數已經達到 81 萬，其中三分之二在網上，發行量遠超紙質媒體時期的最高紀錄。因此，最重要的是怎麼找到和保持用戶，提供他們需要的服務，把服務變成媒體生存的資本。

高　淵：本位是一個什麼問題？

張力奮：本位的問題，是回答媒體為何存在？為誰存在？如何存在？靠什麼贏得自己的“出生證”、生存權？市場和政府在媒體生態中，承擔怎樣的角色？還有，一個社會如何生產優質的信息公共品？不然，會有怎樣的影響？

這些問題值得媒體人和機構媒體思考，尋求共識，當然不可能一步到位。政府、市場、用戶、傳統媒體和新媒體，已在一條船上，要共存。各自定位清晰，共識才有可能，規則才能議定。

高　淵：怎麼評價媒體現狀？

張力奮：現在，全球已進入假新聞時代。最近，我在美國高價買了一本 11 月 8 日的《新聞週刊》，一本很權威的時事雜誌。因他們認定希拉里當選總統，就提前幾天把希拉里的紀念特刊印出來了。《新聞週刊》這條烏龍，並非假新聞，但凸顯了社交媒體時代“新聞機構”的脆弱與不適。

新聞專業主義的弱化，其實也反映在新聞教育本身。中國目前注冊的新聞院校有一千多所，但能不能為學生提供最基礎的新聞專業主義訓練，很難說。

現在，中國的社交媒體在全球獨樹一幟。在對媒體技術的吸納和挖掘方面，中國做得最有激情、最精緻，也最徹底。但有一個問題是：社交媒體有沒有可能建立規則？社交媒體是否有條件成為公共品？現在看起來，還是一個大問號。

　　高　淵：在這個媒體巨變的時代，你覺得記者這個職業還有意思嗎？

　　張力奮：我做了一輩子記者，仍認同這個職業的價值。在 BBC 和 FT 工作，我享受到外界對記者和新聞界的尊重，哪怕採訪英國首相，記者也不會低三下四。我們會想，你不過當了一兩屆首相，我已報道了四五任首相了。

　　我們媒體人要更專業、更勤奮，如果我們對自己沒有這樣的高要求，而是把自己看得很低，這讓別人怎麼尊重你呢？

我也會退出江湖的

胡錫進

1960 年生，1982 年畢業於中國人民解放軍國際關係學院，1989 年獲北京外國語大學俄羅斯文學碩士學位，進入《人民日報》社國際部工作。1993-1996 年任《人民日報》駐南斯拉夫記者，經歷二十多次深入戰火中的波黑採訪。1996-2005 年任《環球時報》副總編輯，2005 年起任《環球時報》總編輯。

"我主張讓中國社會信息暢通，要讓大家知道世界上發生了什麼，包括對我們不利的事情，這一點很重要。只有這樣，才能增強社會的承受力和免疫力，這是一個社會長期穩定的不可缺少的因素。如果缺少了這個，就像把一個人放在無菌環境中，他一旦走到外面的世界，就容易出問題。現在中國人都出國，互聯網靠堵是堵不住的，讓人們知道發生了什麼非常重要。"

和胡錫進約了一個多月，他一直忙。直到採訪前一天，還臨時調整了時間。

《環球時報》社的小樓在《人民日報》大院裏面，樓很舊，沒有電梯。下面兩層是發行和廣告部門，三樓是編輯部，樓梯口的牆上有個燈箱，上面兩行紅底黃字"既要努力開拓，又要十分穩妥"。雖然押韻，但全是大白話，與燈箱色調配在一起，頗合外界對這份報紙氣質的觀感。

那天約好早上八點半，胡錫進前一個晚上夜班做到十二點半，他略晚了十分鐘到。他作為頗具爭議的媒體人，從 1996 年進《環球時報》社當副總編，到 2005 年當總編，為這張報紙打上了極強的"胡氏烙印"。《環球時報》也從一張每週八個版的小報，到現在中文版、英文版和環球網多管齊下，用胡錫進的話來說，成為中國最有影響力的市場類媒體。

胡錫進沒要求提前看採訪提綱，但有問必答，而且都是正面回答。上午一聊下來，只有兩個小問題他做了回答後說，這個算了，不要提了。從與吳建民的根本分歧、"單仁平"怎樣出爐、受處分之後的心情，到"鷹派"立場是否出於市場需要、會不會在這裏做到退休等，都一一做了回應。

我更關心他是個怎樣的人。他給自己貼了幾個標籤，梳理一下可以這樣表述：在政治立場上算中左，在中國媒體界是體制彈性的探測者，在人文情懷上是人道主義者。

應該說，胡錫進是個奇人。

愛他的人愛死他，罵他的人恨不得罵死他。他每次更新微博，不管說點什麼，跟評必然會有一片罵聲。以至於我和老胡聊天，特別想問他："你的粉絲們怎麼不到微博裏來拯救你？"

公道地說，他是勤奮的，他說只要人在北京，每晚必到報社上夜班，即便週末住在郊區也會趕回來；他也是聰明的，他知道怎麼吸引注意力，知道怎麼賣報紙，也知道怎麼長久地賣報紙；他當然還是好鬥的，喜歡用"鬥爭""博弈"這樣的字眼，會說"如果我們不發聲，中國會吃虧"。

很多人說，胡錫進是中國的"鷹派"，他則說："我應當說是觀察者。但我認為中國需要幾隻'鷹'，中國不能沒有'鷹'，既要有'鷹'，也要有'鴿'，都得有才行。只有這樣，才有利於跟西方全方位地博弈。這是我的觀點，我認為我的觀點是對的。"

對於《環球時報》為何擁有這麼大的影響力，胡錫進說，這都是他們一步一步摸索出來的，因為中國的機制就是需要你自己去摸索。"我們有的文章發出來，上面一看可能嚇一跳，後來看完之後也接受了。這都是一步一步做出來的，現在我們有了這樣的寬容度。過去一說中美、中日關係，都不能說負面的東西，如今的環境有相當一部分是我們開創的，可以自由地批評外國。"

胡錫進透露，1997 年，美國總統克林頓訪華，《環球時報》頭版登了幅漫畫，克林頓穿著盔甲，上面插滿了箭。後來他們還報道了朝鮮水災，透露他們嚴重缺糧，這些在過去都是不可想像的。在 2008 年北京奧運會前，他們告訴中國人，奧運聖火被人踩滅了。這就是靠一步一步闖出來的，也開拓了中國人的眼界。

"現在可以說，在《環球時報》上能夠看到我們國家真實的國際環境。當然，可能我們有的時候也有偏差，但總的來說，這是社會的進步。"

胡錫進有句名言，說中國是複雜的，而他本人，其實也遠比多數人想像得複雜。很多人敬仰他，也有很多人抨擊他。但不管你對他印象如何，還是應該進一步了解他。畢竟，在中國的媒體中，這樣廣受關注的人物屈指可數。

經歷波黑戰爭全過程

高　淵：先聊聊你的經歷。你進《人民日報》之後，過了多久被派去駐外？

胡錫進：我是 1989 年從北外研究生畢業，進了《人民日報》國際部。先在國際部資料組搞資料，做了將近兩年，然後又上了兩年夜班，1993 年春天被派到南斯拉夫當駐外記者。

高　淵：你大學和研究生學的都是俄語，南斯拉夫說的是塞爾維亞語，這兩種語言接近嗎？

胡錫進：應該說有點關係，但其實聽不懂，像北京話和廣東話；寫出來也看不大懂，這點像中文和日文。我走之前，找了一個北外學塞爾維亞語的學生給我上了兩小時課，好像花了 16 塊錢。

臨走帶了本"塞漢字典"，還帶了本 WPS（辦公軟件）的書，因為我沒用過筆記本電腦。到了貝爾格萊德先學塞爾維亞語，學電腦，然後是學開車，樣樣都從頭學。在那兒前三個月非常辛苦，一下子掉了十幾斤肉。

到了那年夏天，能夠大致聽明白當地人說什麼了，也能看報紙了，WPS 我硬是看書學會的，這樣就進入工作狀態了。

高　淵：當時南斯拉夫局勢已經很動蕩了？

胡錫進：內戰已經開始了。波黑是 1992 年打起來的，我到了之後經常往波黑跑，一共跑了二十多趟。我從貝爾格萊德開車過去，大約三四百公里，相當於北京到邯鄲，都是山路。

當時不覺得危險，那年我才 33 歲，畢竟年輕。現在回過頭來看，其實挺危險。就像要從路面上橫穿一條繁忙的高速公路，機靈的人天天橫穿也沒事，運氣不好的穿一次可能就被撞死了。

高　淵：那時候《環球時報》剛剛創刊，還叫《環球文萃》，你的稿子主要發在《人民日報》還是《環球文萃》上？

胡錫進：當時《環球文萃》還是週報，而且只有八個版，所以我的稿子主要還是發《人民日報》，但《人民日報》版面也很少，國際版只有一兩個。那時候能上一條消息已經很高興了，不像現在編輯追著駐外記者寫稿子。

那時候波黑戰爭打得正激烈，經常是全世界的頭條，我就身處那個世界關注的焦點。記得有一次看到交戰的城市著了大火，滿地都是炮彈殼，塞爾維亞軍人躺在炮彈殼旁邊，聯合部隊剛剛進來。我試圖穿過中間地帶進入城市，但是被拉回來了。我寫過一本書，記錄了那段經歷，真的是驚心動魄，能夠聽到子彈飛過來"啾啾"的聲音，腿都發軟。但最後，這篇特寫在《人民日報》也就發了七百多字。

高　淵：要是換成現在，你應該早就出名了吧？

胡錫進：現在的話，版面多了很多，再加上微博、微信什麼的，還可以發很多照片，我就出大名了。因為我一直待到簽訂停火協議，差不多經歷了波黑戰爭的全過程，而且在大多數情況下，那裏中國內地記者只有我一個，新華社會臨時派個記者組，採訪幾天，然後過一段時間再來。

那個時代駐外挺光榮的，因為出國機會少。今天回憶起來，當時一個月收入才 170 美元，加上波黑戰區有的一點補助，加起來也就 300 美元。第一次出國不允許帶夫人，我中間回國休假，然後妻子就跟我去了，把女兒送到陝西咸陽親戚家去。

等我們回來的時候，看到別人的孩子都能說英語，我女兒卻是一口陝西話。她後來上的唯一的補習班，就是英語。

當總編的前四年每天弄版面

高　淵：從南斯拉夫回來就去了《環球文萃》？

胡錫進：我在南斯拉夫待了三年，1996 年回來後在《人民日報》國際部待了幾個月，我要求去《環球文萃》，當時這張報紙隸屬於國際部。去了就當副總編，當時人少，一共才一二十人。

其實早在三年前，就是我去南斯拉夫前的幾個月，當時《環球文萃》還沒創刊，我幫他們拉了這張報紙的第一筆贊助。別人也拉過贊助，但真正見錢的我是第一個，那筆是 1.5 萬元。

我當時拿著黃頁本打電話，像做醬菜的六必居我都打過，還有生產鉛筆的廠家。就跟他們講，《人民日報》要辦一張子報，希望支持一下，等將來我們報紙出版以後，給你們補做廣告。

那時候報紙少，真有企業給錢，我一共拉了 10.5 萬元。同時，我也參與編輯工作，創刊號的頭版就是我做的，當時做了好幾期的頭版，然後就去南斯拉夫駐站了。

高　淵：你負責《環球時報》全面工作是什麼時候？

胡錫進：2005 年，那一年我當總編輯。

高　淵：你主持《環球時報》工作之後，跟之前比主要變化在哪裏？

胡錫進：應該說，報紙比我 1996 年剛去的時候好多了，雖然還不是現在這樣，但已經一週出三期，版面多了，在社會上已經很有影響，大家都已經知道有一份《環球時報》，雖然還沒有英文版和環球網，也沒有社評。

我的前任總編輯很了不起，基本上把《環球時報》的影響力做出來了。到 2005 年，已經有百萬份的發行量。但當時《環球時報》面臨很大的挑戰，一是互聯網起來了，二是都市報也起來了。另外還出現了很多跟我們類似的報紙，連排版都像，所以分散了一些讀者。現在那些報紙大多見不到了。

當時《環球時報》的發行量在下降，所以壓力特別大，也有點困惑。在我上任之前，前任總編就作出了決定，《環球時報》要變成日報。我上任後要實現這個決定，這是一把賭博，改成日報以後，發行量一下子掉了一大截，落到七十多萬份。

高　淵：你當時想出了什麼大招嗎？

胡錫進：我上任後四年沒有出過國，幾乎連外地出差都不去，每天弄版面，很辛苦。當時覺得必須突破一些報道上的束縛。我們先是形成了多個記者寫稿的業務模式，圍繞一個題目，由多名前方記者提供素材，然後編輯來綜合，就是為了增加報紙的信息量。現在《環球時報》頭版都是多人署名，改變了過去一個記者寫的模式，這是一個突破。

高　淵：這種多記者寫稿模式，對制約那些模仿你們的小報有用嗎？

胡錫進：大多數小報在國外沒有記者，就是找個人抄抄編編，但攢出來的稿子還跟我們有點像。我們的優勢是《人民日報》有一大批駐外記者，都可以為我們寫稿，所以就讓記者把前方信息都弄回來，讓人感覺很真實，信息量很大，凸顯我們的優勢。在國內媒體中，我們是第一個這樣做的。

高　淵：但你真正的“撒手鐧”是社評吧？

胡錫進：《環球時報》1999 年開設了國際論壇版，由閻學通等那批學者為我們撰寫大塊頭稿件，產生了一些影響。那個時候沒有社評，專家寫的文章都比較長，勸學者寫短一些的文章經歷了一個過程。我們磨合得總的來說不錯。

到了 2008 年，針對奧運會火炬傳遞和拉薩 “3·14” 事件，《環球時報》發了不少夾敘夾議的文章，直接介入一些敏感事件，那段時間的報紙發行量越來越高。

高　淵：廣受關注的社評是什麼時候出來的？

胡錫進：寫社評是因為英文版創刊。英文報紙都有社評，不然就不像一張報紙。但做英文版的那些編輯不適合寫，所以就讓做中文版的編輯先寫，然後翻譯過去。第一篇社評是 2009 年 4 月 22 日見報的。

高　淵：比你們社評更受爭議的是 “單仁平”，這是什麼時候出來的？

胡錫進：“單仁平” 比社評早幾年出現，因為最早是包括我在內三個人輪流寫，所以根據諧音起了這個筆名。後來三個人散了，就是我寫了，但把名字留了下來。

高　淵：社評和 “單仁平” 的定位有什麼區別嗎？

胡錫進：“單仁平” 一般是評國內的事，國際事務幾乎不用這個署名。另外就是特別敏感的事，不太適合用 “社評”，社評太正式。還有，比如具體評某個爭議人物，這也不太適合署 “社評”，太高抬他了。總的來說，“單仁平” 講的東西比 “社評” 要敏感一點。

高　淵：聽說《環球時報》每篇社評和 “單仁平” 都是你口述的，是這樣嗎？

　　胡錫進：以前是由評論組的人寫，寫完我來改。我這個人比較較真，和我比較難合作，改動會很大，經常最後留不下幾個字，所以後來換了一種方式，他們提供材料，我來口述，負責寫的那個人做記錄。我講的時候，記錄的人可以隨時提出不同意見，我經常每說一兩句話就問"對不對"，他要是說"對"，我就心裏踏實些，他要說"不對"，就談他自己的想法。

　　基本是三個人幫我整理，他們是輪流的，每天都換。以前一天寫一篇社評，值班這個編輯就先找材料，等我確定選題後，晚上跟我一起寫。後來改成一天寫兩篇社評或"單仁平"，我們的想法是一個講國外一個講國內，這樣第二篇評論就需要評論組的其他人一起找材料，但跟我一起寫的還是當天值班那個人。

　　現在的程序是上午先給我報第一篇的選題，報完選題助手去準備材料。第二篇選題是下午四五點鐘再定下來。我口述是在下午七八點鐘開始，再晚就來不及了，一般到晚上十一點左右完成兩篇評論。

　　高　淵：這個值班的人跟你形影不離嗎？你如果出國怎麼辦？

　　胡錫進：我出國時就讓寫社評的人跟著我走，我走到哪兒，都跟著我。週末就到我家裏來，有時候晚上我有應酬，也跟著，在車上口述。我吃完飯出來，上車又接著寫，斷斷續續地寫，有時間就寫幾句。不時會這樣，因為事多。

　　但也有個別的時候我自己一個人，比如我跟領導出差去了，那沒辦法。這時候只能打電話口述，但看不到記錄的東西，得憑記憶。

　　我定評論選題主要看國際關注度，如果外界已經很關注了，成了一件大家共同關心的事件，我們就會出手。

　　高　淵：現在不少人看《環球時報》的評論，他們不一定贊同你的觀點，但覺得能了解一些別的地方看不到的信息。從你內心來說，是不是也希望以評論形式來提供一些信息，提高報紙的發行量？

　　胡錫進：我不能說我是故意的，但我覺得客觀形成了這種狀態。一些敏感的事情發生了，我們是否對這些事情完全不報道？我一直不主張這樣，還是要面對敏感的事情。我主張讓中國社會信息暢通，要讓大家知道世界上發生了什麼，包括對我們不利的事情，這一點很重要。

只有這樣，才能增強社會的承受力和免疫力，這是一個社會長期穩定的不可缺少的因素。如果缺少了這個，就像把一個人放在無菌環境中，他一旦走到外面的世界，就容易出問題。現在中國人都出國，互聯網靠堵是堵不住的，讓人們知道發生了什麼非常重要。

高　淵：當你決定對一個敏感事件發表評論，你會設法了解一些內部信息嗎？

胡錫進：我們會和很多部門保持聯繫。比如一個敏感事件發生了，敏感在什麼地方、為什麼這個事件敏感，我們要了解內情，就需要有很多信源。這類事情出來以後，編輯就會打電話到有關方面去問。有時候碰到特別敏感的事情，編輯了解不到，就得我來找關鍵的人問。我經常自己打電話，有時候會打一個晚上。

高　淵：我們來聊聊具體的稿子。像香港銅鑼灣書店、廣東烏坎等事件的評論，在《環球時報》的評論中，屬於什麼敏感級別？

胡錫進：屬於很敏感了。有的時候得摸黑寫，因為問不到任何信息，但在問不到的過程中，也會發現一些東西。我們的編輯記者有很多社會關係，他們能問都會去問，但他們問不到的時候，也會發現問不到的理由。如果誰都不說，我就知道了，這是特別敏感的事情。

銅鑼灣書店那個事情我覺得還是要報道，有必要讓中國社會知道那兒發生了什麼，這個原則我跟很多領導都這麼說。當然，一定要讓那些對我們不利的信息軟著陸，我們的評論一定要堅持立場，就是堅決站在維護中國國家利益的立場上，這也是我們全社會的共同利益。

高　淵：你每天定選題時，總是盡量挑最敏感的事情來寫？

胡錫進：我主要看國際關注度，如果外界沒怎麼關注，我們就判斷這是小事，不理它。比如有些事情對中國不利，當事方明擺著想把事情弄大，但外界沒怎麼報，《紐約時報》、美聯社這種大媒體都沒說什麼，我們幹嗎傳播這些信息？

但如果外界已經很關注了，成了一個大家共同關注的事件，這時候我們就會出手，就會發評論，拿出我們的觀點。我們的衡量標準就是國際主流媒體有沒有報道，因為他們有重大影響力，如果他們說了我們不發聲，中國會吃虧的。

高　淵：你們的評論在國內影響很大，但能影響國際輿論嗎？

胡錫進：我們統計過，國外媒體轉載《環球時報》的稿子，大約一半以上是轉我們的社評。我們的信息沒有優勢，但評論很有影響。我們的社評幾乎沒有一篇外界不轉，尤其是日韓媒體，他們是天天轉，韓國媒體更是關心中國所有的事。我們的英文版專門有個"亞洲評論"版，評亞洲國家國內的事，轉載率也非常高。

高　淵：一般而言，國內選題比國際選題更敏感嗎？

胡錫進：對。國際方面的評論，遇到朝鮮問題會比較敏感。當然，現在比前幾年好一點。

高　淵：評論都是自己定稿嗎？需不需要請上級部門看一下？

胡錫進：絕大部分不需要，個別時候需要看一下。我寫社評以來，這種情況屈指可數，基本上都是我們自己搞的。

領導的很多批評都是善意的

高　淵：2015 年，你因公出國，多去了一個國家，結果受到了紀律處分，還被通報了，網上傳得到處都是。很多人覺得詫異，像你這麼衝鋒陷陣的人，為這點事也要受處分？當時是什麼心情？

胡錫進：那次申報的是去德國，我們順道去了波蘭，這個確實沒有報批。我覺得這體現了八項規定的嚴格，領導也跟我談話了，我堅決接受。給我一個處分也是愛護我，也沒有更嚴重的處理，現在我不是照樣還能出國嗎？這次處理了我，我又有點知名度，然後互聯網上全是，大家都有印象了，這也是大家共同吸取教訓的過程。

高　淵：現在你的壓力主要來自兩方面吧。一方面可能來自上級主管部門，另一方面來自網絡上對於《環球時報》和你本人的批評，這兩方面的壓力哪個更大？

胡錫進：這是不一樣的。工作上的壓力是我職責範圍內的，宣傳部門批評我，那是我履行職責上出了問題，我需要反思和調整。

對來自網絡上的攻擊，我不會考慮修正我的立場，我怎麼能因為有人批評我就修正立場呢，但我的鬥爭水平和藝術要提高。有的人就是故意的，拿他們沒有辦法，也不可能去改變他們，但他們也沒法改變我，那就大家共存嘛。

高　淵：因為稿子的問題，你寫了不少檢查吧？

胡錫進：那肯定有。我覺得是這樣，我是發自內心要維護國家利益，中國的媒體還是要往前走。媒體也不能缺位，不能做縮頭烏龜，在關鍵的時候要發揮引導作用，這是我們當代媒體的任務。

媒體姓黨是必須的。但我們不能機械地理解這個原則，天天等上級領導的指示，讓寫什麼寫什麼，這樣主動性等於零。如果媒體都這樣，符合國家利益嗎？

我們是在維護國家利益的同時，最大限度地調動自己的主動性。因為我在媒體一線，了解媒體的情況，了解市場的情況，我們有輿論場上的經驗。所以要發揮我們的主動性，媒體畢竟不是外交部，不是政府，媒體就是媒體，我要用符合媒體規律的方式維護國家利益，維護黨的執政地位。

但怎麼做是個考驗。當我們做錯的時候，我們真誠地接受批評。我跟同志們說，我們受到一次批評，就在那兒立一個椿，再受一次批評，再立一個椿，決不會犯同樣的錯誤。把這些椿連起來，就連成了一條線，這條線就是我們的邊界線。

高　淵：你總是從積極的角度來理解上級部門的批評？

胡錫進：我覺得領導的很多批評都是善意的，不能理解為領導在整你，要這麼理解的話，就沒法工作了。還有就是千萬不要跟領導搞成貓抓老鼠，而應該是一種積極的建設性的互動。

如果我們的評論在互聯網上引起軒然大波，起了不好的作用，我們就應該反思。比如我們發過一個評論，被別的媒體轉載時，題目被改成了"要允許中國適度腐敗"，而原文中都沒有"適度腐敗"這個詞。為什麼會出現這種情況？我們就得反思，文章中不能有那種被人一下就逮住的話。我們現在聰明多了，這種情況越來越少了。

不要因為和對方鬥爭，就把自己給逼"左"了

高　淵：現在很多人在網上給你貼標籤，有人說你是民族主義，有人說你是極左，你覺得你是什麼樣的人？

胡錫進：我覺得我是個實事求是的人。現在的問題是，實事求是的坐標原點被移動了。現在變成了只有批評政府才是實事求是，你要是批評少了就不實事求是。

我可能算中左吧。我不評論誰左誰右，我跟同志們說，不要因為我們跟對方鬥爭，對方可能是一個自由派，就把自己給逼"左"了。

現在的情況是，社會上的左派、右派相互逼，右派把左派逼得更"左"，左派把右派逼得更"右"。我提醒我們自己注意，盡量實事求是，什麼事就是什麼事。有人說我"牆頭草"，我無所謂，其實我的態度很穩定，《環球時報》的價值傾向是中國所有媒體中最穩定的，我們就是維護國家利益和大眾的根本利益，永遠這樣。

高　淵：你的價值觀是人生什麼階段形成的？

胡錫進：我覺得關鍵還是我駐外那段時間。我是學俄語的，駐外之前就密切追蹤蘇聯的解體。當年蘇聯在我們心目中多麼高大，多麼強大，結果它變成了今天這個樣子。他們周邊的那些國家，有的小國好了，比如波羅的海三國，人口很少，現在富有了，比過去好了一些。但像烏克蘭，現在人均GDP是中國的一半，多慘。還有很多地方，都很差。

後來我親身經歷了波黑戰爭，南斯拉夫打成那個樣子，震撼了我。1993

年我剛到貝爾格萊德，那時候塞爾維亞已經受到國際制裁了，貝爾格萊德還是比北京強多了。到那兒一看，房子裝修得那麼好，全鋪的地板，步行街那麼漂亮，社會文明程度也高。但現在沒法比了，前南斯拉夫的那些國家，除了斯洛文尼亞和克羅地亞，其他國家的人均 GDP 都低於中國。我們前進了，他們落後了。

我知道了一個國家的脆弱，一旦發生動蕩，根本就不是我們個人所能控制的。我希望國家在變化的過程中，一定要保持應對這種變化過程的把握能力，否則是很容易出問題的。

我好像沒有什麼特別崇拜的偶像，影響我一生的是俄羅斯文學。我本科第一年就把課本全學了，後來三年基本上沒有跟課，因為我已經遠遠超過上課的進度了。我從第二年開始就讀俄文原版小說，第三年、第四年更是讀瘋了，每天讀五六十頁，《戰爭與和平》《安娜·卡列尼娜》等讓我如癡如醉。

高　淵：你從這些作品裏讀到了什麼？

胡錫進：《戰爭與和平》讀中文版讀不下去，但讀俄文版讀得我熱淚盈眶，掉進他的語言描寫中。還有像契訶夫、陀思妥耶夫斯基、亞歷山大·奧斯特洛夫斯基等，他們的作品我幾乎是照著"全集"讀的。直到現在，我的俄語忘得差不多了，但我還記得不少俄文句子，都是俄羅斯文學碎片的記憶，我還能背下來。這不是普通的碎片，它就像圓明園裏留下的那幾根柱子一樣，至今支撐著我的精神世界。

我上中學的時候，中國人在讀什麼？是《豔陽天》《金光大道》這麼幾本書，看戲都是樣板戲。大學裏面一下子接觸到偉大的俄羅斯文學，像冰雹一樣把當時年輕的我砸懵了，原來世界是這樣的，原來這才叫小說。再回頭看中國 20 世紀早年的小說，感覺有點像是習作，包括一些挺著名的，感覺也是沒法比的。俄羅斯文學最偉大的價值就是人道主義，我受到了一次人道主義的徹底洗禮。

高　淵：從內心來說，你覺得你是人道主義者嗎？

胡錫進：對我來說，人道主義就像一瓢瓢清水潑到頭上，不僅美，而且深刻，真是徹底的洗禮。我的大學在部隊院校，管得很嚴，每天一早五點鐘起來，閉著眼睛還做著夢就得跑操。但我掉入了俄羅斯文學的環境中，天天讀，跟托爾斯泰、屠格涅夫、契訶夫對話。大學畢業到延慶的山溝裏當兵，到北外讀研究生，都一直在讀。

從 18 歲到 28 歲，那是人生最重要的十年，也是價值觀形成最關鍵的十年。我今天寫的東西，都會不自覺地用那些俄國作家的句式。我記得《戰爭與和平》上部最後的情節，大體是娜塔莎接受了皮埃爾的愛情，皮埃爾跑到街上熱淚盈眶，他仰望天空感懷生活，看到一道彗星劃過天邊，那是 1812 年的彗星啊，意味著戰爭就要來了。小說的文筆揮灑和價值宣揚都深深打動了我，這是 20 世紀 80 年代初我在尚且有些貧瘠的中文世界裏沒有經歷過的。我精讀的那些小說代表了俄羅斯文學的高峰，也是人道主義的興盛時期。

高　淵：你覺得辦《環球時報》最難的地方在哪裏？

胡錫進：中國的媒體很難辦，因為互聯網、報紙、廣播、電視等，這些全是西方傳過來的，它們跟西方的政治體制是一種量體裁衣的關係，跟西方政治很適應。反而到了中國，跟我們這種體制顯然是一種非完全對應關係，所以這些東西必須中國化，針對我們國家的社會現實作出某種調整，然後形成新的適應性和發揮新的建設性作用。

高　淵：中國有這麼多媒體從業者，你覺得你在其中扮演了什麼角色？

胡錫進：我是一個積極的探測者。我們中國媒體不可能辦成《紐約時報》《華盛頓郵報》，它們的社會角色不可能是我們的摹本。中國的媒體必須發揮針對中國社會的建設性作用，輿論監督是重要方面，它的指向應當是社會凝聚力，而不是相反。政治體制和社會體系的不同決定了輿論傳播一些規律性的差異，媒體只有理解、契合這些根本的東西，做中國社會需要的新聞開拓和價值擔當，才有可能走出一條可持續的發展道路。

但這需要探索，其實挺難的，大家對這個問題沒有形成共識，很多意見是非常矛盾對立的，這方面我受西方的影響很大。我們都挺欣賞一些西方大報的，他們很自如，在美國社會形成了一種固定的角色，性格非常鮮明，該扮演什麼角色很清楚；而在中國，媒體的角色扮演不是很清楚，指示和要求都有，但是我們到底怎麼落實到實踐中，這就很難。

高　淵：你和《環球時報》一直面對很多批評，你們活下來而且活得還不錯的根本因素是什麼？

胡錫進：我覺得最根本的，就是要站穩立場，維護中國國家利益，它和人民的根本利益是一回事。把這個東西搞清楚了，其他東西我們都可以去試。我總是申辯，我和《環球時報》可能會犯錯，但我不認為我們會犯根本性的錯誤，這是我們的立場決定的。

社會上有一些負面評價，但同時也給了我們鼓勵。我們生存了下來，沒有被打死，在市場類的媒體中，應該說我們的影響是最大的。我們有中文版、英文版，還有網站。我們的網站多大啊，環球網每天都有一千多萬位讀者上來瀏覽。

高　淵：一個媒體個性越鮮明，雖然會招來罵聲，也容易形成一個較為固定的讀者群。你們的個性就是你們在市場上立足的賣點吧？

胡錫進：我覺得我們是真誠地來幫助這個國家，真誠地服務社會，真誠地促進中國崛起，我們與中國崛起共榮辱。西方媒體的批評我們不怕，他們批評中國的時候，捎帶把《環球時報》批評了，這證明我們是主流媒體。如果西方媒體特別喜歡我們，說明我們是中國社會的搗蛋分子、異見派，這可不行。

我跟同志們說，只要我們真誠地為社會服務，社會一定會回報我們，我們的各種利益一定會跟著到來。

體制的彈性非常寶貴

高　淵：這兩三年來，你覺得罵你的人多了，還是挺你的人多了？

胡錫進：支持者越來越多，可能有各種各樣的因素，其實我沒變，而是周圍環境在變。我還是過去的觀點，但輿論場分裂得比過去厲害了。

高　淵：你刪不刪你微博下面的負面評論？

胡錫進：除了極個別的，我不會去刪評論，一般我也不看，沒功夫看。

其實我的微博已經不那麼活躍了，我做了一個戰略性選擇，把《環球時報》的微博做起來，讓我自己的微博慢慢淡下來，要突出報紙的品牌。光是我個人的影響力也不好，現在《環球時報》的微博影響力比我的大了。

我有個音頻脫口秀叫《胡言不亂語》，剛做了幾十期。其實就是我把社評讀出來，又多幾十萬讀者，擴大了影響力。晚上寫完社評之後讀一下，一會兒就完了，很輕鬆。

高　淵： 網上有些人把你跟孔慶東、司馬南等人相提並論，你認可嗎？

胡錫進： 我不評價，對我的看法各種各樣，有人說我是"四大惡人""十大惡人"，讓他們說去吧，沒關係。我也不知道，我是罪大惡極還是窮凶極惡？

高　淵： 你前一陣在你的微博上發了一句話，說"我奄奄一息地活著並且長壽"，這有什麼寓意？

胡錫進： 當時有人又說老胡不行了吧，好多人慰問我，給我發微信問我怎麼了，出什麼事了？我說開玩笑的。

應該說，我們的體制還是寬容的，不然《環球時報》不一定能走到今天。從我們的經歷中，也能夠看到這個社會的彈性，以及我們體制的彈性。《環球時報》驗證了體制的彈性，這種彈性是非常寶貴的。

高　淵： 你是 1960 年出生的人，估計會在《環球時報》做到退休嗎？

胡錫進： 我就在這兒退休了。

高　淵： 如果哪天你離開了，《環球時報》會不會大變樣？

胡錫進： 我不知道，可能會有些改變，我還沒有考慮這個問題。價值觀比較鮮明的媒體，個人的烙印會比較多。我離退休還有幾年，幾年後到底怎麼樣，我覺得新來的人會幹得更好。

離開了誰，地球都會轉。像我們過去的老總做得很棒，把《環球時報》從零帶到了一百多萬發行量的大報，沒有他打下的基礎，就沒有今天。後來我接了他的班，《環球時報》沒垮嘛，又起了一個高潮。將來接我的人，又會帶著《環球時報》達到新的高潮。

我也會退出江湖的，江湖上會有新的身影。

一個人的CNN

曹景行

1947年生於上海，著名作家、報人曹聚仁之子。1968年下鄉，在黃山茶林場務農十年。1978年考入復旦大學歷史系，畢業後任上海社會科學院世界經濟研究所助理研究員。1989年移居香港，先後任《亞洲週刊》撰述員、編輯、副總編，兼任《明報》主筆。1996年任中天新聞頻道總編輯，隨後進入鳳凰衛視，當過資訊台副台長。2005年起，任北京清華大學新聞與傳播學院高級訪問學者。

"我認為恐龍全死光，最後剩下的都是猴子。傳統媒體一定要'瘦身'，要把內容變得小眾一點，反應更加靈活一些。除此之外，要想不死只有一個辦法，就是有政府的扶持。"

認識曹景行先生，是在一位媒體友人組織的飯局上。

我隨口問他用不用微信，曹景行說："當然用啊，不過你加了我，你的朋友圈會被我刷屏的。"我有點不解其意，第二天打開朋友圈，發現已經完全被老曹佔領。

後來做訪談時，話題便從每天發多少條朋友圈開始。

老曹略有點神秘地笑笑，說可能沒人知道一天發朋友圈的上限是多少，但他知道，因為這是他親身實踐的。"昨天我碰到紅線了，被暫停發圈一天，因為我昨天發的總量超過了400篇。"

70歲的老曹一頭白髮，但精力甚佳。當年有人叫他"新聞雷達""師奶殺手"，現在不少人稱他"超級爺爺"。他自言睡眠習慣比較奇特，每天晚上睡六個小時，下午會短時間休息一兩次，別的時間幾乎都在發朋友圈。他說他就是一個人的CNN，以後的目標是在全球找100位志同道合的媒體朋友，這樣全球新聞都在朋友圈裏了，抵得上一個通訊社。

大家都說曹景行出身於新聞世家，因為他的父親是民國時期的著名記者、作家——曹聚仁。

曹聚仁可謂大名鼎鼎，在抗日戰爭時當過戰地記者，尤以對淞滬戰爭的報道出名。20世紀50年代後，曹聚仁旅居香港，主辦《循環日報》《正午報》等。

不過，父親對曹景行的要求並不高。"文革"的時候，曹景行去黃山插隊落戶，父親也覺得挺好，這樣安穩。後來曹景行考復旦大學，也沒報新聞專業，而是讀歷史系。

1989 年，曹景行夫婦帶著 5000 港幣前往香港。那時候，父親已經去世十多年了。到香港後，第一件事是找住的地方，租了一個 20 平方米的小屋，很潮濕，月租金要 2000 港幣。然後就是找工作。他父親有幾個好朋友在《大公報》，去那裏上班沒問題，但他想自己闖闖。

當時在香港找工作就是看報紙廣告。找中文工作看《明報》，找英文工作看《南華早報》。經濟形勢好的時候，報紙有上百頁招聘廣告。

但曹景行只能找媒體職位，去大學教書根本不可能，因為他們不承認內地的學歷。於是，曹景行到不少報社去應聘，一圈轉下來，他選擇了《亞洲週刊》。這是美國《時代週刊》旗下的新聞週刊，在香港編輯出版。他在試用期間先當撰述人，主要是幫記者改寫稿子，或者自己根據資料寫稿。三個月後轉正，再過一年做編輯，已經算高層了。

同事都聽不懂普通話，要麼講英文，要麼講廣東話。他一邊要提高英文，一邊拚命學廣東話。後來做到高級編輯，很多封面文章都是他來負責，內容涵蓋了兩岸三地和國際新聞，有時候半本雜誌是他編的。有一次，另外一位資深編輯受傷了，三分之二的內容都要他來編。偶爾還要飛到一個地方採訪，然後在回來的飛機上寫一萬多字，下飛機就直奔編輯部。

不過，最辛苦還是改稿子，眼睛經常充血。在曹景行看來，那幾年的紙媒生涯，簡直要了他半條命。

老曹專職研究過美國問題，做過紙媒，當過電視名嘴，也在大學教過書，如今還沒停止“折騰”。他的媒體人生涯有點特別，在媒體遭遇大變局的當下，不妨聽聽他的故事，以及感悟。

不過，故事是倒著說的。

一個人的 CNN

高　淵：你是什麼時候開始用微信的？

曹景行：大概兩年前吧，因為我有了人生第一台智能手機。我以前用手機就是打電話，甚至沒想過用手機拍照。

高　淵："刷圈創意"從哪裏來的？

曹景行：早在 2008 年，我當時在清華大學教書，鳳凰衛視的工作也沒完全停。鳳凰和中國移動要合辦《鳳凰手機報》，我想自己先試試，就叫《老曹手機報》，每天選十條新聞各配一個短評，這是從北京奧運會開始的。

內部測試的時候，大家都很喜歡，但後來遇到一些問題，手機報做不下去了。我就轉移到了郵件上，仍然是叫《老曹手機報》，每天搜集新聞加評論傳給朋友，朋友會再傳出去，讀者不少。

現在每天發三四百條朋友圈，我每加一個新的好友，就多了一個信源。我主要選文化界、新聞界還有企業界比較關注的話題，有的純轉發，有的我自己寫幾句評論。微信不只是比較低層次的交流，我想把朋友圈變成一個高層次的自媒體。

高　淵：你的朋友圈有多少好友？每天發這麼多，擔心被別人屏蔽嗎？

曹景行：我也不知道有多少好友，連怎麼查看人數都不會。但有一點，每次有新朋友加我微信，我都會警告他，你受不了你就走，可以把我屏蔽出朋友圈。但現在，我知道有一批朋友已經被我黏住了。

我沒太想盈利。因為一旦追求盈利的話，就可能會和一些讀者產生疏離。還有一點，以我這個年齡，不用靠這個來維持生活。

高　淵：如果盈利不是目標，那麼真正的目標是什麼？

曹景行：有一個朋友看到我這麼做，他說：你是 CNN 吧？我說對，我就是一個人的 CNN。我在想，下一步可以在全球找 100 個朋友，最好是資深媒體人，每人每天在世界各地手機直播五分鐘，資訊總量可以超過一個通訊社。當然，這樣做需要發稿費，到時候就要開發商業價值了。

課堂是"近距離肉搏"

高　淵：聽說最近這些年你在清華教書？

曹景行：高級訪問學者。拿的就是外教的補貼，相當於一般教授的基本工資，一年六萬元還要交稅，再加一些講座的費用，可以報銷一次來回飛機票，沒有醫療費用。

我就像外教，學校提供住房，就在校園裏。我們一年一簽，一共教了九年。對我來說，平均每十年就想換個地方。

高　淵：你那九年上了哪些課？

曹景行：主要是"電視新聞評論""電視新聞報道"和"電視新聞出鏡記者"，有時候輪流上，有時候同時開，一個學年開三門課。還有一門我獨創的課，叫"媒體鏡頭與戰爭及國際關係"，這是全校的公共課，可以拿必修分，叫做精品課。

其實，上課比做電視節目難多了。做電視是"遠距離開戰"，炮放出去，打準打不準，要調查收視率才知道。課堂上是"近距離肉搏"，每句話都能得到不同的回應，打瞌睡也是一種回應。我上課不點名，教室全滿的也有，有時候遇到特殊情況，只有一兩個學生的也有。

高　淵：你覺得在清華那些年過得有意思嗎？

曹景行：我花了大量精力去備課。我會選很多片子在課上放，蔣方舟在清華讀書時，就很喜歡我選出來的片子。我上課講的觀點，就是要給學生打開一扇觀察外界的窗。

另外，通過備課和上課，我也是在梳理自己的媒體生涯，那幾年在清華看了大量的書，做了非常多的案頭工作，收穫很大。

高　淵：很多人都是通過鳳凰衛視認識你的，你是因為去清華而離開鳳凰的嗎？

曹景行：那是 2005 年，我跟鳳凰說，不想再在香港待了，而且一個工作做得時間長了，會有點膩。說得不好聽點，我就像一個點唱機，要我評論了，點一下我就說。

那時候，我已經快 60 歲了，我想我還有十年的活動時間。而且，我覺得整個電視行業快到頭了。現在回過頭去看，2005 年確實是這個行業的最高峰。

高　淵：說走就走了嗎？

曹景行：也不是。我走之前又給台裏出了一個創意，辦一個新節目叫《總編輯時間》，就是每天讓資深人士來盤點新聞，其實跟我現在做的事情有點像。

當時我寫創意就是一句話：讓老頭來談新聞。總裁劉長樂讓我寫個具體方案，我寫了一百多字就通過了。

高　淵：當時找好下家了嗎？

曹景行：2005 年 3 月 31 日，我們與北京大學一起做鳳凰九週年台慶節目。清華大學新聞傳播學院的領導到北大來，正式邀請我去講課，就此定下。

我們兩年前就認識。2003 年“非典”疫情過後，國務院新聞辦和清華、復旦等大學合作，舉辦發言人培訓班，我是講師。當時，清華新聞學院就問我願不願意去講課，我說我有此想法。

做完台慶節目那晚，我請鳳凰的同事們到鼓樓一個酒吧喝酒聊天，我沒明說，但也算告別吧。

高　淵：其實你在清華教書的前幾年，還沒有徹底離開鳳凰？

曹景行：對，我是 2009 年從鳳凰辭職的。在清華的前四年，我一邊教書，一邊還做點鳳凰的節目，比如《景行長安街》《口述歷史》等。

2008 年汶川大地震一發生，我帶了一個助教就奔赴現場。我和鳳凰同事胡玲在一個災民安置點，獨家採訪到了胡錦濤總書記，當時很匆忙，有一段鏡頭是晃的。但我們不管，馬上通過海事衛星傳到香港，他們一收到就播出，沒做任何剪輯，香港其他電視台都轉了。

我在《亞洲週刊》工作的時候，就跟鳳凰的高層認識了。到了 1997 年底，劉長樂問我能不能幫他做策劃，我說我不想做，我離開《亞洲週刊》就是為了自由，畢竟已經 50 歲了，自由最重要。

劉長樂說，你有沒有特別想做的事？我說我有台灣的資源，想做台灣新聞。他說沒問題。結果我就去了，當時《楊瀾工作室》剛剛開始，我做策劃和顧問。

開始做電視新聞評論，用的是互聯網思維

　　高　淵：什麼時候開始做電視評論的？

　　曹景行：1998 年 3 月份開全國兩會，鳳凰有記者在北京，包括吳小莉。每天有十多分鐘的兩會時段，內容不夠，就問我能不能上去做點評論？

　　我說我以前都是寫評論，這個沒做過啊，但也可以試試。上了才知道，原來我面對鏡頭不緊張。而且可能寫評論寫慣了，把邏輯訓練好了。電視上講三四分鐘，相當於 1000 字，對我來說很容易。

　　高　淵：你會事先寫好稿子嗎？

　　曹景行：不會，但會寫個大概的提綱，拿在手裏，從來不看，就是為了壯個膽，我喜歡手裏拿個東西。

　　高　淵：就在那次兩會上，朱鎔基總理點名吳小莉，說常看她的節目，鳳凰出了大風頭。

　　曹景行：那次點名非常重要，鳳凰衛視從 “身份不明” 到 “一舉成名”，這是關鍵性的，劉長樂都流淚了。

　　說來也怪了，那兩年鳳凰做什麼節目都成功。1999 年 5 月 8 日，中國駐南斯拉夫大使館被炸。那天是星期六，本來晚上要直播鳳凰和湖南衛視合作的娛樂節目，台領導和主持人基本上都去長沙了。

　　香港就我們幾個人，我臨時找了兩位新聞界的朋友來評論，同時穿插全國各地電話連線。董嘉耀在廣州休假，馬上上街採訪了。鳳凰在成都有一個會計，他也拿著手機出來採訪。節目播出後，反饋非常強烈。台裏的領導回不來，只能在長沙看電視，一開始很擔心，看著看著就放心了。

　　高　淵：這就是《時事開講》節目的雛形？

曹景行：三個月後，《時事開講》就開播了，而且是放在深夜 11 點以後播出。這個時段以前是沒人要的，但播出效果很好，成了新的黃金時段；而且成本低得不得了，就一張桌子兩把椅子，但最好的時候，一年廣告有幾千萬。

高　淵：有人說，中文電視的新聞評論就是從你們開始的。

曹景行：以前有個理論，電視是不能做評論的，所以央視都不做新聞評論。我們是公認最早的，而且建立了十個人的評論員隊伍，後來很多電視台學我們。我們是一幫電視的外行，但外行有外行的好處，就是不受規矩約束，其實這也就是互聯網思維。

鳳凰的評論部一開始就我一個人，評論員基本上是我找來的。一般是先請來當嘉賓，聊得不錯就請他加盟。當時像楊錦麟、阮次山等都沒有正式工作，被我們請來，大家都覺得很好。

我發現一個規律，如果只有內地工作經驗的人可能會不適應，至少要在香港待過一段時間，最好多幾個地方的工作經驗，以前有沒有做過電視倒沒多大關係。

高　淵：你認為，鳳凰的電視評論成功的關鍵是什麼？

曹景行：邱震海做節目的第一天，他要跟我商量選題。我說我不商量，你想做什麼就做什麼，我請你來是覺得你可以，你要講什麼是你的事。

我們評論部從來不開會，節目錄之前沒人管，錄完也沒人審 —— 哪有這個成本，錄完就播出。我們講什麼，連劉長樂也是看了節目才知道的，他也沒時間管。我覺得，只有這樣才能出新。

要了半條命的紙媒生涯

高　淵：你在進入鳳凰之前，其實已經"觸電"了？

曹景行：那是 1996 年底，我已經離開《亞洲週刊》，擔任香港的中天新聞頻道總編輯。當時正遇上電視技術革新，原來一個轉播器只能播一個頻道，那時可以播六個頻道加四個調頻。電視成本大大降低，港台就出來不少新的電視頻道。

我在中天只待了幾個月，但做了一條全球獨家新聞，就是鄧小平去世，CNN、路透社等都跟在我們後面。第二天，我們用"我們喚醒了世界"來總結這次報道，也為自己打廣告。最讓我欣慰的是，在這個重大消息上，中文媒體沒有輸給英文和日文媒體。

高　淵：《亞洲週刊》是你在香港的第一份工作？

曹景行：我剛到香港時，到不少報社去應聘，有家報社要我，但需等回音。我就去了《亞洲週刊》試用，當了撰述人，主要是幫記者改寫稿子，或者自己根據資料寫稿。三個月後轉正，再過一年做編輯，已經算高層了。

那幾年做紙媒真是要了我半條命！同事都聽不懂普通話，你要麼講英文，要麼講廣東話，我一邊要提高英文，一邊拚命學廣東話。在香港媒體工作，尤其《亞洲週刊》又是美國《時代週刊》旗下的，大家必須拚實力。

後來做到高級編輯，很多封面文章都是我寫，內容涵蓋了兩岸三地和國際新聞，有時候半本雜誌是我編的。有一次，另外一位資深編輯受傷了，有三分之二的內容都是我來編。偶爾還要飛到一個地方採訪，然後在回來的飛機上寫一萬多字，下飛機就直奔編輯部。最辛苦還是改稿子，眼睛經常充血。

冷暖自知的"跨界媒體人"

高　淵：現在該說說你為什麼要去香港了，是因為你父親曹聚仁先生的關係嗎？

曹景行：人家說我是新聞世家，我自己從來沒講過，我父親對我沒要求。"文革"的時候，我去黃山當農民，他也覺得挺好，這樣安穩。我後來考復旦大學，也沒報新聞專業，而是讀歷史。當然，我對新聞一直蠻感興趣的。

畢業後去了上海社科院世界經濟所，這是我自己找的，看起來專業跨度有點大，其實我在大學裏已經把世界經濟主要的課都上了。我在社科院待了六年，對我來說等於讀博士。我從打雜開始，然後做研究，一年寫兩三篇文章，平時也不用上班，所裏一個星期碰兩次頭。我家離社科院比較近，我平時就泡在社科院圖書館裏。

那裏有很多國外和港澳的報紙，但不是誰都能看。像我是研究美國的，才能看《紐約時報》《華爾街日報》等。社科院的資料比很多大學都好，很多東西堆在那兒根本就沒人看。

高　淵：你是哪年去香港的？

曹景行：1989年，我們夫婦帶著5000港幣去的。第一件事是找住的地方，租了一個20平方米的小屋，很潮濕，月租金要2000元。然後就是找工作。我父親有幾個好朋友在《大公報》，去《大公報》沒問題，但我想自己闖闖。

當時在香港找工作就是看報紙廣告。找中文工作看《明報》，找英文工作看《南華早報》。經濟形勢好的時候，報紙有上百頁招聘廣告。我只能找媒體職位，去大學教書根本不可能，他們不承認內地的學歷。

高　淵：你離開清華後，主要做些什麼？

曹景行：應該說，這幾年做了不少事：比如同上海和台灣的電視機構合作，開了時政類節目《雙城記》，已經播了七年。去年（2016年）還去台北舉辦了"兩岸青年論壇"，嘉賓是姚明。

我幫華東師大組建了"兩岸交流與區域發展研究所"，我是第一任所長。我還是上海外國語大學的特聘教授，基本上每年帶學生出國採訪，最近剛剛從美國回來。我在香港《明報月刊》還有一個專欄，一個月一篇。每天還做十分鐘新聞評論，發給各地電台播出。另外還有一些項目性質的合作，去年跑了15個國家。

高　淵：你做紙媒的時候，收入怎麼樣？

曹景行：我進《亞洲週刊》試用的時候，每月9000元，試用結束是1.3萬元，年底就是兩萬元，第二年三萬元，第三年四萬元。我離開的時候，月薪差不多六七萬港幣。鳳凰的工資相對比較低一點，一直到我離開，都還沒達到在中天新聞頻道時的收入水平。

我在香港一直是拿月薪，香港媒體從來不會讓自己的員工按篇取酬，這會出現漏洞。他們就是簽個合同，約定工作內容和薪水。如果老闆覺得你做得好，會漲薪水；如果不好，提前三個月跟你打個招呼，你就走人了。

高　淵：你做過報紙、雜誌、電視、電台，現在又在玩微信，有人說你是跨界媒體人。你覺得媒體未來會怎麼樣？

曹景行：現在不管新媒體還是老媒體，大家都很難，都在摸索中。我在《亞洲週刊》的時候，作者稿費是一個字一塊錢，高的時候是一塊五。當然，像美食家蔡瀾這種是例外，他可以一個字五塊錢。現在呢，平均一個字五毛。

多數自媒體沒有穩定的盈利模式，還是靠賣東西。很多微信公眾號說接一個廣告多少錢，其實都是假的，他們的"10 萬 +"也是刷出來的。當然確實有做得好的，但為數很少。

高　淵：什麼樣的媒體能活下去？

曹景行：我認為恐龍全死光，最後剩下的都是猴子。傳統媒體一定要"瘦身"，要把內容變得小眾一點，反應更加靈活一些。除此之外，要想不死只有一個辦法，就是有政府的扶持。

入世
風雲

沈覺人　　　佟志廣　　　谷永江　　　石廣生　　　孫振宇　　　張月姣

1986 年，中國啓動漫長的復關入世談判；
15 年後的 2001 年 12 月 11 日，中國正式成為世界
貿易組織第 143 個成員。2016 年時值中國入世 15
週年，本書作者連續訪問了多位對外經濟貿易部老
部長，以及鮮為人知的前三任中方首席談判代表，
聽老人們聊聊被淹沒的往事，説説最深的感悟。

任何成功的國際談判
都是妥協的結果

沈覺人

中國首任復關談判代表團團長。1931 年出生於
浙江省嘉興縣。1949 年曾就讀於南京大學，
1953 年畢業於中國人民大學。畢業後即進入
中國對外貿易部工作，曾任外貿管理局局長，
對外經濟貿易部部長助理、副部長，華潤（集
團）有限公司董事長。

"我經常講，復關也好，入世也好，是我們要求參加，不是人家邀請你參加。因此，我們去談判，不能跟人家吵架，尤其不能拍桌子瞪眼睛甚至走人。"

八旬開外的沈覺人衣著講究，白髮紋絲不亂。坐在商務部的一間會議室，和我聊起 30 年前的往事，人名、地名信手拈來，與實際年齡形成不小反差。

從 1986 年提出復關申請，到 2001 年加入世貿組織，在那 15 年的復關入世談判中，中國先後有四位首席談判代表，分別是沈覺人、佟志廣、谷永江和龍永圖。因此，沈覺人有 "中國復關談判第一人" 之稱。

沈覺人最早接觸復關談判，是在 1986 年 1 月份。當時，他剛擔任中國外經貿部部長助理，帶隊到美國去談紡織品配額。談判對象是美國貿易代表處（USTR）的助理代表，兩人在職務上是對等的。

紡織品談判快結束時，那位助理代表接了個電話，然後對沈覺人說，樓上有另外一位助理貿易代表紐柯克想見你，他是分管關稅及貿易總協定事務的。沈覺人說可以啊，這裏談完就上去。一見面，紐柯克就向他介紹關貿總協定的情況，說得很詳細。沈覺人當時覺得有點奇怪，因為他雖然當了部長助理，但還沒有分工負責關貿。

但沈覺人從美國回來不久，就被明確分管中國復關工作，有人事後說，是不是美國人事先做了研究？

代表團回來就向國務院匯報了，國務院領導希望進一步了解中國復關的具體步驟。那年 6 月，沈覺人到瑞士日內瓦去開會，參加聯合國開發計劃署第 33 屆理事會，而關貿總協定的總部也在那裏。

當時，他還帶著一個隱秘任務，國務院領導讓他去了解一下，我們到底什麼時候提出復關申請比較有利。沈覺人去向一些國家駐日內瓦大使請教，比如在遞交復關申請時，是否要同時交《中國對外貿易制度備忘錄》（以下簡稱“《備忘錄》”）。這個《備忘錄》雖然篇幅不必很長，但很複雜，因為要涉及中國經濟社會體制等方方面面，必須經各個部委通過，最後還要國務院批准。有的國家的大使很有經驗，對中國也很友好。他們跟沈覺人說，可以分開遞交，而這顯然對我們很有利。

當時還有件事要辦。那年9月份將在烏拉圭開部長級會議，關貿總協定要發動新一輪國際貿易談判，就是著名的“烏拉圭回合”。中國當時的身份是觀察員，中方不知道能不能參加這個會。

所以，沈覺人就去打聽。得到的消息是，有兩類國家可以參加：第一類是關貿總協定的締約方，這是理所當然的；第二類是已經正式提出加入申請的國家。換句話說，如果我們盡快遞交申請書，就可以參加。

為此，沈覺人在回國前，去拜訪了關貿總幹事鄧克爾，這是一位瑞士老教授，對中國很友好。但在沈覺人的印象中，這人脾氣挺大，說話很衝。

沈覺人對鄧克爾說，中國希望盡快啟動復關進程，但我們可能先交申請書，以後再交《備忘錄》。鄧克爾很敏感，馬上說你們是不是想參加烏拉圭會議？沈覺人直言是有這個考慮，更重要的是，《備忘錄》一時寫不出來，至少要用半年時間準備，而申請書現在就可以遞交。

鄧克爾說可以分開遞交，沈覺人回來後馬上向國務院報告，很快獲得同意。1986年7月，中國駐日內瓦大使錢嘉東作為代表，遞交了中國復關申請書。“申請書雖然只有幾句話，但由此開啟了漫長的15年談判，確實是歷史性的。”

沈覺人當首席談判代表的那五年，經歷了試探摸底、遞交申請、東角談判、應詢答疑等階段。其中，既有全面參與烏拉圭回合談判的喜悅，也有1989年跌入冰點的困局。

對於那五年，沈覺人有很多故事，也有不少感慨。他常說，任何國際間談判都要學會讓步與妥協，而入世帶來的最大變化是，中國人看問題有了更多的世界眼光。

中國作為觀察員參加烏拉圭會議

高　淵：我們再回過頭來看一下。早在 1947 年，中國就是關貿總協定的創始國。到了 1971 年，聯合國恢復中華人民共和國的合法權利。根據慣例，關貿總協定應該緊跟聯合國決議吧？為何當初我們沒有提出復關？

沈覺人：在中國恢復在聯合國合法席位後，關貿總協定按慣例驅逐了台灣當局。當時，中國領導人讓外貿部和外交部研究一下，提出對策。後來，這兩個部門向國務院有個正式報告，認為從長遠來講，參加關貿總協定是有利的。

但當時的情況是，"文革"還沒結束，我們是一個完全計劃經濟國家，對外貿易有很多特殊做法，比如易貨貿易、記賬貿易等，與西方國家完全不同。

年紀大一點的人都知道，那時候經濟改革的事是不能談的，政治最重要，其他的想都別想。1971 年，我還在河南"五七幹校"勞動。

高　淵：我們是什麼時候正式考慮復關這個問題的？

沈覺人：1982 年，政府實行機構改革，合併了四個部委，成立了新的外經貿部。當時有很多任務，其中一項就是研究復關。那時已經改革開放了，跟 70 年代初的情況完全不同。

到了 1984 年，我們經過申請，成了關貿總協定的觀察員，有些會議我們能參加了，又接近了一步。

高　淵：1986 年 9 月份的烏拉圭會議，是你率團去的嗎？

沈覺人：我們中國代表團一共只有七個人，我是團長，錢嘉東大使是副團長，還有外經貿部、外交部、海關總署的人。

中國團的規模很小，因為我們是觀察員，第一次參加這樣的會議，而且經費有限。記得會場很大，我們七個人坐在那裏，別人找都找不到我們。美國代表團有四百人，日本團也有三百多人，歐共體及其成員國代表團人也很多。

高　淵：第一次參加這麼大的國際貿易會議，有沒有什麼插曲？

沈覺人：當時沒經驗，我們是先到阿根廷，和烏拉圭就隔一條河。開會的地方在烏拉圭的東角，我們都沒聽說過，以為是大城市，去之前也沒訂酒店，想到了再訂吧。

到了那裏發現，就是一個很小的旅遊點，酒店早就訂完了。這下怎麼辦？找當地人打聽，他們說可以租住老百姓家，反正你們人也不多。

後來找到一戶民居，那家人出去旅遊了，也沒有收拾，家裏值錢的東西都擺在外面。我們團裏就規定，房東的東西一律不許動。開完會後，房東回來了，一看挺滿意。

高　淵：你們去烏拉圭之前，有沒有明確要完成什麼任務？

沈覺人：有兩大任務。第一是要求成為烏拉圭回合談判的全面參與者。就是說，所有談判的議題我們都要參加。

這方面遇到的阻力是很大的，因為中國只是觀察員，很多國家不贊成我們全面參加，甚至有國家激烈反對。我們就去跟各個代表團溝通。只開了五天會，我們去溝通的代表團就有 30 個。

高　淵：哪些國家的態度比較積極？

沈覺人：主動溝通還是很必要的，不少代表團聽了我們的介紹，態度慢慢就轉變過來了。這過程中，加拿大代表團對我們支持很大。加拿大駐華大使也參加了代表團，我們是老朋友了，他幫我們去斡旋，起了很重要的作用，他們還為大會主席起草了對此事的說明。

到會議結束時，由大會主席、烏拉圭外交部部長發表主席聲明，中間有這樣一句話：所有新一輪談判的參加者，有權參加所有問題的所有談判。這樣，我們第一個目的就達到了。

高　淵：第二大任務是什麼？

沈覺人：那就是關於中國復關。當時，我們代表團內部討論了好幾次，要完成這個任務，美國的態度特別重要，要不要先約他們談？從美國國內輿論來看，他們的態度會比較消極。但我和錢嘉東大使商量，還是要談談看，不接觸就什麼都不知道。

我們主動約美國代表團，他們反應很積極，說第二天就見面。雙方各出四個人，對方貿易代表親自參加，我和錢大使參加。坐下來寒暄之後，美國貿易代表尤特就說，歡迎中國的經濟體制改革，他剛去過中國，覺得很受鼓舞。

美方表示願意派貿易代表團到北京去，時間可以是兩個月後。我們聽了比較滿意，表示歡迎。那年 11 月，美方第一個代表團就來了，團長是助理貿易代表紐柯克。

高　淵：這作為中國首次參加的貿易大會，你對烏拉圭會議滿意嗎？

沈覺人：應該說，我們出席烏拉圭會議的兩項任務都完成了。我們不僅全面參與談判，而且在復關問題上跟美國談了。美國那時候在關貿的影響是很大的，他們走出第一步，很多國家就會跟上來。

但國內對烏拉圭會議的情況知之甚少，因為當時中國和烏拉圭沒有外交關係，也沒有記者跟著去，基本沒有報道。

有不少人問我，那次大會這麼重要，你們有什麼影像資料留下來嗎？我說基本沒有，我在烏拉圭大會上的發言，照片是當地記者拍的，然後掛在走廊上，誰要誰買。我們看到後買了幾張，要不一點資料也沒有。

"想" 出一個 GDP

高　淵：1986 年遞交了復關申請後，第一件事是要起草《備忘錄》？

沈覺人：其實，《備忘錄》很早就在準備了，但碰到了很多繞不過去的問題。比如，中國實行的是計劃經濟，我們沒有 GDP 這個概念，只有工業和農業總產值。因為 GDP 是增加值，就是馬克思所講的剩餘價值，我們當然不會統計剩餘價值。

但關貿總協定要看你的 GDP，總量和人均都要有，這對我們來說非常難。後來遞交的《備忘錄》裏，寫了人均 GDP，其實是估計出來的，因為我們沒有基礎材料，沒辦法計算。

高　淵：除了 GDP，當時還有什麼難題？

沈覺人：比如物價由誰來定。那時 90% 以上的物價由政府定價，這跟關貿總協定的要求差距太遠了，人家是市場定價。還有關稅制度，也很難弄。

我們的辦法是請各部委自己寫一段。比如說物價，就請國家物價局寫一段，關稅問題就請海關總署寫一段，然後放在一起看能不能說得圓。所以沒法跟關貿總協定說定哪天遞交《備忘錄》，我們自己也沒把握。

當時國務院已經設了專門的復關領導小組，組長由國務委員或副總理擔任，先是張勁夫國務委員，後來是田紀雲副總理。副組長有三位，分別是外經貿部部長、海關總署署長和外交部部長。1987 年初，我們遞交了《備忘錄》。

高　淵： 遞交《備忘錄》之後，就要進入審核程序了？

沈覺人： 關貿總協定有個規定，遇到新的加入申請，就要成立專門的工作小組。凡是想跟中國單獨談判的國家，都可以自由報名參加。最後參加中國工作組談判的，共 37 個國家。

這個小組成立後，就開始提問題，特別是針對《備忘錄》中他們有疑問的地方，由我們來答覆。後來我算了一下，他們總共提了兩千多個問題。

高　淵： 是面對面的當場答覆嗎？

沈覺人： 這個問題我們也請教了一些國家駐日內瓦的大使，他們說答得出就當場答，答不出的可以下次答。而且，當場口頭答完後，第二天得遞交一份書面的英文答覆。

我們在日內瓦是很辛苦的，一天的會開完，晚上得加班，把材料整理出來，還必須是英文，第二天要發給人家。書面的就是中方的正式答覆，現在還可以查到。

高　淵： 工作組由哪個國家牽頭？

沈覺人： 對於誰來當組長，當時西方國家有不同意見，爭論不休，最後乾脆讓瑞士當組長，它是中立國，大家都不反對。瑞士大使吉拉德當了 15 年組長，他對此很有感慨，說我當這個組長天天捱罵，你們中國不滿意我，其他國家也不滿意我，我很為難。好幾次他都不願意幹了。他跟我是老朋友，對中國也很友好。

高　淵： 工作組最終是否應該拿出明確意見來？

沈覺人： 這也是我們當年有爭議的地方。從工作組成立一開始，我們就提出，這個工作組的任務之一，應該是在答疑結束後，起草《中國復關議定書》。不能光是提問題，最後卻沒有結果。

當時，歐共體起草的工作組任務中，沒有這句話。正好美國貿易談判代表團到北京來，我就跟他們談這個問題。紐柯克在飯桌上寫了一句話，大意是說：將來如果談得好，接下來應該起草《中國復關議定書》。他問我加上這句話行不行，我和在座的幾位都覺得可以。

但我故意跟他說，這事不是我們兩家能說了算，其他國家如歐共體能同意你的意見嗎？他說這個你放心，我明天就去布魯塞爾，我去跟他們談。後來關於這個問題，就由美國人去談了。

高　淵：這是不是說明，當時美國想當中國復關的牽頭人？

沈覺人：美國人確實處處都來主導。包括工作組開會的時候，他們提的問題最多。而且，專門到北京來跟我們磋商的，美國也是第一個。

但到了 1989 年春夏之後，美國的態度發生了變化。其實不僅是美國，西方國家都差不多，中國的復關進程基本停頓了。後來在我們的強烈要求下，也在那位吉拉德大使的要求下，還勉強開過幾次會，但都是炒冷飯，原來提的問題再提一遍。這要到 1992 年之後才出現轉機。

大著膽子講市場經濟

高　淵：工作組 37 個國家的質詢，當時主要焦點在哪裏？

沈覺人：這些問題五花八門，焦點還是關於中國的經濟體制，就是什麼時候能夠符合關貿總協定的要求。第一類是一些具體問題，比如我們有出口補貼、外匯留成，還有進出口許可制度，這種都屬於非關稅措施，不符合要求的。

而且要承諾改進，比如物價，要承諾政府定價的比重越來越縮小，方向是市場定價。當然，太具體的也說不出來，也講不出具體的時間，只能講一個大趨勢。

高　淵：這些國家的最大疑問，是不是中國對自身經濟體制的表述？

沈覺人：那幾年，幾乎我們每次到日內瓦去答疑，國內對經濟體制的提法都有變化，從“計劃經濟與商品經濟相結合”到“有計劃的商品經濟”，等等。

後來我們想了一個主意，每年第一次去日內瓦答疑，一定要在 3 月份全國兩會結束後出發。因為那幾年，人大報告裏經常會出現新提法，別在外面還是講舊的。但即便這樣，有的問題還是講不清楚。比如，我們有相當長一段時間講“有計劃的商品經濟”，這個名詞人家聽不懂。實在沒辦法，我私底下說，有計劃的商品經濟就是有計劃的市場經濟，他們說懂了。

高　淵：當時這麼私下說市場經濟，沒有得到過授權嗎？

沈覺人：這個話只能私下講，回到國內不能講。有一次，我在復關領導小組開會，我說現在復關進展比較好，但我們關於經濟體制的說明人家聽不懂，能不能對外講“有計劃的市場經濟”，對內還是用“有計劃的商品經濟”，這是為了對外解答方便。

我話音剛落，馬上就有專家強烈反對，說市場經濟和商品經濟怎麼能混淆。我們代表團裏有人跟我講：“你膽子真大，敢用‘市場經濟’這個詞。”

實際上，當時鄧小平同志在內部講話中，也用了“市場經濟”。

高　淵：這個問題一直要到 1992 年才徹底解決吧？

沈覺人：是的，1992 年的“十四大”提出建設“社會主義市場經濟”，中國的改革方向明確了，復關談判答疑階段也結束了。接下來就談具體的了，一個個行業談關稅，以及非關稅措施等。那個時候我已經卸任了。

所有的國際談判，最終都是互相讓步

高　淵：從復關到入世談判，兩者之間有什麼差別？

沈覺人：從談判範圍來講，世貿比關貿要寬泛很多，像農業和紡織貿易等，關貿總協定是不包括的，但後來世貿把這兩塊都放進去了，這是一個很大的變化。

　　還有一點是，世貿組織成立後，這是新的組織，中國面臨的不再是恢復締約國身份，而是申請加入；而且要跟 37 個國家一一達成協議，才能最後簽字加入。

　　高　淵：你主持了中國復關談判的最初五年，那個階段對後來成功入世有什麼作用？

　　沈覺人：萬事開頭難。我們走出了第一步，這一步不容易。我們原來對關貿總協定有很多誤解，其實不必在政治上做過度解讀，說到底就是要跟人家發展經濟貿易來往。

　　那時候，我們外貿發展得非常快，需要一個比較穩定的國際經濟環境。有些該讓步的就讓步，有些該爭取的就爭取。

　　高　淵：現在不少人覺得，中國在很多國際談判中態度不夠強硬，應該拍桌子放狠話，你怎麼看？

　　沈覺人：我經常講，復關也好，入世也好，是我們要求參加，不是人家邀請你參加。因此，我們去談判，不能跟人家吵架，尤其不能拍桌子瞪眼睛甚至走人。

　　所有的國際談判，最終都是互相讓步，才能達成協議。任何成功的經濟貿易談判，最後都是妥協的結果。這也就是"互利共贏"吧。

　　高　淵：你覺得，入世給中國帶來的最大變化是什麼？

　　沈覺人：有三個方面的變化特別大。首先，我們入世以後，更多參與國際經貿規則的制定，中國人從上到下，現在看問題普遍有一種世界眼光。這是思想觀念的變化，很深刻的。

　　其次，入世促使我們打破壟斷機制，引進競爭。回顧一下，凡是受國家保護多的行業，發展得都慢，越是放開競爭，發展得就越快。這是機制上的變化。我們不怕競爭，還積極參與競爭。現在反倒是美國和歐洲那些發達國家，有點怕和中國競爭。

　　第三是堅定了對外開放意識，參與經濟全球化和全球經濟合作，以開放促改革、促發展。

入世就像下場大雨

佟志廣

中國第二任復關談判代表團團長。1933 年 1 月生於河北省安平縣，1955 年畢業於北京外貿學院。曾任中國糧油食品進出口公司副總經理，華潤（集團）有限公司總經理，對外經濟貿易部副部長。1994 年起，先後任中國進出口銀行董事長、中國世界貿易組織研究會會長。2017年 7 月病逝於北京，享年 84 歲。

> **"一邊打官司，一邊還簽合同，這是西方人的特點。兩個人在拳台上打得你死我活，最後來個擁抱。還是那句話，**(國際談判)**要有理有利有節。"**

2016 年歲末的一個上午，我打車去佟志廣的家。司機一聽"銀閘胡同"，便連聲說這地名真好，是正宗老北京的胡同名。

在中國外經貿領域，佟志廣被公認為正宗的"美國通"。

早在 1972 年，中國剛剛恢復在聯合國的合法席位，他便被派駐聯合國。當時外經貿部派了三個人去中國常駐聯合國代表團，他是其中之一。

當時，他們帶了一大箱子聯合國的有關文件，想帶過去當參考資料，路上還怕丟了。結果到了聯合國一看，每次開會都發一堆文件，歷史文件也隨時能找到。那兒最不缺的就是文件，他們卻費了一路的勁。

四年後，佟志廣轉任中國駐美國聯絡處商務秘書，應邀去不少美國大公司考察。當時，中美已經二十多年不來往了，美國一些大企業經常來找他，包括可口可樂、波音等，他們很想進中國市場。

可口可樂公司還派了公務機把佟志廣接到亞特蘭大總部，去了才知道他們不僅生產可樂。他們帶他參觀一個橘園，他至今記憶猶新："真是太壯觀了，步行的話要走四五個小時才能穿越。後來，臍橙就是我引進中國的，中國原來不產。"

1991 年初，就在中國復關談判陷入最低谷時，佟志廣被從香港華潤集團召回，出任外經貿部副部長，主持復關談判和中美貿易談判。

我問他："當時復關的阻力主要來自哪裏？"佟志廣慢悠悠地說，國際上是對中國的經濟體制不認可，國內則有很多人擔心門會開得太大。

"有一次，一位高層領導問我復關到底利弊如何？我說就打個比喻吧，復關就好像一大片莊稼地極需要雨水，雨下來了，莊稼長得很好，低窪的地方被淹掉。這個代價是值得付的，否則大片莊稼會乾死。"

從烤鴨廠到可樂廠

高　淵：20世紀70年代末，你回國後，可口可樂公司就來找你。當時中國有可口可樂嗎？

佟志廣：喝不到。美國人來中國老問有沒有可樂，我們這兒哪有啊，只能說喝咱的北冰洋汽水吧，可老外喝不慣啊。

1978年，我到中國糧油進出口公司工作。去了不久，可口可樂公司就得到消息了，香港公司的負責人來找我，說給你發20箱可樂吧。我說不要，他說那就10箱吧，請你們同事一起喝。

他們希望中方多進口一些可口可樂，最好是能在中國內地設廠生產。那時候已經改革開放了，但外國人就算住北京飯店，也很難喝到可樂。

我覺得這不僅是食品進出口的問題，也是個政治問題。就以個人名義，向當時外經貿部部長鄭拓彬同志打了報告，建議進口一些可樂，同時抄送給國務院有關領導。後來上邊批了，先進口一批，但總量控制。

高　淵：設廠的事後來怎麼樣？

佟志廣：當時只批准進口30萬美元的可口可樂，投放幾個主要城市和旅遊區，但數量還是太少。可口可樂公司又來找我，希望在中國設灌裝廠，他們提供原漿，在中國兑上淨化水就行。

我帶著他們去看了盧溝橋邊上一個破舊的烤鴨廠，他們一看挺滿意。過了幾個月再請我去看，舊廠房已經弄得乾乾淨淨。這就是可口可樂在中國內地的第一家灌裝廠。

這在當時還是一個挺大的新聞，西方媒體有很多解讀，他們認為這是中美關係正常化的一個標誌性事件。

高　淵：後來由你來領銜中美貿易談判，是否高層也考慮到你是"美國通"？

佟志廣：那是一直到了1991年，我接到一個電話，讓我回外經貿部開會。當時我在香港，擔任華潤集團總經理。華潤是當時中國最大的境外企業。

我以為是叫我回來匯報工作，這是常有的事。沒想到李嵐清部長說，國務院研究過了，認為你是"美國通"，現在中美貿易談判要開始了，決定由你帶隊去。我說我連談什麼都不知道，能不能給我點時間準備。李嵐清部長說，你這是"老兵新傳"。

接到任務後，第四天我就上飛機了。要跟美國談的是知識產權和市場准入等問題，我是完全蒙頭蒙腦，都是新課題。在去美國的飛機上，我都一直在翻文件。

高　淵：到了美國之後有什麼感受？

佟志廣：美國有點像被慣壞了的孩子，跟他們談判非常困難。在那次談判之前，美國人就說，中國對美國貿易有 180 億美元順差，其實這是美國人的算法，我們算沒那麼多。這輪談判很漫長，美國人希望在 1992 年的 10 月份完成談判，不然就要動用"301 條款"，把中國列入傾銷重點制裁國家。

因為在這個月，老布殊和民主黨總統候選人克林頓要舉行電視辯論，如果中美貿易談判能夠談成，對老布殊政府是個重要政績。

這輪中美談判持續很久，到了 1992 年秋，我再次帶隊赴美談判。到美國第一天，白宮就打電話說，總統國家安全顧問和國務院副國務卿都要見我。我帶隊去美國談了好幾次，這個待遇前所未有。我還發現，接待我的房間很豪華，副國務卿和美國總統國家安全事務助理分別見了我，他們都明確表示，希望這次能談出結果。

我看到美國人這麼急迫，回來就跟我們談判代表團說，這次我們要吊起來賣了。

高　淵：你當時準備怎麼吊起來？

佟志廣：我要求美方在達成的諒解備忘錄上加一句話："美國堅定支持中國早日恢復關貿總協定締約國地位，早日成為 WTO 成員。"美國貿易談判代表希爾斯的眼睛都瞪圓了，她說，"堅定支持"這種話在美國談判史上根本沒有過，她要請示白宮。

聽她這麼一說，我心裏就有底了，因為剛摸過白宮的底牌。果然，希爾斯請示回來說，這句話可以加上去。但她又說，你也得答應我一個條件，你們答應對從美國進口的一次成像相機和感光膠卷減免關稅，要從原定 1993

年 1 月起，改為 1992 年 12 月起。

高　淵：這沒什麼實質性差別吧？

佟志廣：是的，其實就是美國人要個台階，我當即就說這個沒問題。希爾斯很感謝我，就簽署了那份具有歷史意義的《中美市場准入諒解備忘錄》，前後經歷了 18 個月九輪談判，一場殘酷的貿易戰終於避免了。

還有一個收穫就是，美國政府對推動中國復關有了正式承諾。

復關入世的代價是一定要付的

高　淵：那時候，你已經擔任中國復關談判的代表團團長了嗎？

佟志廣：是的，所以美國一談完，我直接就奔日內瓦了。關貿總協定有個中國工作組，要我們回應很多問題，把我折騰得夠嗆。

高　淵：當時復關形勢怎麼樣？

佟志廣：最大的障礙是，我們不是市場經濟國家。很多人的概念中，一說到市場經濟立刻就覺得這是資本主義的，一提到計劃經濟就是社會主義的。

在 1992 年的"十四大"上，確定了我們實行的是社會主義市場經濟。1993 年 3 月，全國人大還為此修改了《憲法》。後來我去歐盟談判，對關貿總協定所有成員宣佈中國實行社會主義市場經濟，他們都給我鼓掌。

但我很快就卸任了，1993 年 4 月份，谷永江就接替我擔任復關談判代表團團長，我去籌建中國進出口銀行了。

高　淵：你主持復關談判將近兩年，當年談判時最大的顧慮是什麼？

佟志廣：顧慮有兩點。一是汽車，因為我們的汽車企業剛剛起來，會不會受到的衝擊太大？二是農業，因為我們的農業一直比較弱，美歐的農業是世界上最發達的，美國只有 5% 的人種地，餵飽三億人。我們國家沒法比，至少一半人口在農村。

但我心裏明白，一些東西必須得淘汰，逼著你調整。當年，我跟國務院領導打過一個比喻，復關入世就好像一片莊稼地需要雨，雨下來了，莊稼會長得比以前好，但低窪的地方肯定要被淹掉。這個代價是一定要付的，否則大片莊稼不長了。事實證明，很多擔心都是多餘的。

高　淵：入世 15 年來，你認為給中國帶來的最大利益是什麼？

佟志廣：最大利益就是使改革開放成了常態。入世的時候，很多人擔心，我們向世貿組織一百四十多個成員開放了，人家會不會把我們吃了？但我們要反過來想，這一百四十多個成員不也同時向我們開放了嗎？這就是共贏。

國際談判要抓住主要的、長遠的、根本的利益。在一些小問題上，做這樣或那樣的妥協是不可避免的。衡量一個協議成功不成功，最重要的是你是不是捍衛了國家長遠的根本利益。

一邊打官司，一邊還簽合同，這是西方人的特點。兩個人在拳台上打得你死我活，最後來個擁抱。還是那句話，要有理有利有節。

高　淵：你是"美國通"，你認為中美經貿關係會出現大的波動嗎？

佟志廣：會有起有落，但不會有大的問題，因為中美貿易是互補的。確實有很多東西，我們非向他們買不可，而我們有很多東西，他們也非向我們買不可，所以不用太擔心。

復關成敗事，
盡付笑談中

谷永江

中國第三任復關談判代表團團長。1939年
生，1963年畢業於北京對外貿易學院（現對外
經濟貿易大學）。歷任中國駐加拿大使館商務
三秘，中國機械進出口公司總經理，對外貿易
經濟合作部副部長。1996年4月，任華潤（集
團）有限公司董事長。

"中國復關的基本原則是權利和義務的平衡。中國是一個發展中國家，只能承擔'烏拉圭回合協議'中規定的相應義務，中國決不會為復關不惜一切代價，決不接受超出其經濟承受能力、損害其根本利益的任何條件。"

77歲的谷永江白髮白眉，比約定時間早到了半小時。他進門就大聲說："沒想到今天不堵車，從順義開過來才半個多小時。"

谷永江出名是在1993年。那年春天，中國復關談判再次更換主將，他接替佟志廣，率團進入中國復關的正面攻堅階段。

4月，當時中國外經貿部部長是李嵐清，他馬上要去中央工作了，最後一次主持部黨組會議。會開了半截，中間休息一會兒，他把谷永江叫到辦公室，說："從此以後，你來主持復關談判吧。"

谷永江說我是搞外貿的，都是雙邊談判，國際多邊談判基本沒有接觸過。李嵐清同志說："佟志廣已經59歲了，要調到中國進出口銀行去工作，你來接任吧。"谷永江是個爽快人，說那行。幾句話只花了一分鐘。

就這樣，繼沈覺人和佟志廣之後，谷永江成為第三任中國貿易談判代表。我問他："你覺得為什麼會選你？"谷永江說："也許在當時的幾個副部長裏，我的英語算比較好的。"

其實早在1984年，谷永江已經是全國外貿央企最年輕的一把手。他從業務員做起，45歲時，在一次前所未有的海選中，成為中國機械進出口公司總經理。這是一家機電進出口的壟斷企業，用谷永江的話來說，天上飛的、地上跑的、海裏游的，只要帶個"機"字，進出口都必須經過這家公司。

谷永江接手中國復關談判時，正是一段困難時期。4月份確定他管這個事，5 月份就率團去日內瓦，參加中國復關的第 14 次工作組會議。

回來後不到一個月，美國方面又請中國去談市場准入。谷永江說話不大圓滑，他跟美方說，要談就談復關，你們要是不談這個，我就不去了。後來他們同意談復關，他就去了。

1994 年底，谷永江抱病再赴日內瓦，力爭在關貿總協定變身世貿組織前，能復關成功。最終因少數締約方漫天要價，復關大門關閉，谷永江親歷壯士斷腕的一刻。

後來有人說，谷永江是中國復關入世進程中的悲情人物。而在他當年的同事眼中，谷永江是位帥才，能充分發揮團隊各個成員的才智。

我們聊到一半，進來一位向他討字的年輕人。谷永江拿出包裹的宣紙，鋪在桌上說："我給你寫了一首曾國藩的詩。'左列鐘銘右謗書，人間隨處有乘除；低頭一拜屠羊說，萬事浮雲過太虛。'"

旁人請他解讀，他說："就是把一切虛名看得淡薄些。"

在他口中，即便是當年復關入世最艱難的時刻，都已化為一個個有意味的細節，盡付笑談中了。

針鋒相對的第一次接觸

高　淵：什麼時候第一次接觸復關？

谷永江：第一次是 1989 年，我是外經貿部部長助理。那時候，有些西方國家對我們不友好，甚至拒絕我們部級以上官員訪問。我當時要去加拿大，準備在中加友協做個演講。有人建議，既然到了加拿大，為何不去美國，也算政府間的一次接觸。我說要去的話，必須是美國政府請。後來是美國國務院正式發來了邀請函。可能因為我這個部長助理是正局級，不屬於當時美方的不接觸範圍，不算壞了他們所謂的規矩。

高　淵：去了之後感覺怎麼樣？

谷永江：去了以後發現，美國人真是不講理。他們上來一點寒暄都沒有，就開始指責我們的貿易政策，一共講了十條。我馬上要求通過翻譯談，咱們英語再好也鬥不過他們。在翻譯的時候，我思考怎麼應對。等對方說完，氣得我臉都白了，我也說了十條，說美國貿易政策有更大問題。我的策略就是你說你的，我說我的，實際上不是針對一件事進行直接辯論，這就是外交。我後來擔任中國貿易談判代表，跟 1989 年的那次經驗多少有點關係吧。

高　淵：你當談判代表是在 90 年代中期，那時候國內對復關是什麼態度？

谷永江：當時是有人支持有人反對，而且反對的聲音還很大。從部門來看，支持復關的大多是貿易和金融部門，反對的主要是生產部門，他們顧慮重重。

我給你舉個例子。1994 年 5 月，機械工業部在上海嘉定召開汽車行業座談會。何光遠部長打電話給我，說全國大的國有汽車公司的老總都會去，你來談談復關吧。

高　淵：那次座談會氣氛如何？

谷永江：我記得一位大型國企的董事長發言說，我以後不出國參觀了，每去一次，就看到我們跟人家的差距拉大一次，你還復關，我們車企以後日子怎麼過？開了一天的會，這些老總們都心情沉重。晚上吃飯，結果很多人都吃壞肚子了。第二天開會，一個個更加沒精打采。何光遠老部長說了一句話，說是我請谷永江來講復關的，他還沒講呢，把你們嚇得都拉稀了。

農業部門也是憂心忡忡。他們說，你們放寬市場准入，我們農產品怎麼保護啊？直到今天，農業方面的不同意見還是存在。

讓人沮喪的復關失敗

高　淵：你一共參加了幾次中國復關工作組會議？哪次最難忘？

谷永江：我領導了從第 14 次到第 19 次，第 19 次會議在 1994 年的年底。當時關貿總協定就要被世貿組織取代了，高層希望復關進程衝一衝，這樣就自動進入世貿組織了，不用再申請。

我在事前的分析是可能性不大，因為美國的態度是不願讓我們復關。我在出發之前患重感冒了，當時龍永圖是復關談判代表團副團長兼秘書長，我想讓他代我去。但高層沒有同意，打電話要求我必須去。

高　淵：沒談成的關鍵因素是什麼？

谷永江：還是因為少數締約方缺乏誠意，而且蓄意阻撓、漫天要價，我當時在會上就說，中國復關的基本原則是權利和義務的平衡。中國是一個發展中國家，只能承擔"烏拉圭回合協議"中規定的相應義務，中國決不會為復關不惜一切代價，決不接受超出其經濟承受能力、損害其根本利益的任何條件。我在日內瓦待了一個多星期，回來時感冒還沒好。我的情緒不大好，一下飛機迎面就是一個電視台的記者，拿著攝像機對著我。我也沒放慢速度，快步朝前走，他居然一直快步倒著走。現在想想，還覺得挺對不住那個記者。

高　淵：據說吳儀捧著鮮花到機場來接？

谷永江：對，她當時是外經貿部部長，特意來接我們，還拿著鮮花，我確實吃了一驚。她對我們說，雖然這次沒能結束復關談判，但代表團的工作世人有目共睹。回來後，我就住院了，醫生說是肺炎，打了一個多星期的點滴。

你說累吧，也不算太累，主要是心情不好，氣憋得慌。這麼多次工作組會議開下來，臨到最後還是沒能談成。

高　淵：你當談判代表，其實也是代表團團長。這個團多大規模，由哪些人組成？

谷永江：總共有二三十人，大多是各部委的司長，像計委、經貿委、海關總署等。這些都是實力派人物。其中有的人對復關是很擔心的，主要是怕本行業受的衝擊太大。打個比方，我這個團長就是中國體育代表團的領隊，既不是教練，也不是運動員。領隊的職責就是協調各方關係。當時關貿總協定的會議室很有意思，一共只能坐二十個人，就是談判雙方各出十個人，而且不能帶翻譯。但我們代表團的成員都想參加，因為每個人後面都是一個部委。我說這種小會我就不參加了，由龍永圖帶九個人去。他們談完了，出來向我們沒參加的匯報。以後只要我參加的會，一定是代表團全體參加。這樣大家就沒意見了。

高　淵：後來有人說，你帶隊時最大的特點是放手。

谷永江：我比較崇尚道家思想。後來我到華潤集團當董事長，也不管太多的事。我一直說，董事長看，總經理幹。一二把手怎麼相處，這是企業管理的重要命題。我從華潤退休的時候，我說華潤所有做得好的事情，都不是我的主意。這個事情是誰誰的主意，那個事情是誰誰的主意。但華潤如果有什麼問題，肯定是由我來負責，因為我是法人代表、黨委書記。

與龍永圖共事那三年

高　淵：你當談判代表那幾年，龍永圖一直是你的助手吧？

谷永江：對，從 1993 年 4 月開始，我們一直合作。他當時是外經貿部國際司司長，國際司就是專門負責多邊關係的。後來他當了部長助理，很多擔子就落到他身上了。

高　淵：不少人說，龍永圖很霸氣，是這樣嗎？

谷永江：其實他很注重小節。1994 年去摩洛哥的馬拉喀什開世界貿易大會，我們倆是中國代表團的正副團長。我們先到了首都拉巴特，接待方給我和龍永圖各安排了一個套間，當然費用要中方支付。

當晚，龍永圖就來找我了，他說我們住得太貴了，咱換個普通間吧。他轉身就去問，結果酒店說沒房可換了。我說，今天就住一晚吧，明天我們搬到中國大使館去。第二天，我們就在大使館的信使房住了一晚，省了幾百美元。到了馬拉喀什當晚，龍永圖又來找我了。他說又安排了套間，一問價格很貴。我說肯定的，這麼多代表團來開大會嘛。

龍永圖說，你這個套間必須保證，因為會有很多外國代表團來拜訪你，我的還是要換。我說，老龍你要能換就換，不能換就算了。結果，他還是把他的套間換成了單間。

高　淵：原來老龍這麼節約。

谷永江：一天也能省個一兩百美元吧。其實，當時無論是復關還是入世談判，我們都時刻想著我們國家是窮國，不可鋪張浪費。

高　淵：你和龍永圖在復關事務上合作了三年，你對他怎麼評價？

谷永江：龍永圖是個很執著的人，他是哪怕只有 1% 的希望，也要付出 100% 的努力。這一點上，我不及他。我是能進則進，不能進則退。

高　淵：2001 年中國入世，聽說你打過一個比喻，還流傳得挺廣，說入世就像入黨。這個具體怎麼解讀呢？

谷永江：入世成功當然是件好事。那時我在華潤集團的香港總部，我一看那些條款有點吃驚，如果當年就按這個尺度談，可能早就復關了。好在後來的入世衝擊，並沒有很多人想像中的大。這個比方是入世成功後，我有一次在中央黨校開講座時講的，比喻不一定很恰當。我說我是 1959 年入黨的老黨員了，那幾年的入世談判有點像我入黨那時。你去問支部每個黨員，沒有人會說我不同意你入黨，所有人都說我支持你，但就是不給你填申請表。

當時在復關入世談判時，沒有一個國家說我不同意，但會說一通要改進的地方，不給你協議書。我們還得好好聽著，不能鬧翻。

高　淵：你作為曾經的談判代表，入世成功後，有沒有到各地去做宣講？

谷永江：一開始去過幾次，後來我就不去了。我發現一個問題，聽課的政府官員很少，或者都是低級官員，來的多數是商人。商人來聽當然沒有壞處，但關鍵是要說給政府官員聽。按我的看法，入世是政府與政府間的事，不是老百姓的事。老百姓甚至可以不知道這事，但政府官員不可以不懂。到現在都是這樣，一定級別的領導遇到講座都說沒空。

總的來說，入世倒逼了改革。很多東西不是我們想改的，是被入世條款逼的。從總體上說，這對我們國家的發展有利。

如果倒退十年，
入世誰也談不成

石廣生

曾任中國對外貿易經濟合作部部長，中國入世
協議簽字人。1939年生，河北昌黎人。1965
年畢業於北京對外貿易學院（現對外經濟貿易
大學）。先後任中國五金礦產進出口總公司處
長、副總經理，對外經濟貿易合作部駐上海特
派員，對外經濟貿易合作部進出口司司長、部
長助理、副部長。1998-2003年，任對外貿易
經濟合作部部長、黨組書記。

"談了將近一個星期，腦子已經亂了。一怕談不成，又怕沒談好。我坐在那兒默默地想，究竟給了什麼，又拿到了什麼。捋了一遍，發現還是划算的，心也就略為踏實了。"

走進石廣生在商務部的辦公室，牆上顯眼處掛著一張大照片。

這是 18 年前的老照片。1998 年 3 月，朱鎔基出任總理後，在中南海與"內閣"部長們的合影。

從那一刻起，身為外經貿部部長的石廣生，主持領導全國外經貿工作，當然也包括主持中國入世談判。在入世談判上，當時他面臨的最大壓力是：能不能談成，何時能談成？

一年後的 11 月，開始了歷時六天六夜的高強度談判。談判是 11 月 10 日開始的，到 15 日結束。石廣生說，他挺佩服美國人的敬業精神，白天黑夜地談。比如說今天談到晚上九點了，他們會約兩個小時後再談。然後一直談到凌晨兩點，他們還會約三個小時後繼續，不會說明天上午見。

那六天基本上都是這樣過的，雙方談判團隊都很辛苦。休會的時候，中方團隊自己還要討論，有些問題還要請示，得到上面回覆後，再研究下一步怎麼談。石廣生就住在辦公室，說實話也睡不著，飯也是送到辦公室的，龍永圖及主要談判人員也吃住在辦公室。外經貿部的食堂是 24 小時供應，保證談判代表團隨到隨吃。

談判氣氛相當緊張，石廣生還跟美方拍了桌子。

第一次拍桌子是談判第二天。因為剛開始談，雙方對要談的幾個重要問題都亮出自己的條件。美方副團長、總統經濟顧問斯伯林聽了後，突然站起來一拍桌子說："你們這些條件，永遠永遠永遠也不可能加入 WTO！"

石廣生忍無可忍，也馬上站起來一拍桌子，拍得比他還響，說："你聽著，現在中國人任人擺佈的時代一去不復返了！"他馬上就不吱聲了。美方團長查倫‧巴爾舍夫斯基連忙打圓場，說咱們大家坐下來好好談。

第二次拍桌子是有一次談到半夜，石廣生說要去國務院開會，早上五點繼續談。早上美方應約來到談判室，石廣生說完我們的新條件後說，這就是我們的最後方案。巴爾舍夫斯基氣勢洶洶地說："你大清早叫我們兩位部長來，就談這點屁事？"

這次她沒拍桌子，但石廣生拍了。他說："你現在在中國領土上，請你說話不要放肆！"這時，斯伯林馬上打了圓場。在石廣生看來，對方有點像演雙簧。

最終，中國和美國達成了中國加入 WTO 雙邊市場准入協議，掃除了中國入世的重要障礙。那一刻，他面臨的新壓力是：協議談得好不好，我們有沒有吃虧？

過了兩年，2001 年 11 月，石廣生代表中國政府在多哈簽署《中國加入 WTO 議定書》。從那天起，又有一個新的壓力出現了，而且伴隨了他 15 年，這就是：入世究竟會給中國帶來什麼，能不能實現利大於弊？

77 歲的石廣生除了頭髮白了點，容貌和 15 年前變化不大。他說現在過著平和簡靜的退休生活，已有好多年謝絕媒體採訪。但一說起當年入世談判細節，他依然情緒飽滿、談笑風生，往事歷歷在目。

我問他，那個 "入世能否實現利大於弊" 的壓力，現在能不能正式卸下了？

石廣生頗為感慨地說："入世這些年來，我雖然早已離開領導崗位，入世後的應對也是後來人的事了，但我的心思和壓力仍然放不下，擔心中國入世後能否實現利大於弊的目標。現在過去 15 年了，實踐已經回答了我的擔心，中國入世是成功的！如果當時再拖下去，不僅中國會晚受益，而且為入世付出的代價會很大。"

入世不能一廂情願

高　淵：30 年前的 1986 年，中國正式尋求恢復關貿總協定創始國地位。這 30 年中，前 15 年是復關和入世談判，後 15 年是入世後的應對。在前 15 年，你認為談判是什麼時候進入實質性階段的？

石廣生：應該說，談判從我們申請復關，然後關貿總協定成立中國工作組就開始了，但每個階段談判內容是不同的。1992 年前主要是審議中國的外經貿體制，中國作出說明。1992 年後，開始了在關貿及後來的 WTO 中國工作組的多邊談判和一對一的雙邊談判。談判越來越深入，越來越具體。到 90 年代末，談判內容就剩下了一些對各方重大利益攸關的問題了。

高　淵：對中國來說，那時候的復關願望更強烈了嗎？

石廣生：從 1978 年改革開放後，中國一直就是摸著石頭過河，怎麼改革、怎麼開放，一直在探索。在 1992 年黨的 "十四大" 上，明確了在中國建立社會主義市場經濟體制的發展方向，這是非常重要的。當時，整個國家都在思考，社會主義市場經濟體制到底怎麼建設？

國內很多人都覺得，我們需要復關，因為這樣可以利用國際通行的市場規則，來推動中國市場經濟體制的建立和促進自身經濟的發展。這樣的認識越來越多，增加了我們開展復關談判的緊迫感。

高　淵：但 1994 年復關未果，說明有些國家還不想讓中國進入。大概是從什麼時候開始，不僅中國希望入世，美國和歐盟也願望迫切了？

石廣生：1995 年 1 月 1 日，世界貿易組織成立，這時正是經濟全球化發展較快的時期，也是中國在鄧小平同志南方談話後，經濟發展較快的時期。美歐等西方國家越來越看重開放的中國大市場，中國由於自身改革和發展的需要，也看到了積極參與全球化的重要意義。出於各自的考量，都有意加快中國加入 WTO 的談判，這就是 90 年代末的大環境。

我想這就是水到渠成吧，如果倒退十年，誰都談不成。我們那屆政府遇到了這樣一個機遇，把事辦成了。當然，黨中央、國務院的正確決策，各部門的共同努力，以及談判團隊的積極工作也是十分重要的。

高　淵：你當部長的時候，最急迫的任務就是入世嗎？

石廣生：對當時的外經貿部和我來說，除了常規的外經貿工作如外貿、外資、對外投資合作、對外援助等工作外，有兩大緊迫和重要的任務。一是應對 1997 年突如其來爆發的亞洲金融危機。1998 年的 GDP 增速要"保8"，外貿出口必須保持增長，這是朱鎔基總理交給我們的死任務。我們費盡了力量，年終出口額增長 0.5%，進口額下降 1.5%，這可能不算好成績，但確實盡力了，與亞洲其他國家相比已經很好了。第二個就是推動入世談判，爭取早日加入。

高　淵：當時談判處在什麼節點？

石廣生：那時候，雙邊和多邊談判同時進行，在國內和國外同時談判，但由於一些國家對我們的要求和我們能接受的範圍之間有矛盾，有的差距還很大，談判就難了。又由於之前已經談了十多年，一般性分歧已經解決，留下來的都是硬骨頭。

高　淵：必須跟美國先談嗎？

石廣生：對，美國是世界最大的經濟體，在當時 WTO 中起著決定性作用，同時，它也是對中國要價最高、內容最多的 WTO 成員。如果美國能談下來，基本上大局可定。歐洲和美國的利益基本一致，但歐洲也會提出一點"具有歐洲特色"的要求。

所以，1999 年 11 月的中美談判極其關鍵。當然，個別發展中國家對我們也有些要求，但比較容易談妥。

高　淵：在入世談判中，你作為外經貿部部長，是怎麼定位的？

石廣生：當時外經貿部的定位，一是參與國務院研究談判方針，制定具體方案，確定我們的底線；二是具體組織談判；三是協調各部門和地方及有關企業的意見；四是會同宣傳部門共同把握好對入世談判宣傳的節度。

我個人把握住一點，就是主動積極工作，但不能越位、越權。在預定方案內有彈性的，我勇於承擔責任；超出方案和權限的，我必須去請示。我們外經貿部是牽頭者，也是主持談判者，國務院很多部委都派人參加，談判團由幾十個人組成。

遇到相關問題，我必須跟相關部長協調。當時協調比較多的有信息產業部部長吳基傳、農業部部長陳耀邦、央行行長戴相龍、保監會主席馬永偉等。我們的主管副部長、司局長甚至處長層面，也與相關部門有很多溝通。有些問題，我們還要與企業溝通。

我在五礦公司工作時，就開始和美國人打交道。我發現美國人在談判時總是很強勢、很霸道，只顧自己利益，不管他人利益。但你要是能按美國人心理抓到他們理虧和弱項時，緊追不放，表現強硬，他們也會認輸，並承認錯誤和改正。那些美國人欺軟怕硬，他們看不起談判中的軟弱者。

凌晨召開國務院會議

高　淵：你們互相拍桌子的時候，你擔心談不成嗎？

石廣生：沒想那麼多。在當時那麼膠著的情況下，預測談成或談不成是很困難的，因為可變因素太多了。但有一點是肯定的，就是中美雙方都想談成，不僅有願望，而且都挺緊迫。

但分歧是明擺在那兒的，剩下的全是硬骨頭，雙方都不願輕易讓步。當時有媒體說，談判就剩下最後幾步，其實是雙方僵持不下。

高　淵：最終是靠朱鎔基總理來打破僵局的嗎？

石廣生：對。當時談判的幾個問題，我作為部長已沒有權限突破了，必須靠最高層下決心。朱鎔基總理是在談判最關鍵的時刻來的，當時他正在開中央經濟工作會議。

他來的時候，我正在談判。有人跟我說總理來了，總理說時間緊迫，他直接跟美方談。對於雙方最僵持的反傾銷條款和特殊保障條款，朱總理拍板突破，這樣迫使美方再沒辦法固守他們的要價了，對我們的要求他們一一答應了，其中包括美方承諾無條件給予中國的最惠國待遇等我方最關切的內容。整個中美雙邊協議就這樣迎刃而解。

高　淵：聽說在總理來之前，還極為罕見地在凌晨召開過國務院辦公會議？

石廣生：那是談判談到第三天，11 月 12 日將近深夜 12 點，我接到江澤民主席的電話，當時我正在向朱總理電話匯報談判情況，總理讓我放下他的電話先與江主席通話匯報。江主席問我，談判怎麼樣？還有什麼問題？我一一做了匯報。

過了一會兒，朱總理又來電話了，他說江主席要求我們馬上開會，一個個問題來研究。我的印象裏，這些年來，國務院沒有深更半夜開過會。我跟總理說，不用請各部部長們都來，他說那你列個名單。我列了十五六個，也包括一些直屬局。那個會一直開到 11 月 13 日早上四五點鐘，我從中南海回到部裏，又和美國人接著談。

高　淵：中美簽字那天，據說場面挺亂的？

石廣生：不是亂，是中外記者太多！我們談判那幾天，外經貿部大門外擠滿了記者，都架著“長槍短炮”對著大門，準備隨時衝入搶佔地盤！

簽字的當天，因場地太小，辦公廳新聞處的同志只放進了一部分記者，大門外仍有大批記者在守候。我見此景，告訴新聞處立刻全放，佔地盤是記者的事。其中就有一個女記者把高跟鞋一扔，一路往前跑，一下就撞在玻璃門上，撞得很厲害。至今想起來，我對這位記者的敬業精神深表敬佩，對她受傷表示歉意。

高　淵：聽說簽字時刻，美方團長遲到了？

石廣生：大約是約好下午三點半簽字，我準時到了會場，等了一會，不見美方團長到場。我派人去找了一圈，回來說巴爾舍夫斯基和斯伯林兩個都在談判間一樓女廁所呢，在打電話。

電話內容我是一年後知道的。美國總統國家安全事務助理桑迪·伯格來拜訪我，他說那天他們兩個是在給克林頓總統打電話，是他先接的，克林頓正在“空軍一號”上洗澡，還讓他們等了會兒。

伯格說，斯伯林當時對克林頓說，報告總統先生，世界上最偉大、最艱難的談判完成了。克林頓表示祝賀。然後巴爾舍夫斯基說，我只求總統一件事，我們回國以後，接見一下談判團隊。

高　淵：簽完字，你當時什麼心情？

石廣生：簽完字，江澤民主席在中南海接見美國代表團，然後我就回到辦公室，一個人在沙發上靠了半小時。談了將近一個星期，腦子已經亂了。一怕談不成，又怕沒談好。我坐在那兒默默地想，究竟給了什麼，又拿到了什麼。捋了一遍，發現還是划算的，心也就略為踏實了。

高　淵：美國談完之後，跟歐盟談判有沒有遇到問題？

石廣生：跟歐盟的協議，內容基本上跟美國一樣。當時歐盟貿易專員帕斯卡爾·拉米帶隊來談，也談了五六天，但他們只是白天談，晚上不談。拉米是法國人，法國人有獨立性格。我把中美達成的協議給他看，我說我們也按這個簽吧。拉米說："這不行，歐洲是歐洲，美國是美國，我們不能吃你跟美國談成的'剩飯'。"我跟拉米比較熟，而且我是學法語的。我說："這就是底線了，我沒有新的東西可以給你，中美協議可以變成多邊協議，你們享受就行。他說："如果條件不超過美國，我們不可能簽。"我說這個太難為我了。後來我們跟國務院領導研究，大原則不可能再突破，乾脆多批幾家保險公司和銀行的額度給歐盟，比美國多一點，給拉米個面子，讓他回去好交代。就這樣解決了，其實協議內容跟美國沒啥區別。

高　淵：美國和歐盟這兩個大頭談妥以後，別的國家就迎刃而解了吧？

石廣生：我們一開始也這麼覺得，但後來發現有的國家也麻煩。

比如墨西哥，他們即將進行總統大選，在對華反傾銷問題上堅決不讓步，怕丟選票。後來新總統當選要政績，派貿易部長悄悄來中國，說你們的條件都接受，但現在不能簽協議，要等我們總統正式就職之後。我們說沒問題。直到所有雙邊談判結束前的 2001 年 9 月，中墨才在日內瓦簽署協議，其實半年前我們就談好了。這個部長後來當了外長，也跟我成了朋友。

多哈簽字的小插曲

高　淵：到了 2001 年 11 月，你代表中國政府在多哈簽署入世協議。國內像過節一樣，你們在前方都很順利嗎？

石廣生：一切順利，當然小插曲也多。

比如台灣入世的問題。其實，關於台灣加入 WTO，我們早已表明了立場，對台、澎、金、馬（簡稱"中國台北單獨關稅區"）作為一個單獨關稅區加入 WTO，我們不持異議，但必須我先台後，中華人民共和國以主權國家加入，台灣只能以"中國台北"的名義作為單獨關稅區加入。加入後，台灣派駐 WTO 代表團的官員只能叫"代表"，不能稱"大使"。

對這個問題，中美、中歐之前是談好並形成共識的。但美國人老是不放心，怕我們入世後就不允許台灣加入。他們就在加入程序上做了安排，WTO 先表決我們加入，但要次日辦理加入手續，本來是可以當天辦的。第二天就討論台灣入世，通過後再讓我們辦理加入手續。這其實是多慮了，因為中國是說話算數的。

高　淵：大會通過後，你是怎麼發言的？

石廣生：我的發言主要是代表中國政府感謝各 WTO 成員對中國入世的支持，並表達中國加入後遵守 WTO 規則以及履行《中國加入 WTO 議定書》中作出的承諾等。

WTO 的工作語言是英語、法語和西班牙語。中國代表團團長發言當然要用中文，中間我插了一段英文，再插了一段法文，前後都是中文。之所以中間部分用外文，主要是表現對 WTO 工作語言的尊重，也拉近與其他大多數成員的親近感。在官方場合的重要談判，重要的政府主談官員，我主張用中文談，通過翻譯。因為重要談判的每一句話都很關鍵，翻譯的時候，主談人有思考的空間，畢竟絕大部分主談人外語不是母語，表達沒有人家好，容易不準確。當然，非正式場合一般性的談判，直接用外語，效果也是好的。

高　淵：中國入世後，國際反應如何？

石廣生：總體反應是好的，發達國家和發展中國家都歡迎中國加入，但也有各自的期望和擔心。

發達國家期待一個開放的中國大市場，貿易和投資將更加便利，擔心是怕中國不遵守世貿規則，不能很好履行《中國加入 WTO 議定書》的承諾。發展中國家非常歡迎中國加入，他們特別希望中國在 WTO 中發揮作用，擴大發展中國家的話語權，維護發展中國家利益。但有些國家擔心某些中國商品與其競爭等。

記得入世簽字那天，我看到一張西方報紙登了一幅漫畫，是一個水庫，大壩上寫著"WTO"，水庫裏的水從字母"O"中流出，下邊游泳的人在喊救命，水庫上邊的水上寫著"中國商品"。

高　淵：現在入世已經 15 年了，看到後來這麼多入世紅利，你作為當年談判負責人，是否覺得可以鬆口氣？

石廣生：說實話，當時入世的時候，我和大家的心境不完全一樣。我也很高興，但我始終肩負著很大的責任。一是能不能談成？因為中央是想談成的。二是簽署的協議這麼多內容，是否對我們總體有利？三是入世以後，中國究竟會怎麼樣，能不能實現利大於弊？這些都是我在不同階段思考的問題和責任。

入世這些年來，雖然我在 2003 年就離開了部長的崗位，但我的責任一直是存在的。現在我們終於可以說，中國入世是成功的。假如當時再拖下去，不僅中國晚受益，我們入世付出的代價也就太大了。

那個時間點選擇得對，既抓住了世界形勢和發達國家需求，也選擇了我們改革開放的當口上，我認為當時黨中央和國務院的決策是正確的，實踐證明了這一點。

高　淵：現在還有壓力嗎？實現利大於弊了嗎？

石廣生：壓力基本沒有了。只是有時看到某些發達國家不能履行《中國加入 WTO 議定書》中他們應履行的義務和承諾，感到不解和氣憤。中國入世 15 年的事實證明，加入 WTO 確實促進了中國的經濟快速發展和深化改革，同時也擴大了我們在國際經貿方面的話語權。

2001 年，我們的貿易額是 5100 億美元，佔世界貿易總額的 4.4%，是全球第六大貿易國；到了 2015 年，我們的貿易額達到了 4 萬億美元，佔世界貿易總額的 12%，是第一大貿易國。2001 年中國 GDP 佔全球經濟比重 4%，居第六位；2015 年中國 GDP 佔全球 15%，居第二位。國民經濟有這麼大的飛躍，應該說中國入世起到了重要作用。

同時，這 15 年實現了中國由資本輸入到資本輸出的重大轉變，這可不是簡單的變化。2001 年中國對外直接投資 27 億美元，居全球第 26 位（實為2002 年）；2015 年對外直接投資 1457 億美元，超過日本僅次於美國，居第二位，中國對外投資已超過吸收外資。中國的外匯儲備由 2001 年的 2122 億美元，增加到 2015 年的 33303 億美元。我非常欣慰看到這些變化，這與中國入世關係很大，而且超出我的預期。

還有就是全面促進了經濟體制改革。中國入世以後，開始根據 WTO 的規則來建立社會主義市場經濟體制。這方面，中國政府做了很大的努力。比如入世不久，我們就修改了 230 條法律法規，三千多項政府規定。三次修改有關外資的三部法律，取消了很多對外資的限制性內容；修改了《外貿法》，取消了許多審批和限制的內容；降低了關稅，由 2001 年平均進口關稅15.3% 降到 2015 年的 9.8%；進一步放寬對外國銀行、保險的市場准入；逐步改革和完善匯率形成機制；修訂《外匯管理條例》，等等。這些改革和變化對中國建立社會主義市場經濟發揮了重要作用。

高　淵：入世風險也沒有當初估算的大？

石廣生：我們總體上應對得體，把風險降到了較低程度。

比如，當時決定不放開資本市場，避免金融風險十分重要，是對的。現在已經在保障金融安全的前提下開始有限度地放開，這已經超出了我們的入世承諾。

再比如，我們當時最擔心汽車工業會被衝垮，因為我們的汽車業實在太弱了。現在看來，這個擔心也是多餘了。當然與我們應對很得力有關，一開始實施進口配額，還做了一些細化，少放開普通排量，多放開高排量，畢竟老百姓買高排量的車少。協議中規定外國車企進來都必須與中國企業合資，各佔 50% 的股份，利益各半。這樣，中國的汽車業既得到了技術又得到了大發展，汽車產量由 2001 年的年產 234 萬輛增長到 2015 年的 2450 萬輛。同時，由於進口關稅降低和中國產量的擴大，國內車價大大降低，百姓受益最大。

中國的企業做大做強也有明顯的進步。2001 年中國企業進入世界 500 強的只有 12 家，到 2015 年有 106 家，而且還在發展，中國企業防風險能力有了顯著提高。

此外，農業、銀行、保險等行業並沒受到大的負面衝擊，而且有了穩定的發展。事實證明，中國加入 WTO 總體上實現了利大於弊，並且在大的方面促進了中國的發展和改革開放。

高　淵：現在中國在 WTO 的話語權，和我們世界第一貿易大國的地位相稱嗎？

石廣生：我們的話語權在大大增加。一開始我們就積極、全面參與多哈回合談判，提交了很多立場文件和建議，有相當部分得到了採納。我們還組織了多次小型的貿易部長會，也發揮了非常重要的作用。

2008 年 7 月，我們開始成為 WTO 核心成員之一，標誌著中國正式進入了制定多邊貿易規則的核心決策圈。多邊貿易體制不管談什麼，都不可能繞過中國了。

另外，我們不僅有中國駐 WTO 大使，在 WTO 總部中還有了中國籍的副總幹事，仲裁機構的大法官張月姣剛剛卸任，新的中國大法官又上任了，這些都非常重要。

高　淵：現在美國對 WTO 有點三心二意，你認為，這個多邊貿易體制還可持續嗎？

石廣生：中國加入 WTO，包括金磚五國的發言權越來越大，美國已經不能包辦代替了，雖然美國現在已不喜歡 WTO 和這個多邊貿易體制了，但舊的秩序仍在。在我看來，目前世界上還沒有哪個國家能夠顛覆這個形成多年的多邊貿易體制，因為它基本上反映了各國基本利益的大體平衡。沒有這個體制，天下會大亂，對大國和小國都沒好處，必將會嚴重影響世界貿易和經濟的發展。雖然新一輪談判多年未果，但許多內容已有進展，新的未果而老規則仍在，仍能維護多邊貿易體制的運轉。

世界經濟發展需要 WTO，需要一個合理、公平的多邊貿易體制，中國是世界第二大經濟體、第一貿易大國，更加需要 WTO 和多邊貿易體制。

中國入世 15 週年之際，出現一些聲音認為，當年談判時中方讓步太多，留下了不少"後遺症"。那麼，當時中美雙方究竟在哪些問題上僵持不下，後來各自又做了怎樣的讓步？以下是石廣生的解答。

中美最後談判交鋒中主要有以下幾個問題，對雙方都是利益攸關的重要問題：

1. 中國入世後，美方無條件給予中國最惠國待遇問題。此前美方從不明確承諾。美國會一年一審，已困擾中國多年，必須通過入世談判而永久解決這個問題。

2. 美方強烈要求進入中國資本市場，中方絕不開放資本市場，當時正值亞洲金融危機，對中國金融安全至關重要。

3. 美方一直看重中國電信市場的巨大利益，強烈要求外資在中國可以控股。中國同意開放，但必須中方控股，確保中國安全。

4. 美方要求中國對外通訊中，美方不按中國規定通過三個（北京、上海、廣州）關口局，要求美方通訊在中國獨來獨往，但這樣會嚴重危及中國安全。

5. 美方要求中方允許外資人壽公司設立獨資，從事中國的人壽保險業務。這涉及中國國民人壽安全和中國人壽保險的利益。

6. WTO 規定，全世界紡織品貿易從 2005 年起全面取消配額及一切限制，美方要求在中國加入 WTO 十年內對中國出口紡織品繼續實行配額限制。中方要求按 WTO 規定辦，即 2005 年按時取消配額及其他限制措施。

7. 根據 WTO 規定，不允許成員之間對某一特定成員的產品採取特殊保障措施，只允許對所有成員的相同產品一視同仁採取保障措施。所謂保障措施就是當所進口產品對本國同類產品造成損害時，這個國家可以按 WTO 相關規定採取一定的保護措施。美方要求只針對中國產品實施特保措施，並無限期使用該條款。

8. WTO 對反傾銷是有規定的，不允許 WTO 成員間採用替代國價格判定某一成員產品是否傾銷及認定傾銷幅度。美方堅持要求對中國可以使用替代國做法，並無限期使用。

還有些其他內容。上述內容就是中美最後談判的火力交點，談判十分激烈、艱難。經過中美六天六夜的談判，最終解決了上述問題：

1. 美方明確承諾中國加入 WTO 後，無條件給予中國永久最惠國待遇。

2. 對進入中國資本市場的要求美方不再堅持。

3. 中美雙方商定，允許外資進入中國電信市場，但在外資控股比上，基礎電信外資最多佔 49%，增值電信外資最多佔 50%，外資不得參與中國電信的具體運作，保證了中資控股和電信安全。

4. 對外通訊中，美方撤銷了不通過中國關口局的要求。

5. 人壽保險仍不允許外資獨資，之前已批的獨資試點可保留，之後不再新批。

6. 美國同意 2005 年按時取消對中國實施的紡織品配額，2008 年取消一切其他限制性措施。該條款現已如期結束。

7. 中方同意 WTO 成員對中國實施特保條款，但規定了使用特保措施的具體限定和明確規定了"日落條款"——中國入世後 12 年到期結束。該條款已於 2013 年 12 月 11 日終止。

8. 中方接受了該條款，但規定了"替代國"具體做法和限制，明確了替代國做法的"日落條款"——中國入世 15 年後，即 2016 年 12 月 11 日必須終止。

在上述問題解決後，中美終於簽署了雙邊市場准入協議。

在此還要說明一下，2001 年 6 月上海 APEC 會議期間，中美就多邊尚未達成協議的關於中國農業補貼問題達成了共識。

按 WTO 規定，發達國家對本國農業補貼（"黃箱"政策）的金額在當年本國農業生產總值的 5% 之內，發展中國家在 10% 之內。中國作為發展中國家加入，要求享受發展中國家待遇，多邊談判爭論很大因而擱淺。中美在 APEC 期間經艱苦談判達成共識，允許中國的農業補貼在 8.5% 之內，高於發達國家，略低於發展中國家，雙方都做了讓步。中美的共識對解決多邊未決問題起到了關鍵性作用。

"經濟聯合國"
正面臨過時的危險

孫振宇

中國首任駐世界貿易組織大使。1946 年生，河
北省豐南縣人。1969 年畢業於北京外國語學院
（現為北京外國語大學），歷任中國糧油食品進
出口總公司副總經理，對外經濟貿易部美洲大
洋洲司司長，對外貿易經濟合作部副部長，中
國世界貿易組織研究會會長。

"一輪談判一談就是一二十年，很多議題都過時了，新議題卻沒有時間談。如果一個國際組織跟不上時代發展，就比較麻煩了。"

　　孫振宇雖然當過外經貿部副部長，但老同事們見到他，都很熱絡地稱呼"孫大使"。這或許是因為，當過副部長的有很多，而中國首任駐世貿組織大使卻僅此一位。

　　2001 年中國成功入世，孫振宇"爆冷"受命出使日內瓦，曾引起國內外媒體不小騷動。2010 年，他在平靜中卸任歸國，結束長達九年的大使生涯。

　　中國入世談判即將結束時，外界紛紛猜測誰會擔任第一任中國駐世貿組織大使。當時傳過不少人，很多人猜是龍永圖，都覺得他去當大使順理成章；而孫振宇其實沒有直接參加過入世談判，他長期從事對歐、對美的雙邊貿易往來與談判。

　　出任大使時，孫振宇是外經貿部排名第一的副部長，但選大使的過程他毫不知情。直到石廣生部長找他說，你去吧，換個新面孔。孫振宇的理解是："因為我沒有直接參與談判，我就沒有包袱，比較容易應對可能出現的壓力。"

　　2002 年 1 月 26 日，孫振宇啓程前往日內瓦。國內安排了比較強的力量，代表團成員來自很多部委，有參加過入世談判的成員，有法律方面的專家，總共三十來人，後來基本上保持這個規模。

　　代表團出發前，國務院副總理吳儀說，到日內瓦要學習規則、熟悉規則、運作規則，同時要參與制定規則；而且她強調，你們在前方談判，不當絆腳石，不當領頭羊。

　　那段時間，國內對如何應對加入世貿的挑戰非常重視，中央特地舉辦了長達一週的省部級領導培訓班，國家領導人親自授課。

當年確實很風光。中國駐世貿組織代表團揭牌開館之日，有五百多位各國駐日內瓦使節出席，成為中方在當地舉辦的最盛大外交活動。但隨即開啓的大使生涯，卻相當艱辛。

這並不僅僅因為中國是初來乍到，還因為在當年談判中，出於入世的需要，中方在一些條款上做了讓步。如何防止那些潛在的"地雷"爆炸，成為孫振宇和他團隊的棘手工作。

現在，孫振宇的身份是中國世貿組織研究會會長。那天，坐在研究會的辦公室裏，話題從一件看似無關的往事開始。

那是 20 世紀 90 年代初，孫振宇隨中國首個採購團前往美國，旨在推動美國國會一年一度對華最惠國待遇的延長。帶隊的是已經離休的外經貿部老領導王潤生。一路艱苦談判，行程最後在西雅圖舉辦答謝招待會。王潤生結束致辭下來後，突然扶窗大口吐血，急送醫院確診是嚴重胃出血。孫振宇跟我感慨："外貿談判都是沒日沒夜的，非常辛苦。"

在日內瓦那九年，孫振宇見證了中國話語權的提升，也親歷了多哈回合談判的失敗。對於入世給中國帶來的紅利，外界熱炒的中國市場經濟地位問題，以及 WTO 這個"經濟聯合國"的前途命運，他都有著不同常人的觀察與思考。

漸進的中國話語權

高　淵：你剛到世貿組織時，感覺受重視嗎？

孫振宇：中國是新成員，但畢竟體量擺在那兒，這樣一個大國來了，誰也不敢小看。

我發現，只要我們一發言，大家都豎起耳朵聽。等我們發完言，輪到一些小國發言，就開始有人到會場外走動，或去衛生間了。

但人家都側耳聽，和中國擁有話語權，還不是一回事。中國在世貿組織的地位和影響力，有一個發展過程。在世貿組織，長期以來發展中國家的領袖是印度和巴西，因為他們是創始成員，我們是初來乍到，而俄羅斯還沒加入。

高　淵：當時最有話語權的是哪些國家？

孫振宇：一直是歐美在主導，尤其是美國、歐盟、日本和加拿大這四方很強勢，基本上只要是重大事項，都是這幾個先協商，加上澳大利亞、新西蘭、瑞士等，然後拿出方案來。當然，他們會通過各種關係和手段，讓發展中國家接受，基本就是這麼一個套路。

世貿組織秘書處重要崗位的安排，這四家影響力更大一些。相對來說，發展中國家的聲音比較弱。

高　淵：你們去了之後，情況發生變化了嗎？

孫振宇：中國加入之後，和印度、巴西、南非、阿根廷等國家抱團，團結東盟、非洲、拉美等廣大發展中國家。後來在整個多哈回合談判中，發展中國家有兩個重要團隊。一個是農業談判的 G20，由二十多個國家組成，巴西牽頭，核心是印度、中國、南非、阿根廷等。這個談判是進攻性的，要求發達國家減少補貼，降低關稅。最後農業談判主席提出的案文裏，很多 G20 的建議被採納。例如：歐盟承諾削減 80% 的農業補貼，美國承諾削減 70%，發達國家農產品關稅最低削減 36%。

另一個是保護發展中國家農民生計的 G33，由三十多個成員組成。這個談判集團由印尼牽頭，核心是印度、中國、土耳其、菲律賓、韓國等成員。

這些國家的農業都比較脆弱，強調保護中小農戶利益。爭取一些敏感農產品關稅不降或少降，同時降低關稅後，一旦國外農產品突然大量湧入，需要有個特殊保障機制，採取臨時提高關稅等措施。

高　淵：從什麼時候開始，中國進入了世貿組織核心圈？

孫振宇：2003 年 9 月的坎昆貿易部長會議後，中國就進入核心圈了。從 2004 年起，任何重大談判都不能沒有中國。

在世貿組織裏面的談判，正式開大會的話，一百多個成員七嘴八舌，肯定談不出結果。所以，必須先有一些小範圍的談判，由有代表性和影響力的成員參加。那時候起，不管談判範圍大小，反正都得有中國。在世貿裏面，美國、歐盟、中國、印度和巴西，這五方是核心決策圈。

高　淵：你剛去的時候，有什麼急需處理的事嗎？

孫振宇：有好幾件急事。很棘手的是，當年美國在談判時，給我們設計了一個過渡審議，只針對中國，就是每年搞年審，看我們是不是認真履行協議。對這個問題，國內很多部門很有意見，認為就是拿我們當“二等公民”。

對別的成員只有貿易政策審議，四個最大貿易量的成員兩年一次，其餘成員四年或六年一次，一般開兩個半天的大會就結束了；而對我們除了貿易政策審議，還要有過渡審議，從每年 9 月份開始，各個委員會就要先審，一直延續到 12 月份的總理事會總結，非常複雜。

高　淵：審議過程怎麼個煩瑣法兒呢？

孫振宇：從 9 月份開始，各個成員要對我們提上千個問題，還要求每個問題都要提供書面答覆。我們提出，過渡審議和正常貿易政策審議是兩碼事，沒有義務提供書面答覆。

光是這個問題，就爭論了很長時間。最後因為我們堅持，只需要口頭答覆，否則國內各個部委的工作量太大了。過渡審議一直持續到 2011 年，整整十年！從入世開始，連續審了八年，第九年休息一年，然後第十年最後一次審議。

棘手的特保威脅

高　淵：還有什麼很棘手的事？

孫振宇：就是當年在談判中留下的特殊保障條款，也是專門針對中國的歧視性條款。

一般保障條款規定，如果某種進口商品大增而衝擊一個國家的市場，該國可以採取保障措施，對該產品提高關稅或者設定配額，但應該針對來自所有成員的產品；而對中國設置的特殊保障條款，可以只對中國產品單獨採取措施，其他國家的同類產品不受影響。

其實，這就是歧視。但入世談判時需要互相讓步，就接受了這個條款，我們的後續工作必須跟上。

高　淵：特保條款對中國出口威脅大嗎？

孫振宇：針對中國的特保分紡織品和一般商品兩類。紡織品的特殊保障條款期限是三年，到 2005 年結束。而一般商品的特保條款期限是 12 年，這對中國威脅非常大。

我們進駐世貿組織後，對一些有意啟動特保的成員打招呼，你們不能輕易用特保，雖然我們接受了這個條款，但這是歧視性的，任何國家想用都必須後果自負。

這是先打預防針，把醜話說在前面。紡織品特保期平穩度過了，三年內沒有哪個成員用過。但一般商品情況就不同了，很多成員真的想用，特別是美國、歐盟、印度、哥倫比亞、秘魯、土耳其等。

高　淵：這時候需要採取什麼反制措施？

孫振宇：我們用了個辦法叫"四體聯動"，一旦有成員要啟動特保條款，不僅我們代表團在日內瓦進行交涉，商務部、國內商會協會和駐相關國家使館也一起上，多渠道做工作。我們要明確跟這些國家講，啟動這個歧視性條款，勢必嚴重影響兩國經貿關係。當然也給他們指明出路，可以通過正常的貿易救濟途徑解決問題。

但美國還是想用。小布殊當總統時，美方曾有六次要啟動特保條款，我們都提出交涉，有四起在行政層面放棄，另外兩起報到小布殊那兒被否了，他知道其中的利害關係。

等奧巴馬一上台，他啓動的第一起特保，就是輪胎特保。我們多次交涉，但他非要用。那沒辦法，中國也針對美國的一些出口商品採取了報復措施，最後他們"賠了夫人又折兵"，得不償失。這些特保條款，到2012年就結束了。

高　淵：過渡審議和特保條款這兩大威脅，已經被逐一化解，現在迫在眉睫的是"15條"吧？

孫振宇：這個"15條"，涉及人們熱炒的市場經濟地位問題。當年《中國加入WTO議定書》第15條規定，其他世貿組織成員在對中國企業發起反傾銷調查時，如果中國企業不能證明其所處產業具備市場經濟條件，可以採用替代國價格裁定傾銷幅度。

正常的反傾銷調查方法是，核算出口國企業的成本和一定利潤，判定是否傾銷並核定傾銷幅度。但對中國，他們可以說你們這個產品不是在市場經濟條件下生產的，就要用第三國生產同類產品的成本進行核算。這是很荒謬的。

高　淵：市場經濟地位問題扯了好多年了，這其實也沒嚴格標準吧？

孫振宇：國際上並沒有判定某一個國家是不是市場經濟的統一標準。美國和歐盟內部有五六條標準，實際上是"冷戰"時期的產物。

而且，世貿組織也不是一個判定機構。你說俄羅斯是市場經濟嗎？古巴、越南是不是？沒有國際具體標準。許多西方國家，包括美國，都存在政府干預國有企業情況。

更重要的是，一旦發起反傾銷調查，他們拿哪國的標準來衡量？如果他們拿印度的成本來衡量，可能跟我們還差不多。但如果拿瑞士的成本來衡量呢，結果肯定說中國產品大大低於成本傾銷。但實際上，我們的生產成本要比瑞士低很多。

高　淵：你擔任中國駐世貿組織大使長達九年，你覺得這是一個怎樣的組織？

孫振宇：它與其他國際組織最大的不同，在於它是有"牙齒"的。

在世貿組織簽署的任何一個協議，都不是簽完就完了。每個協議都有一個相應的委員會來監督執行，各個委員會要定期召開例會，每個成員都要回應大家的提問。如果問題老不解決，就會啟動爭端解決機制，裁決之後再不解決，就會經過授權進行貿易報復了。

這麼多國家願意把問題拿到世貿組織來談，就是因為它認真，而且有"牙齒"。後來不僅談貿易問題，還把與貿易有關的投資、知識產權拿到世貿組織來談，甚至還有勞工、環境等問題，就是大家覺得這個平台管用。

高　淵：中國當被告的次數多嗎？

孫振宇：中國入世到現在，我們告其他成員大概有 16 次起，人家告我們有三十多次起。每個案子短的要花費兩三年，長的要三四年，有些陳述都是上千頁紙，我們都得用英文，對我們的專家壓力很大，但也很鍛煉人。

我們敗訴的案子比勝訴的多一些。在敗訴以後，中國按裁決修改相關法律法規，這一點我們做得比較好，起碼比美國做得好，我們充分尊重世貿組織的爭端解決機制。同時，這本身也是在推動中國進一步改革開放。

入世紅利用完了嗎？

高　淵：當年剛入世的時候，還有一些爭議，不少專家覺得談判中讓得太多了。15 年過去了，入世利益是否已經充分體現？

孫振宇：為什麼這些年中國有這麼大的變化，我覺得入世起了很大的作用。最重要的是，國際上對中國投資貿易環境有了可預見性，這一點比較讓人放心。

世貿組織的一個重要原則就是透明度，跟貿易投資相關的法律法規，都要公開，都要向世貿組織通報，甚至在制定過程中，都要徵求各方意見，開聽證會。

也就是說，入世推進了我們的法制建設。比如說知識產權保護，以前很多國家都攻擊我們。入世以後，我們在這方面大大加強，這樣外企才有可能把技術拿進來，不然是沒有積極性的。

另外，入世對外貿系統改革的推動很大。以前，全國只有十幾家外貿專業公司有經營權，現在是成千上萬家企業，民企出口佔比超過三分之一，成為外貿三大主力軍之一。正因為調動了大家的積極性，我們成了世界第一貿易大國。而且，入世解決了跟美國的最惠國待遇問題，企業經營環境大大改善。

高　淵：有人說，入世已經 15 年了，紅利正在消失，你同意嗎？

孫振宇：應該說，入世促進了政府職能轉變和國企改革等，但現在容易改的基本上都改了，要想再往下改，難度更大，改革進入深水區，阻力也更大了。

我也期待，今後能談成一些更高標準的國際規則，可能對促進國內改革作用會更大一些，特別是像准入前國民待遇和負面清單管理方式，進一步推動服務貿易領域的開放，這會帶來更大的變化。

高　淵：你在世貿組織當大使的九年是怎麼過的？

孫振宇：我是 2002 年初去，2010 年底回來的。在日內瓦就是天天開會，每天都排得滿滿的。世貿組織裏面，有日常的會，有談判的會，有審議的會，還有專家組解決爭端的會，再加上很多早餐會、晚餐會，說它是 "文山會海"，一點兒都不過分。週末都常常安排各種活動。當然，我不用出席所有的會，代表團成員有明確分工，都各自獨當一面。

我和印度、巴西、南非和阿根廷的大使見得最多，因為我們這五家是發展中國家的核心。我們開會什麼人都不帶，就五個人，輪流當東道主。另外和美國、歐盟、加拿大、瑞士、澳大利亞、新西蘭等大使，以及東盟國家大使和中國香港、中國澳門代表都有定期聚會。

高　淵：你跟誰關係最好？

孫振宇：大家私下關係都挺好。我們有個大使足球俱樂部，一開始在加拿大大使的官邸踢，那裏有個足球場，後來就到外面的體育中心踢。一般每週六踢 40 分鐘，然後中午一起吃飯。

巴西和烏拉圭大使球技很好。其實並不在球本身，關鍵是聯絡感情。我離職前在世貿組織大會上發言，說我在日內瓦踢了五六年球，但一個球也沒進過，因為我是後衛，以防守為主。

高　淵：卸任的時候，你是一種怎樣的心情？

孫振宇：最大的遺憾是多哈回合沒談成，我們在這上面花的精力最多。關鍵因素是，美國和印度在農產品特保上僵住了。

2008 年，當時印度的商務部長在農業談判上寸步不讓。美國談判代表蘇珊·施瓦布是個技術官僚，不大講政治，當時商務部陳德銘部長講得很清楚，只要美國和印度達成一致，我們肯定支持，但他們就是談不下來。

現在一拖就是八年，時間都浪費了。如果當年談成了，就可以談投資和電子商務等新規則，這也會對國內改革帶來促進。

世貿組織的前途

高　淵：在你看來，世貿組織有什麼弊端嗎？

孫振宇：弊端就是太民主了，什麼事都要協商一致，不能有一個成員反對。而且，多哈回合之所以這麼難，一個重要原因是把二十多個議題打包，希望一攬子達成協議，一個議題達不成都不行。這個難度就太大了，所以談了 15 年也沒結果。

希望一攬子解決也有一定道理。因為不同國家關注的內容不一樣。比如，發達國家最關注市場准入，發展中國家關心的是農業補貼、自然人流動，等等。

正因為這樣，大家都想把自己感興趣的議題裝進去，這是需要平衡的。有些人說，只有盡量打包討論，才有可能出結果，一個個議題單獨討論更沒法達成協議。這也算一種理論吧。

高　淵：但這麼久拖不決，最終還是會損害世貿組織的價值吧？

孫振宇：一輪談判一談就是一二十年，很多議題都過時了，新議題卻沒有時間談。如果一個國際組織跟不上時代發展，就比較麻煩了。

效率低，這就是民主的代價。而且，世貿組織也不像國際貨幣基金組織，他們成員的投票權是不一樣的；世貿組織大小成員都一樣，必須協商一致，這太難了。

高　淵：有沒有成員提過改革建議？

孫振宇：我們剛去日內瓦的時候，曾經討論過這個問題，決策機制是不是可以改一改？但這更難，因為就算大多數成員想改，哪怕一個成員不同意就改不了。

當時有人提出，是不是咱們按貿易加權平均，哪個國家貿易額大，他的投票權就多一點。但很多成員反對，根本沒戲。

後來，我跟印度大使在會上故意提出一個建議，最好按人口加權的辦法。這樣我們兩國就佔 40% 的投票權，美國、歐盟當然不同意。

高　淵：多哈回合擱淺後，美國就想繞開世貿組織，自己另起爐灶。你覺得，世貿組織還可持續嗎？

孫振宇：美國覺得多哈回合對他們沒意義了，就轉向了 TPP、TTIP 這類區域貿易協定。但現在看來，估計都搞不成。

其實，世貿組織的作用還是挺大的。它現在不行的是談判功能，而貿易政策監督和爭端解決這兩大機制還在正常運轉。

世貿組織面臨的最大危險，是貿易爭端的案子越來越多，很多是舊規則中沒有涉及的新問題。如果老談不成新規則，世貿法官就要填補真空，自己判了。美國和歐盟都有可能提出挑戰，說這個沒有立法，法官判決沒有依據，我們不執行。

如果將來不執行的案例太多，世貿組織就會出問題。

我當WTO大法官
那九年

張月姣

曾任世界貿易組織爭端解決機制上訴機構主席、大法官。1944年10月生於吉林省吉林市。1968年獲法國漢納大學學士學位;1981年赴美學習,獲法學碩士學位;1985年取得中國律師資格,通曉英語、法語。歷任世界銀行法律部法律顧問,中國對外經濟貿易合作部條約法律司司長,亞洲開發銀行上訴委員會聯合主席、亞洲開發銀行歐洲局局長,西非開發銀行董事,汕頭大學、清華大學法學教授。2007年當選為世界貿易組織爭端解決機制上訴機構大法官,2016年10月卸任。

"我在日內瓦到北京的航班上,每次都要帶半箱資料,一般看五小時文件,然後休息四小時。經常有空姐問我年齡,聽説我都七十多了,她們感慨還這麼辛苦。其實我們上訴機構法官都很辛苦,由於長距離飛行的時差問題,幾乎每個人都是早起的小鳥,早上四點鐘就開始評論案情和有關的法律問題。"

見到張月姣教授,是在對外經貿大學的一次講座上。

她的身份是世貿組織爭端解決機制上訴機構前主席、大法官,聽眾則是國內眾多外貿領域專業人士。

過了中午 12 點,講座才結束。我們在餐廳坐等半個多小時,張月姣還沒出現。主辦方説,張老師被圍在講座現場,他們馬上派人去解圍。又等了 20 分鐘,和她同時出現的,還有兩位陌生的女士。

一問,原來是跟來的聽眾,好客的主人邀三位一同入席。吃飯時,兩位女士拿出一迭文本,請求指點。張月姣停箸不食,戴上老花鏡認真解答。

飯後,按約定是我專訪張月姣。我説:"您累了半天,是否先休息一下?"張月姣想了想説:"好,那你等我半小時。"才過了 10 分鐘,她便開門請我進去,説歇好了。

73 歲的張月姣教授是當今國際貿易法的權威專家,也是擔任 WTO 上訴機構大法官的第一位中國人。因為精力過人、辦案公正,被 WTO 同事稱為"鐵女人"。

她正式卸任是 2016 年 10 月 26 日,那天在日內瓦的 WTO 總部做了告別演講。WTO 的 164 個成員代表出席,很多平常不太出席會議的高官也都來了，把最大的會議室坐滿。張月姣講完後，全體起立長時間鼓掌，她最後含淚說：“我愛 WTO！我愛上訴機構！我愛你們！”

張月姣在 WTO 工作將近九年，參加過好幾位上訴機構法官的告別會，都沒有這麼隆重。他們的離職講話都比較簡單，基本是說一些客套話，而張月姣這次還提出了對於 WTO 未來發展的十點建議，效果非常好。

為了這個告別演講，她特意設計了一件中式旗袍，連鈕扣都是自己設計的。很多女同事都說，你還有什麼不會的，給我們也設計一件旗袍吧。她說將來等我徹底退休了，真可以考慮。

除了這次告別演講，上訴機構的成員還給她辦了兩個歡送晚會，每個人都出一百多瑞郎。送行會上，很多人站了一排，一起唱歌告別。還有一位律師，在 WTO 辦了 12 個案子，其中有 10 個是跟張月姣辦的，他拿了把結他，自己編了一首歌唱。

“這麼多年來，我們都是熱情坦誠相待，結下了深厚的友誼。有時候爭論會很激烈，我也不會照顧誰的面子，覺得哪裏有問題會當面提出來。可能正因這樣，大家都覺得我是專業的，也具有敬業精神。有一位日本女同事說，她做過統計，這麼多年來，每個週末我都到辦公室加班。”

從上任那天起，張月姣就把這個 WTO 最高上訴機構法官的職位看得很重，不僅使命光榮，責任更大。她寫的每一個報告，既要對當事方負責，也要對歷史負責，而且簽名都是用中文。辦過的案子中，每個報告的每一個主要條款為什麼要這麼寫，她都記得很清楚。

在 WTO 這九年，張月姣如何近距離觀察 WTO，怎樣處理紛繁複雜的國際貿易糾紛，如何扮演 “WTO 大法官” 這個有點神秘的角色？

兩選大法官

高　淵：你是哪年進入 WTO 的？

張月姣：2007 年 4 月，我還在西非開發銀行當執行董事。有一天，商務部條法司的一位副司長給我打電話，說經過國內的篩選，決定由我和董世忠教授去競選 WTO 上訴機構法官。我二話沒說，表示願意去競選。我知道這個職位很重要，當選者必須是國際貿易法方面的權威專家。我準備得非常認真，看了很多 WTO 以前的案例，做了詳細的筆記。面試時，甄選委員會提出的所有問題，我都對答如流，有個評委在電梯裏還給我豎了大拇指。

但出來的"短名單"裏面卻沒有我們，也就是說沒被列入第二輪名單。當時我覺得很奇怪，後來聽說裏面有很多原因。

高　淵：這次競選失敗後，你面臨怎樣的選擇？

張月姣：我的性格是不願放棄的。我又仔細研究 WTO 的任免規則，發現又有一位上訴機構法官將在 2007 年底卸任，馬上再次提出申請。

接下來就是更瘋狂的面試準備。每天早上五點起床，背誦 WTO 的案例條款、上訴機構的規則，閱讀最新有關 WTO 的專著，上網了解 WTO 的最新動向。到了當年 9 月初，我和原條法司老同事張玉卿司長第二次走進面試考場，這次我順利進入了短名單。

高　淵：聽說正式上任前又有波折？

張月姣：所有面試程序都通過了，在大會通過之前，中國台北單獨關稅區代表突然提出質疑，說我當過中國外經貿部條法司司長，是政府官員出身，以後存在辦案不公的隱患。

我說我離開政府部門很多年了，現在在西非開發銀行工作，並在大學教授法律。雖然做了說明，但這事卡住了。後來中國駐 WTO 使團做了不少工作，美國和歐盟駐 WTO 大使也出面斡旋，最終使中國台北代表撤回了質疑。2007 年 11 月 27 日，大會通過了對我的任命。後來他們通過第三方給我帶話，說質疑我不是他們的意思，是台灣有關方面要求這樣做的。

在我正式上任受理的第一個案件開庭之後，各方代表都到法官席與庭審法官握手。中國台北代表也過來握手祝賀。後來我在 WTO 那些年，WTO 的成員，特別是中國代表團、中國香港代表團、中國澳門代表團和中國台北單獨關稅區代表團都支持我的工作，認為我辦案公正專業，為中國人爭了光。

高　淵：我們再來回顧一下你的經歷。在中國改革開放初期，你就參與了不少經濟類法律法規的起草？

張月姣：我常說我是歷史的寵兒。在 1978 年中國剛剛改革開放時，我進入國家進出口委員會工作，參與起草了中國第一部《中外合資經營企業法》。別看這部法律的條文很簡單，一共只有 15 條，但每一條其實都代表了一個單獨的法律。

後來還參與起草《民法通則》《涉外經濟合同法》《公司法》《中外合作經營企業法》《外貿法》等。記得在起草《反傾銷和反補貼條例》時，我帶了一個專家組，在比利時布魯塞爾住了一個月，專門研究考察他們的反傾銷、反補貼條例。

高　淵：你參與了"文革"後中國法律的重建工作，現在回想是什麼感受？

張月姣："文革"時說"和尚打傘無法無天"，基本上是無法可依了。法律體系的重建是非常艱難的，對我這樣一個法律人來講，確實是機會難得。在國外，如果一個法律人參與了一部法律某個條款的修改，都會覺得很了不起，會寫本書。他們聽說我參與了這麼多法律的起草，都覺得有點不可思議。

高　淵：第一次接觸 WTO 事務是什麼時候？

張月姣：我是 1984 年到外經貿部條法司工作的，兩年後，中國正式啟動復關談判。當時的部長助理沈覺人帶隊去日內瓦，我是成員之一。那時候還是關貿總協定，WTO 還沒成立。

我反覆研究《中國加入 WTO 議定書》，看怎樣對我們最有利。一是恢復締約國地位，而不是重新加入；二是我們的身份是發展中國家，這樣能享受一些優惠待遇。還看了很多國家的材料，看他們是怎麼加入的。比如羅馬尼亞，他們早在 70 年代就加入關貿總協定了，當時是承諾增加進口量。但後來對他們衝擊很大，因為每年都要增加進口量，國內市場是承受不了的。

所以，我們一定要以承諾降低關稅的方式復關，就是說跟中國商品的進口量沒關係，只涉及關稅的高低。

高　淵：你在中國復關和入世過程中，身份是什麼？

張月姣：中國談判代表團法律顧問。

高　淵：那幾年談判中，有什麼難忘的細節嗎？

張月姣：有不少。比如我們與美國貿易代表辦公室（USTR）之間為時12 年艱巨的知識產權談判，當時吳儀是外經貿部部長，她帶隊去美國談，我是法律顧問。這個談判很曲折，它不是談判技巧問題，而是有很強的政治色彩。

所以，儘管我們準備得很好，談判策略也沒問題，但最後還是沒談成。當時，吳部長說我們馬上回去向國務院匯報。去訂回北京的航班，公務艙、頭等艙都訂完了，只剩兩個經濟艙座位。吳儀叫我先跟她回去，我們就擠在經濟艙的最後一排。從美國到北京的第二天，就去國務院匯報談判情況了。那次真是永生難忘。

高　淵：知識產權談判一直是很難啃的骨頭吧？

張月姣：也是 1991 年，關貿總協定在日內瓦召開烏拉圭回合最後一輪的談判，其中有個 “10+10” 會議，10 個發達國家和 10 個發展中國家一起談與貿易有關的知識產權協議。

當時，吳儀部長隨李鵬總理訪問印度。印度總理建議中國盡快派專家赴日內瓦參加最後一輪知識產權談判，吳部長決定派我參加。我接到通知迅速做好各項準備，三天內就趕到日內瓦關貿總協定談判大廳，並與其他九個發展中國家代表協調談判立場，例如在專利法中堅持強制許可，保護計算機軟件的時限等。

我記得很清楚，談判廳裏咖啡都喝光了，水也沒了，但誰也不走，因為都知道 “魔鬼在細節中”，大家都守著那些文本，怕某個成員再加點什麼。最後一天從早上八點一直談到第二天早上六點，關貿總協定總幹事阿瑟·鄧克爾敲桌子了，說 “時間到了”。最後達成的協議，大家其實都不太滿意，但沒辦法了，這是最後的機會。協議達成後，烏拉圭回合談判基本完成了。這個草案被稱作《鄧克爾草案》。

後來發現，參加這輪談判對我當上訴機構大法官很有好處，讓我整體了解了烏拉圭回合的一攬子協議。

高　淵：後來在中國入世談判的關鍵階段，你有沒有參與？

張月姣：我主要是提供法律諮詢。記得龍永圖當首席談判代表時，1995年冬天他回國跟我講，中國《外貿法》公佈後，WTO 方面提了三百多個問題。我說我可以向他們逐條解釋並回答他們的問題，這個法律是我參與起草的，每條都有根有據。

然後我就隨團去了日內瓦，就在 WTO 最大的會議廳裏，用英語向所有成員逐條逐段解釋《外貿法》。等我說完了，我問他們有沒有問題，現場鴉雀無聲。我說如果你們沒有問題了，就視為你們都同意我的解釋。從那天以後，在後來的入世談判中，沒有人再對中國的《外貿法》提出質疑。

神秘的上訴機構

高　淵：從 2007 年底開始，你擔任 WTO 上訴機構大法官，這個上訴機構的權限是什麼？

張月姣：WTO 的貿易爭端解決機制包括磋商、專家組、上訴機構和實施四個環節。WTO 成員之間發生貿易摩擦後，如果無法自己解決，就可以申請啓動 WTO 爭端解決機制。

首先由摩擦雙方在 WTO 繼續磋商，如果仍無法達成諒解，就再提交到專家組進行裁決。對專家組的報告的法律問題和法律解釋仍有異議的，可進一步申請由上訴機構裁決。上訴機構由 WTO 成員中選拔的七名法官組成，是 WTO 負責裁決貿易爭端的最高機構。

我們七位法官作出的裁決，WTO 成員必須遵守裁決。WTO 爭議解決的規則是"否定須一致表決"原則，必須 WTO 全部成員都投反對票，我們的報告才會不通過，但這種情況是幾乎不會出現的。

所以，上訴機構的報告基本上自動通過，而且各成員都已在入世承諾書中承諾遵守 WTO 的各項協議，包括爭議解決諒解和爭端解決機構的裁決。如果貿易摩擦敗訴一方在合理的期限內不執行裁決的話，WTO 可授權勝訴方對它進行合法的貿易報復。

高　淵：上訴機構能保證公正嗎？

張月姣：我當選上訴機構法官後，曾聽到國內有人說，咱在 WTO 有人了，以後可以盡管上訴。這是理解錯誤！

公正性和獨立性是上訴機構乃至整個 WTO 爭端解決機制的核心，守法、正派、正直是 WTO 上訴機構工作人員的首要素質。我作為法官，不能附屬於任何政府，必須不偏不倚，絕不能偏向哪一國。這些年裏，我的公正性沒人提出過質疑。

高　淵：你是中國政府推薦的，需要迴避有關中國的貿易爭端案子嗎？

張月姣：在法官與審理的案件沒有直接或間接的利益衝突時，不用迴避。每件案子由誰來辦，是通過抽籤決定的。

WTO 一共有七個法官，每件案子由三位法官負責審理，其中一位擔任該案首席法官。這用的是一種埃及古老的抽籤方法，事先準備了很多案件號碼單子藏在保密櫃裏，每年根據案件數量，隨意抽出一個單子，包括八個庭審組成的順序號和每一個審議庭的三個號碼，然後我們七名法官再抽自己的號碼，自己的號碼必須對任何人都保密。

當某上訴案件提出後，根據案號順序，以及該庭審包括的法官號碼，涉及的三名法官在做了利益衝突審查後，將自己的號碼通報給其他法官和上訴機構秘書處，兩者吻合，你就參加該案件的庭審，而且全程有獨立人士監督。

這是為了保持客觀性，防止當事方挑選法官，也防止法官以自己的偏好審理案子。但其實做到後來，已經慢慢能猜到下一個案子會是哪幾個法官來做。所以，不斷更換案件的排序單子，以及法官至少每一年更換自己抽籤的號碼是有道理的。

高　淵：對每個案子，最後需要三位審理法官意見一致嗎？

張月姣：不一定，兩票以上就行，可以有不同意見。但現在經過溝通交流之後，不同意見越來越少。其實法官做的工作，是對 WTO 條約作出權威解釋。庭審法官盡量在涉案的法律問題達成共識，對 WTO 法律解釋的一致性和可預測性是有益的。

高　淵：判決書由誰來寫？

張月姣：是由三位法官討論裁定，秘書處律師小組參與討論。根據庭審法官的指示，由他們提供背景資料，或者根據法官的分析與推理提供某些法律分析的初稿，我們再一句一句地改，有時候要推翻重寫。文字的工作量很大，寫一個裁決是很費心費力的。有時徹夜難眠，不斷琢磨案情與法律的適用，這是一個探尋真理的過程，盡最大努力保證上訴報告的推理精確、有說服力，體現合法性與正義性。

高　淵：判決書一般要寫多長？

張月姣：很長，而且越來越長，像空客告波音的案子，專家組報告達到一千多頁。我也參加了波音飛機的補貼案審理，無論專家組的報告和當事方的上訴材料有多長，我都是逐字逐句地認真閱讀和思考。

我在日內瓦到北京的航班上，每次都要帶半箱資料，一般看五小時文件，然後休息四小時。經常有空姐問我年齡，聽說我都七十多了，她們感慨還這麼辛苦。其實我們上訴機構法官都很辛苦，由於長距離飛行的時差問題，幾乎每個人都是早起的小鳥，早上四點鐘就開始評論案情和有關的法律問題。

但越寫越長是個問題吧。所以我這次告別演講時，建議以後的判決書要簡潔，最好有頁數的限制。太冗長不好，影響說服力，這是一種法律文牘主義。

高　淵：你們七位法官之間關係怎麼樣？

張月姣：相處得不錯。我們每做完一個案子，這個案子的首席法官就要舉行一個小派對。我一般是在中餐館訂一些炸蝦、牛肉、春卷、餃子之類的，再買一些酒和飲料，然後大家講一講對這個案子的體會，有時還跳舞唱歌。有的時候從北京回日內瓦，我會帶上幾隻烤鴨。

高　淵：你在WTO工作將近九年，一共審理了多少案子？

張月姣：如果包括參與交換意見的，有四十多個案子，我直接負責的是20個，我擔任首席法官的是10個案子。這個數量，是上訴機構中比較多的。因為我的任期長，不少法官只做了一任四年。

這些年，WTO爭議解決的案件數量在增加，法律問題在增多，審理的難度也在提高。能審理這麼多上訴案件，是因為我精力旺盛，身體也不錯，而且業務能力得到同事的公認，我的英語和法語都很熟練。

現在回想這九年，我最大的欣慰是，我有可能把國家之間的貿易爭端，通過和平的手段來解決。比如澳大利亞和新西蘭的蘋果案，一直拖了90年都解決不了，然後通過我們的審議解決，現在他們又開始蘋果貿易了。還有我參加的波音爭議案，涉及那麼多法律問題，我們都很清晰地做了解答和分析。

在WTO這九年，我真是用了“洪荒之力”。有的案子很複雜，真是連著幾天睡不著，因為你必須對歷史負責，世界都在看你。作為一個法官，我盡責了；作為一個知識分子，我獲得了認可。

高　淵：有什麼遺憾嗎？

張月姣：說實在的，有時候我對有些案子覺得窩心，有的人不懂WTO規則或者有政治因素的干擾和偏見。另外在上訴機構推翻了專家組的某些裁定後，由於缺乏有關的事實認定，上訴機構無法完成法律分析。當事方使用了大量的人力、物力和時間，最後拿到一紙空文，無結論。這是我感到非常遺憾的。

高　淵：很多跟你共過事的人稱你“鐵女人”，有什麼原因嗎？

張月姣：可能因為我比較拚吧。1964年，我剛從北京師大附中畢業，被公派到法國漢納大學學習。法語真是一點都不懂，就用字典背。從那時起，我養成了每天早上五點鐘起床學習的習慣，一直保持到今天。無論頭天夜裏忙到多晚，次日清晨必定按時起床。

在我剛加入亞行的歡迎晚會上，法律部門新來的律師說，亞行要派人去戰亂中的阿富汗，條件非常艱苦。先問了一位新同事，他說有小孩不能出差。第二個問的就是我，我一口答應，因為我身體好，而且有勇氣。還有一條，我會射擊和騎摩托車。

我在上高中時，拿過三八節女子射擊比賽冠軍。摩托車也是那時學的，教練說我個子太矮不能騎，我說個子矮更靈活呢！當時旁邊有個大油桶，上面放個板子，教練說能騎過去就算上你。我當著那麼多人的面，一下就騎過去了。我跟亞行的高層說了這個故事，他們很佩服我的勇敢。

高　淵：後來去西非開發銀行，是否更艱苦？

張月姣：西非的條件是很艱苦的。我印象最深的是，有一次我和西非開發銀行聯合組織在多哥舉辦“中國經濟日”，多哥也是西非開發銀行總部所在地，有五百多名專業人員參會。西非五國的副總理和貿易部長也出席了開幕式。

由於準備工作繁忙又經過長途飛行，我體力透支。就在大會開幕前一天，我突然腰疼得直不起來。去醫院看病沒效果，當地人說有一個“赤腳醫生”專治腰疼。他們帶我去看，都嚇了一跳。那是露天搭的棚子，居然還沒有一次性針頭，針都發黃了。同事說走吧，萬一傳染什麼病怎麼辦？我咬咬牙說，我今天豁出去了，不然這麼大的活動，我哈著腰上台主持太不像話。於是就躺在木板上，讓“赤腳醫生”給我打了三小時吊針。後來，中國醫療隊也送來了藥，第二天居然跟正常人一樣成功地主持了大會。

這麼多年工作中，我一直記得周恩來總理對我們出國留學生講的一句話：“青山處處埋忠骨，何須馬革裹屍還。”我的人生字典裏沒有“不”字，沒有做不到的事情。有志者事竟成！

爭議中的 WTO

高　淵：近年來，有些國家在質疑 WTO，想另起爐灶，你怎麼看待 WTO 的存在價值？

張月姣：WTO 的基石條款是無條件的最惠國待遇。WTO 反對歧視、反對貿易保護主義、反對單方面的貿易報復措施，主張貿易規則透明，這些都是國際經濟治理的重要原則。

國際貿易是國際經濟發展的助推器，也是實現聯合國千年發展目標的重要依託。建立和維護以規則為基礎的多邊貿易體制，是維護世界和平與發展的重要平台。我在告別講演中特別強調，WTO 在抑制貿易保護主義和促進國際經濟發展中有著引擎作用。

WTO 爭議解決的救濟方法是前瞻的。也就是說，如果某個成員被裁定違反了 WTO 的規則，它並不需要對已經造成的損失進行賠償，而是修改或撤銷違反 WTO 規則的貿易措施，以後不得有此行為。

這樣有利有弊。有一次在比利時開會，巴基斯坦的貿易部長就說，WTO 裁決了這麼多關於進口國反傾銷措施違反 WTO 法的案件，最後也不給勝訴國賠償，我們花的律師費和已有的損失，誰給我們補償？裁決的時間越長，我們的損失越大。

這麼看當然是弊端，但反過來說，如果一個新成員經常被起訴，這也是一種保護。比如美國、歐盟、中國相關的案子很多，如果都需要賠償損失的話，可能也受不了。

高　淵：所以你贊同目前的不追溯補償機制？

張月姣：WTO 的核心精神是，要把違反 WTO 規則的行為糾正過來，回到正確的軌道上，重點不是去懲罰過去的錯誤。而且，也很難用數字準確衡量造成的損害。所以，我還是支持 WTO，起碼 10 年內依然適用現行規則。

高　淵：很多人都在抱怨 WTO 對貿易爭端的裁決太漫長，你覺得究竟慢不慢？

張月姣：其實，WTO 比海牙國際法院要快不少。國際法院 15 名法官，到現在做了不到 70 個案子，公佈了三十多個法律報告；而 WTO 上訴機構只有七名法官，已經受理了五百多個案子，公佈了 150 個報告。

根據現在的規則，上訴機構判一個案子必須在 90 天內結案，裏面還包括翻譯時間、節假日和週末，到了聖誕節，前 10 天就沒人上班了。很多案子實際辦案時間就一兩個月，而且法律問題越來越複雜，有很多新的問題需要研究。我認為在辦案時間和裁決的質量之間比較，應該以質量優先，當然也要適當加快審理。

判案不應該求快。其實現在最大的問題是，案子越來越多，法官的工作量太大。之所以有這麼多案子，一是因為在 WTO 打官司是不用交仲裁費的；二是有的國家政府出於政治目的，可以對選民說，我已經把爭議提交 WTO 了，我已經盡職了。我認為，國與國之間有很多雙邊和多邊的會談機會，應該更多使用非訴訟方式來解決問題。

高　淵：你認為現在 WTO 的最大問題在哪兒？

張月姣：我先說個故事。2015 年，我們在清華大學舉行有四百多名專業人員參加的 "WTO 成立 20 週年國際研討會"，請了不少 WTO 的上訴機構前法官、現任法官以及 WTO 高官和國內外 WTO 專家。會前我們在校園裏參觀，看到一位老先生在寫書法，我一一解釋文字的意思，問他們喜歡哪一幅，我可以買下送給他們。結果，WTO 副總幹事卡爾·恩斯特·布朗納挑的是 "行勝於言"。

現在，這幅字就掛在 WTO 總部非常醒目的地方。可能不僅是我，在 WTO 工作的人都有一個感受，這個龐大的國際組織一定要體現更多的行動和活力。從多哈回合擱淺以來，WTO 的改革基本停滯了。這個機構必須行動起來，為推動經濟全球化和維護以規則為基礎的多邊貿易體制作更大貢獻。

東京歸來

梅小璈　　　向隆萬　　　倪乃先

1946 年，"二戰"落幕不久，審判日本戰犯的遠東國際軍事法庭在東京組成，中國法律團隊隨即奔赴日本。在這個團隊中，有三位特別引人注目：法官梅汝璈、檢察官向哲濬，以及中途馳援的首席顧問倪徵燠，他們被稱為"中國法律界三傑"。

　　很多人原以為審判只要幾個月，沒想到最終歷時兩年半。經過強度極大的日本侵華罪證收集，以及艱苦卓絕的法庭交鋒，25 名甲級戰犯被告都被判定有罪，其中東條英機等 7 名元兇罪魁被判處絞刑，16 名戰犯被判無期徒刑。

　　2016 年，時值東京審判 70 週年，本書作者分別採訪了梅汝璈的兒子梅小璈、向哲濬的兒子向隆萬、倪徵燠的女兒倪乃先，聽他們說說父輩們自 1948 年東京審判結束後的人生歲月。

法官梅汝璈：
忘記過去的苦難
可能招致未來的災禍

梅汝璈

東京審判中方法官。1904 年生於江西南昌。1946 年代表中國出任遠東國際軍事法庭法官，參與了舉世聞名的東京審判，對第一批 28 名日本甲級戰犯的定罪量刑（28 人中 2 人病故，1 人被確診精神異常，實定罪 25 人）作出重要貢獻。1949年後，歷任第一屆全國人大代表、全國政協委員。1973 年在北京逝世，享年 69 歲。

梅小璈

梅汝璈之子，1952 年生於北京，1988 年在法律出版社出版其父遺著《遠東國際軍事法庭》。

"他和所有‘以天下為己任’的知識分子一樣，一生中始終沒有停止思考和抗爭。東京審判是他人生和事業的巔峰，他盡了中國法官應盡的職責……讓我們欣慰的是，對東京審判的研究正在深入開展。也許，這多少能夠彌補我父親寫作中斷、資料丟失的巨大遺憾吧。"

1979 年深秋，27 歲的梅小璈收到一份官方文件，是外交部送來的。

這份文件幾經周折，才到他的手中。它先被送到了北京某個小工廠，規模類似於上海當年的里弄生產組。廠裏的工友告訴送信人，這人已經不在這兒了，去讀書了。

隨後，文件被送往北京師範學院（首都師範大學前身），系裏負責人把梅小璈叫到辦公室，當場打開給他看。這是一份關於梅汝璈右派問題的改正通知。負責人告訴他，從今以後，你父親的右派問題徹底解決了，你和你姐姐的檔案裏，也不會記這一筆了。

此時，大法官梅汝璈已經辭世六年，這是他被劃為右派的第 22 年，也是距他赴東京擔任"遠東國際軍事法庭"法官後的第 33 個年頭。

時間倒推 31 年。1948 年 11 月，梅汝璈在遠東國際軍事法庭歷時兩年半的工作結束了。此時，他得到一個消息，他回國後，將被任命為國民政府司法部部長。

梅汝璈的選擇出人意料，他決定去香港避一避。他心裏清楚，如果接受這個任命，必然要去台灣，因為當時國民黨在內地敗局已定。此時，他有不少中共方面的朋友，也在做他的工作，希望他北上。

1949 年，梅汝璈決心去北京。在中共人員的安排下，他化裝成商人，坐上一條運煤船。行駛到舟山群島時，被國民黨軍艦截停檢查。護送的人見勢，拿出錢來悄悄塞給帶隊軍官，那個軍官看了一眼，收了錢就走了。如果當時他被認出，也許就被抓去台灣，全家的人生將被徹底改寫。

那天約訪梅小璈先生，他在微信中說："你住在哪裏，我過來吧。"約在北京崇文門地鐵口，我等錯了一個出口，他電話說："沒事，我馬上走過來。"其實，64歲的梅小璈這段時間非常忙。因為那年是東京審判開庭70週年，各方紀念活動不斷。

70年前的3月20日，他的父親梅汝璈從上海啓程，搭乘美軍飛機前往東京，代表中國擔任遠東國際軍事法庭法官。那段歲月，梅汝璈法官經歷座次分歧、量刑爭議等諸多波折。當年，他有一句話流傳甚廣："如果這些日本戰犯不能被判處死刑，我只能跳海以謝國人。"悲壯之情溢於言表。

最終，11名法官以6：5的微弱多數裁定，判處東條英機、板垣征四郎、土肥原賢二、松井石根等七名甲級戰犯絞刑，16名戰犯被判無期徒刑。

正因如此，後人稱梅汝璈為"中國第一大法官"。東京審判成了他人生和事業的巔峰，他的故事也被反覆講述。但很多人不知道的是，梅汝璈從東京歸來之後，這位頂尖法學家的後半生是如何度過的。

歸國：全家住進杜月笙當年買給孟小冬的房子裏

高　淵：東京審判到 1948 年 11 月底結束，梅汝璈先生回國後去了哪裏？

梅小璈：先到香港躲了一段。那個時候，國民黨政府準備任命他做司法部部長，但如果接受任命的話，是一定要去台灣的，因為當時蔣政權在內地敗局已定。

我父親沒有接受，躲到香港去了。當時在中共這邊，也有很多朋友在做他的工作，後來到香港住了一段時間，就有中共方面的人員來聯繫，準備安排他北上。

當時還有很多民主黨派人士也在香港。我父親沒有他們那麼出名，在國內的政治活動裏不是那麼活躍的，但也有安排。

據說，我父親在中共人員的安排下化裝成商人，坐一條運煤的船北上。半路到舟山附近，還被國民黨的軍艦截住，要檢查證件。護送我父親的人拿出錢來賄賂軍官，結果軍官把錢拿走了，沒有認真搜查，而且海軍的軍官也不認識梅法官，要認出來的話，也許就抓走了。

高　淵：到了北京以後，擔任什麼職務？

梅小璈：當了外交部顧問，後來還當選了全國人大代表。他的工作關係在外交部條約法律司，在那兒上班，沒有什麼實質性職務，就是研究一些文件，做點翻譯。

外條法司有個專家室，負責人是國際法的泰斗周鯁生，當過武漢大學校長。後來，東京審判中擔任中方顧問組組長的倪徵燠先生也從上海調來這裏，那時候倪先生所在的東吳大學已經被合併掉了。

我是 1952 年生在北京，我姐姐梅小侃是 1950 年生在香港。我父親是一個人先回來，在北京安頓下來之後，再去香港把我母親和姐姐接回來。

我們住的房子好像是外交部跟房管局租的，反正房租交給房管局，就在現在的長安大戲院後面。據說我們住的那個平房，是杜月笙給孟小冬買的房子，後來他們都到香港去了。到了"文革"前，我們搬到建國門外的外交部宿舍，那個時候覺得有暖氣、煤氣，條件真的是挺好的。搬走之後，那個平房空下來，後來變成大雜院了，據說到 80 年代，杜月笙的後人還來找過這個房子。

那不是規整的四合院，有西房和北房，東南沒有房間，但上面也是青磚瓦的，中間有一個小庭院，不只我們一家住。

高　淵：住的條件在當時還算可以嗎？

梅小璈：我覺得在平房裏算可以的。我們一家四口住四五間房，房間不是很規整，但面積不算小，有時候老家來親戚住一下，也不覺得擁擠。

房子裏還有西式的衛生間，有一個抽水馬桶。這在 50 年代很少見，包括一些很好的四合院裏面都沒有這個東西。我們邊上院子裏的衛生間，還是那種需要淘糞工人來清理的。我記得那時候同學來玩，都對抽水馬桶的水箱很好奇，這個東西怎麼會有水下來，特新鮮。

審判：座次之爭

高　淵：你們祖上有什麼背景嗎？

梅小璈：完全沒有。我父親是 1904 年生在江西南昌縣，祖父稍微有點文化，當時新式小學剛剛出現，祖父沒把父親送私塾，而是送進了城裏的小學。

我父親 12 歲的時候，就考到北京的清華學堂，這是美國人用庚子賠款的一部分建的。那時候，清華學堂是八年制，也沒特別分專業，英語的訓練比較強。大部分學生畢業後都到美國去留學，我父親是 1924 年去的。

他在史丹福讀了兩年，讀文科基礎。然後 1926 年到芝加哥大學，讀了兩年就拿到了英美法學博士學位。這個速度應該說是很快的。

他從芝加哥大學畢業後，到歐洲遊歷了一番，1929 年回國，先後在山西大學、南開大學、復旦大學和武漢大學當法學教授。還長期擔任立法委員，參與過很多法律的制定。抗日戰爭勝利後，要追究日本戰犯的責任，他被任命為中國參加遠東國際軍事法庭的法官。

高　淵：這裏有個懸案，到底是誰推薦梅先生去擔任這個職務的？

梅小璈：確實有好幾種說法。一種說法是王世傑推薦的。他當過國民政府的外交部部長和教育部部長，而且也是清華出身，後來留英的。

還有一種說法是向哲濬先生推薦的。向先生比我父親大十來歲，他也是從清華出去的，美國華盛頓大學的法學博士（這是一個較為通行的說法，但此說法有誤，參見下文向隆萬的訪談）。據說當時中國政府選派向哲濬出任東京審判中方法官。但向先生考慮到起訴懲治戰爭罪犯，檢察官的責任可能更為重大，加上年齡等因素，便推薦他的清華學弟我父親出任法官，他自己擔任檢察官一職。

高　淵：接到這個任命，你父親覺得意外嗎？

梅小璈：當時我還沒有出生，不是很清楚。其實他就是一個書生，沒在政界做過什麼大官，也沒當過哪個地方法院的法官。他的優勢大概就是對英美法律程序比較熟悉，還有就是語言過關吧。但其實當時英文好的人也挺多的，有很多留學回來的。

說實話，我也不知道蔣介石是怎麼想的。他是真的重視，真的選拔一個人才去呢，還是走走形式，反正勝敗已分，派個教授去就行了，很難說。

高　淵：還有一個爭議，就是庭審法官的座次問題，十年前拍的電影《東京審判》就突出渲染了這一細節。大多數人都說，梅先生對此據理力爭，體現了偉大的愛國情懷。但也有人說他是小題大做，甚至以退出為要挾，是為民族立場而犧牲法律立場，這個過程究竟是怎樣的？

梅小璈：我父親自己專門寫過這個過程。一開始，各國法官對座次沒太當作回事，我父親認為就是按“密蘇里號”上受降時簽字的次序來，即美、中、英、蘇、澳……多數法官都贊同。

但來自澳大利亞的庭長卻不喜歡這個安排，他想讓跟他親近的英、美法官坐在他左右手，他提議以聯合國安理會五國來排，就是美、英、蘇、中、法。但馬上有人提出，五國應該按英文字母排，中國應該在第一個。

接下來的討論就亂了。有人說應該按法官資歷排，有人說可以完全按英文字母排。我父親半開玩笑地說，如果不以“密蘇里號”簽字順序排，就以法官的體重排，我們中國可以換一個比我胖的法官來。

第二天開庭預演，庭長自行宣佈座次為美、英、中、蘇、法、加……並說已徵得盟軍最高統帥同意。我父親憤然離席，回到他的辦公室脫下法袍。同時，加拿大法官也提出抗議。庭長來跟我父親說，今天預演先這樣，明天正式開庭再說。我父親當即表示他將辭職，讓政府另派法官。

如果這樣的話，第二天的首次正式開庭勢必延期，必然造成世界影響，這是誰都負不了責的。這樣，庭長終於表示，就按多數意見，按照受降簽字次序來排座位。

高　淵：你怎麼看你父親的座次之爭？

梅小璈：當時的狀況是，國際輿論都說中國是"假強"，實力非常有限。像美、蘇、英等強國，內心深處是不太看得起中國人的。正是因為處於這樣的地位，我父親就會特別敏感，稍微覺得自己國家的權益受到了損害，就會有比較激烈的反應。

但是，他們這 11 位法官都受過高等教育，而且都做法務工作，都有一套辭令，見面很客氣。我父親在日記裏也寫了，說中國鬧饑荒、打內戰啊，他覺得有點不太好意思，因為當時不管是戰勝國還是戰敗國，都在恢復經濟建設，為醫治戰爭創傷而努力。

他說，人家表面上客客氣氣，教養都很好，私下還不知道要如何議論我的祖國。所以他會這麼敏感，這也是人之常情吧。

高　淵：還有一個疑問是，最後的判決是如何達成的？據說，澳大利亞庭長主張仿效當年處置拿破崙的辦法，把日本戰犯流放到無人海島；而印度法官拉達比諾德‧帕爾主張無罪釋放，由於這個動議，帕爾成為現在日本靖國神社中唯一供奉的外國人。

梅小璈：我父親一直有記日記的習慣，關於東京審判的日記，現在保存下來的就是他初到東京的五十多天，他後面還有一行字叫"以下轉入另冊"，但這個另冊哪兒去了誰也不知道。

其中最可惜的，就是關於定罪量刑那一部分沒有了。因為這個程序中，檢察官是不能參加的，就是法官們的秘密會議。從現在的資料看，庭審記錄很詳細，但法官會議的記錄沒有，那時候好像也不錄音。當時，除了庭長和10個法官參加，另外有一個翻譯，因為蘇聯法官伊凡·柴揚諾夫不懂英文，他必須帶個翻譯，所以一共12個人參加。

我父親是堅決要求判處戰犯死刑的，因為中國人受到的迫害太深了。在他的堅持下，最終法庭判處東條英機、土肥原賢二等7人絞刑，16人無期徒刑。但除了第一批受審的戰犯之外，其他在押的戰犯後來都被稀裏糊塗地放掉了。

1957 年：手稿被拿走了

高　淵： 1957 年的時候，梅先生為什麼會被打成右派？

梅小璈： 和當時很多人一樣，他也是因為開座談會的時候提了點意見。一開始是響應號召，幫助黨整風，但後來風向變了。當時好像有人跟他打過招呼，說你自己出來做點檢查，或許可以不被劃為右派，多少對我父親有點保護的意思。

但我父親的性格比較倔強，他認為是響應號召提意見，而且也不認為他的觀點有什麼錯，這樣就互相下不來台。那時候外事口的領導閻寶航還為我父親說話，他們是好朋友，結果閻寶航也受了批評，被說是"溫情主義"。

我父親主要說了三點。一是對待蘇聯專家的問題。他說有的地方把蘇聯專家奉為神明，這是崇洋媚外的另一種表現。

二是關於一些具體制度的缺陷。他說像劉青山、張子善那樣的貪污案，這兩人的職務不是很高，但貪污的數量卻很大，那就是在財務審批制度上本身有缺陷，而不能簡單地說是個人品質問題。

三是有些宣傳不實。他說經濟建設的宣傳中不實的成分很多，很多是"打腫臉充胖子"，有的是做戲、表演，這種情況應該警惕和制止。

高　淵： 當時你才五歲吧，父親被劃為右派後，感覺家裏有什麼變化嗎？

梅小璈：我很小，看不太出來，好像家裏電話機沒有了，其他的物質生活我沒感覺到特別的差別。

　　我父親的工資級別降了一點，原來是八級，每月大概兩百多塊，當時算很高了。但 1957 年以後，好像降到十一級，後來又提了一級，那以後一直是十級幹部。解放後，我母親沒有出去工作，全家就靠我父親的收入，當時我也不知道父親的工資降了。

　　那時候，因為受周恩來和陳毅的影響，外交部的小氛圍還不錯，像我父親那樣的老專家還能研究和翻譯點東西，周恩來一直禮遇尊重這些舊社會過來的老專家。

　　高　淵：當時你家裏生活得怎麼樣？

　　梅小璈：我感受最深的是，到了 1959 年我上小學了，開學不久，同學們很愛上的體育課就取消了。本來早上八點鐘上課，也被推遲到九點以後了，下午有的時候乾脆放假。街道裏根據醫院證明能領幾勺豆漿，鄰居們的生活顯得很拮据。

　　我家生活也挺困難的，因為副食品供應都要靠供貨證，糧食的質量也明顯下降，大米裏面沙子很多，在煮飯前要仔細挑。但出現這種情況的，絕對不只是我們一家，處境不如我們家的太多了。

　　被劃為右派以後，父親還在原來的條法司，並沒有下放。後來 "文革" 快開始了，外交部裏面也鬧得很厲害，不少老幹部、老專家都被不同的造反派挾持利用，我父親反倒沒人管了。

　　高　淵：1966 年之後，梅先生的狀況怎麼樣？

　　梅小璈：有件事挺幸運的。那是 1965 年，就是 "文革" 爆發的前一年，我們搬了個家。從原來那個平房搬到了建國門外的外交部宿舍。後來發現，這次搬家非常及時。如果我們還住在胡同裏面的話，居委會、派出所都知道哪家成分不好，紅衛兵肯定會來衝擊。

　　搬到外交部宿舍以後，那裏也會有抄家，但都是外交部的造反派來抄，衝擊的烈度比胡同裏要輕得多了。如果不搬走的話，肯定受的罪要多得多。

　　現在開玩笑說，我們那時候遇到的抄家還算文明，因為沒有破壞生活用品，就是拿走了父親的手稿。當時，關於東京審判的回憶錄，他只寫了一半。除了手稿，還有一些資料、照片、便條、筆記什麼的，都被拿走了。

高　淵：這些東西後來還要得回來嗎？

梅小璈：後來我父親想了個辦法，他自己去部裏說，需要拿回一些材料，他能更深刻地自我批判。這樣就拿回了一部分，都堆在家裏。他去世以後，我們整理時發現一個紙包，是用紙繩子捆著的，很整齊的一包，打開一看都是那種每頁 400 格的稿紙，抄得整整齊齊，就是這部回憶錄的前半部。

那時候我媽媽還在世，她一看就說這個東西找到了，下半部本來你爸還想接著寫下去，但"文革"開始就沒有寫成。後來法律出版社不知道怎麼聽說了，說就算只有半部我們也要出版。我就拿給倪徵噢先生看，請倪先生寫了序，後來找到北京大學王鐵崖教授，請他也寫了一個序。

高　淵：1965 年搬進去的外交部宿舍，總體條件怎麼樣？

梅小璈：那地方在建國門外，就在長安街的延長線上，是新式五層樓房，我們家住在三樓。有煤氣、暖氣，有衛生設備，我母親覺得真是方便，不用弄煤球爐子了。那時候，北京的管道煤氣很少，我父母挺知足。

雖然沒有電梯，房子的格局也比較老舊，但建造的質量不錯，外觀很樸素，那時候也不講裝修。

房子沒有廳，就是一個窄窄的過道，有三間房，一間比較大，一間小一點，還有一間特別小，另外就是一個廚房，一個小的衛生間。吃飯就擠在過道裏，也能坐得下。

這套房子一直住到母親去世，2005 年。這個房子還在，出租了，那地方現在是 CBD，中央商務區。講拆遷講了十來年了，來過四批開發商，他們都望而生畏，拆遷成本太高了。

謝世：他有很倔強的一面，但平時特別溫和

高　淵：最近又再版了梅先生在東京審判期間的日記，這是什麼時候發

現的呢？

梅小璈：這也是後來整理他的遺物時，偶然發現的。我記得是 1969 年的冬天，我從內蒙古插隊的地方回來探親，全家準備都去幹校。當時，外交部裏面抄家的物資也沒人管了，是誰家的東西誰家領走。我又去拿回了一大包東西，再過了好幾年，我父親去世以後，才發現那個日記本的。

據我母親回憶，其實我父親的日記是記全的，很可能抄家的時候被拿走了，然後就遺失了。還有一種可能是，搞運動的時候，他會不會自己銷毀了，這也很難說。不過，父親後來的日記，沒有像東京審判期間寫得那麼認真，篇幅也沒那麼長。

高　淵：梅先生在法律這方面的專長，後來有沒有發揮的餘地？

梅小璈：他在 50 年代初期的時候，有過幾次出國開會，主要是去蘇聯、東歐。後來有一年，遇到中國和巴西的貿易摩擦，他在《人民日報》發表文章，認為巴西方面指責中國外貿人員的理由不成立。另外，還在《世界知識》之類的刊物寫過一些文章，主要都是關於國際法，也做一些翻譯工作。

總的來說，外交部的風氣還是重視業務的，這是周恩來、陳毅打下的基礎。1971 年中國恢復在聯合國的合法席位後，有一個航空法方面的英文文本，部裏也請我父親幫著看一看。應該說，就算是"文革"期間，我父親在業務上還有零星的發揮空間。他就像一名技術專家，這種人是不太容易被打倒的。

高　淵：你父親的身體是從什麼時候開始出問題的？

梅小璈："文革"開始後，他的身體就明顯不太行了，經常要跑醫院。那時候心情不太好，總是聽說哪個老朋友被抓起來了，哪個老朋友自殺了。他給周恩來寫過信，對造反派奪權、火燒英國代辦處等，他認為很不好，很憂慮。

他是心臟病和高血壓，就是心腦血管的那些病。到了 1972 年秋天，突然偏癱了，送進醫院就沒能出來，1973 年 4 月就去世了。

在那之前已經住過好幾次醫院，那時候我和我姐姐都在插隊，多半時間不在北京，當中我還回來過一次，就是因為他住院。

高 淵：他有什麼愛好嗎？

梅小璈：就是聽聽京戲。東京審判期間的日記裏，他說每天打太極拳，我印象中住在平房裏的那幾年他還打，但後來處境不好了，似乎就不打了。

高 淵：在你印象當中，你父親為人處世的性格是怎麼樣的？

梅小璈：他有很倔強的一面，但平時特別溫和。按外交部一位老同事的回憶，說我父親性情溫和，但就是喜歡堅持一點東西，跟你硬到底。

他對我們姐弟的事干預得不太多，所以說不上嚴，也說不上慈。我們小時候學習不能說特別好，但也沒讓老人操多少心。

另外，他有悲觀的一面，也有樂觀的一面。我們讀到初中，就遇到"文革"停課了，他跟我母親講，兩個孩子雖說都只讀到初中，但到鄉下插隊，認幾個字也夠了，將來還可以邊工作邊學習，遲早國家還會用人的。

高 淵：很多人都說梅先生是"中國第一大法官"，在你的心目中，他是個怎樣的人？

梅小璈：他和所有"以天下為己任"的知識分子一樣，一生中始終沒有停止思考和抗爭。東京審判是他人生和事業的巔峰，他盡了中國法官應盡的職責。

我父親有句話："我不是復仇主義者，我無意於把日本帝國主義者欠下我們的血債寫在日本人民賬上。但是，我相信，忘記過去的苦難可能招致未來的災禍。"

父親已經離開我們 43 年了，讓我們欣慰的是，對東京審判的研究正在深入開展。也許，這多少能夠彌補我父親寫作中斷、資料丟失的巨大遺憾吧。

檢察官向哲濬：
往事都藏在心裏

向哲濬

東京審判中方檢察官。1892 年生，湖南寧
鄉雙江口人，早年留學美國耶魯大學，歸
國後曾任北京大學、北京法政大學、東吳
大學教授。1952 年院系調整後，先後在復
旦大學法律系、上海社會科學院擔任法律
教學和研究工作。1960 年擔任上海財經學
院（現上海財經大學）教授兼外語教研室
主任，1965 年退休。1987 年逝世，享年
95 歲。

向隆萬

向哲濬次子，1941 年生於上海。現任上海
交通大學教學委員會委員。

"他在家裏很少跟我們説起當年東京審判的往事，很多事情似乎都藏在心裏。但只要在報紙上看到日本又有人否認南京大屠殺，或者日本官員參拜靖國神社，他就會無比憤慨。有時候，他也會抱病參加一些會議，痛斥日本有人企圖復活軍國主義的行徑。"

1946 年 2 月 7 日，向哲濬偕秘書裘劭恆從上海出發，前往東京。

半年前，日本宣佈無條件投降。隨後，盟軍總部決定由中、美、英、蘇、法等 11 國成立國際軍事法庭。1945 年 12 月 8 日，蔣介石批准"以向哲濬、梅汝璈等二人為遠東國際法庭中國代表"。實際上，54 歲的向哲濬是東京審判中方團隊負責人。

向哲濬出生於湖南農家，1910 年考進遊美肄業館，就是清華學堂的前身。後來留美，先後獲得耶魯大學文學學士和喬治·華盛頓大學法學學士兩個學位。

根據妻子周芳後來的回憶，原來國民政府是要派向先生當東京審判的中國法官，但他覺得檢察官擔子更重，就推薦了梅汝璈當法官，自己出任非常辛苦且默默無聞的檢察官。

12 年後，1958 年的一天，向隆萬要填報大學志願，他請教父親向哲濬。

那年，向隆萬 17 歲，向哲濬 66 歲。向隆萬想報考歷史或者中文專業，父親問他："你是不是數理化很差？"向隆萬說，其實都挺好的。

父親跟他說，現在國家建設很需要人才，應該學數理化。略略停頓後，他又說了一句："學人文社科呢，如果不能獨立思考是很痛苦的。"向隆萬只聽懂了前半句，但還是改了志願，選了文理都需要的建築，考上了同濟大學建築工程系。

此時，距向哲濬參加東京審判歸國整整 10 年，他還有 29 年平淡寂寞的人生歲月。向哲濬作為當年中國最傑出的法律人之一，他的子孫後代無一繼承他的衣缽。

在向隆萬這位 75 歲的退休數學教授看來，法官梅汝璈曾被劃為右派，且 69 歲就去世了，比較悲涼；首席顧問倪徵燠在 79 歲高齡時，還出任海牙國際法院法官，十分榮耀；而他的父親 —— 檢察官向哲濬則默然無語地走完了最後的 39 年，可謂相當平淡。

從史料上看，向哲濬和梅汝璈是第一批確定參加東京審判的中國法律人。1945 年，日本宣佈無條件投降後，蔣介石批准 “以向哲濬、梅汝璈等二人為遠東國際法庭我國代表” 時，梅汝璈 42 歲，向哲濬 54 歲。

1946 年 1 月 19 日，《遠東國際軍事法庭憲章》公佈，法庭正式組成，澳大利亞人威廉・韋伯和美國人約瑟夫・季南分別被任命為庭長和檢察長。很快，向哲濬向國際檢察局遞交了由蔣介石圈點的第一批 11 名日本侵華甲級戰犯名單。在經歷了強度極大的日本侵華罪證收集後，向哲濬與檢察官團隊在法庭上，同日本戰犯及其辯護律師展開了一場場激烈的交鋒。

向哲濬作為參加東京審判全過程的中國代表團核心成員，完成使命歸國後，等待他的將是怎樣的命運？他看似平淡無奇的後半生，蘊含著那一代中國法律人乃至中國知識人怎樣的悲歡？

選擇當最累的檢察官

高　淵：你父親是最早一批去美國留學的中國人吧？

向隆萬：他是 1910 年考進遊美肄業館，就是清華學堂的前身，確實算早的。後來畢業於美國的耶魯大學和喬治·華盛頓大學。

1920 年，他在耶魯大學拿到了文學學士學位，1925 年他在喬治·華盛頓大學拿到了法學學士學位。前幾年，我拜訪了喬治·華盛頓大學法學院的副院長，她查了檔案也覺得詫異，因為一般人總要繼續讀碩士、博士的，我父親怎麼就不讀了？

其實他當時是歸心似箭。因為他在 1920 年華盛頓會議期間，擔任中國代表團秘書，受到王寵惠博士的青睞。王寵惠希望父親盡早回國，為收回列強“領事裁判權”等事務出力。

高　淵：有一種說法，說原來國民政府是要派向先生當東京審判的中國法官，但他覺得檢察官擔子更重，就推薦了梅汝璈當法官，自己當非常辛苦且默默無聞的檢察官。有這回事嗎？

向隆萬：這是我母親的回憶錄寫的。但到目前為止，還沒有從檔案中找到證據。

根據我母親的回憶，當時政府讓我父親選，當法官或檢察官都可以。我父親覺得在英美法體系中，檢察官的工作更為吃重，他就挑了這個累活，並推薦他清華的學弟梅先生去當法官。

這應當說是非常可能的。我父親過世後，母親主要靠寫寫書法來打發時間，我們幾個子女就勸她寫點回憶錄。她說好，那我就先寫你們父親吧，這樣就從我父親出生寫到去世。

所以，她寫回憶錄，並不是為了發表，沒有必要去編排。她寫到的這一段，肯定是我父親跟她講過，否則她編也編不出來。以我父親的性格，他確實喜歡自己承擔比較麻煩的事。

高　淵：對日本戰犯的起訴起始日，原來是從 1941 年珍珠港事件開始，但在中國檢察官強烈要求下，往前推到 1928 年皇姑屯事件為起點，這是你父親提出來的？

向隆萬：因為珍珠港事件發生在 1941 年 12 月 7 日，所以美國方面提出從 1941 年開始算。美國是 12 月 8 日向日本正式宣戰的，而中國是 12 月 9 日才對日宣戰。

但日本軍方一手策劃了皇姑屯事件，被暗殺的張作霖是中國華北和東北的最高行政長官。此後，日軍侵略中國各地，屠殺了千百萬中國平民，這些當然是戰爭行為！

我父親堅持從 1928 年 1 月 1 日作為起始日，就是為了更完整地起訴日本戰犯的罪行。當然，這也使他自己這個團隊增加了很多壓力，因為收集證據要從 1928 年開始了，他們為此花了大量的心血。

賦閒開始：在法律系幾乎沒什麼課可上

高　淵：東京審判結束後，他面臨什麼樣的選擇？

向隆萬：法庭審理即將結束時，國民政府曾任命他為最高法院檢察署檢察長。我父親立刻發電報請辭。回國後，又任命他當司法院大法官，而且還特別通知父親，已備好全家由上海到廣州的機票，速去台灣上任。

司法院大法官類似於最高法院大法官，地位非常高，而且是終身制的。但我父親還是決定不接受任命，因為他覺得國民黨太腐敗，決心不去台灣。那時，季南邀請他一起到國際法院工作，還有機會去美國講學，他都沒去，決定留在上海，就想從事他最鍾愛的教書工作。

高　淵：決定不去台灣後，他先到哪所大學開課？

向隆萬：到大夏大學和東吳大學，教國際法等課程。那時候，我母親也被大夏大學附中聘為英語教師。1951 年，大夏和光華等合併為華東師範大學。院系調整後，東吳大學的法律系被併進了復旦大學，有領導來徵求他的意見，問他想去復旦外語系還是法律系？

我父親考慮到自己的專長是法律，又有多年的司法實踐，特別是有東京審判的經歷，他就選擇了法律系。他對能進國立大學任教，當時是很高興的。但他可能沒有預料到的是，這個法律系形同虛設，幾乎無課可上。

當年強調的是，"政策和策略是黨的生命"，就是以政策為主。比如說，同樣偷東西，碰到嚴打了，可能就判得很重。而且，我父親的專長是國際法，偏重英美的。那時候，中國是向蘇聯一邊倒，不能講英美法律這些東西。對於像他這樣一貫忙於工作的人，一下子處於無所事事的狀態，讓他很茫然。

高　淵：這樣的賦閒狀態持續了多長時間？

向隆萬：很多年。到了 1958 年，復旦大學法律系解散了，他被安排調到了上海社科院工作，也沒什麼事，就是開開會。

我父親一直想找點事情做做。他常和幾個好朋友談起這個問題，大家都有同感。因為他們當時的境遇都差不多。

50 年代的時候，中國和印度關係很好。1954 年尼赫魯總理訪華，北京幾十萬人歡迎。我父親和他的幾個朋友，就選了尼赫魯的著作《印度的發現》來翻譯。

一開始有五個人，他們先分好工，然後每個階段碰一次頭，討論翻譯中遇到的問題。工作時斷時續，有兩位因為手頭的事情慢慢多起來，就中途退出了。

我父親就把他們的工作包攬下來，翻譯完成後，還負責全書的審閱修飾。他們不求速度只求精，足足花了三年時間才出版。可能因為是集體合作的關係，他們就以 "齊文" 為譯者筆名出版。

高　淵：這本書就 1956 年出了一版？

向隆萬：是的，一直到 2016 年，上海人民出版社又重新出版，在 2016 年上海書展上被評為 "十大好書" 之一。這次不再用筆名了，翻譯者除了我父親，還有他的清華同學、經濟學家朱彬元先生，以及梅汝璈法官的秘書、上海外國語學院教授楊壽林先生。現在看看，譯文很流暢，不失為翻譯的佳作。

這裏面還有個故事。這本書出版後，我父親送了一本給他的兩位長輩。後來這兩位先後在東北故去了，書被賣給舊書店。多年以後，有人在地攤發現了這本書，就發了個郵件給我，說令尊大人有一本書，你要不要？我當然要，他寄給我了。這上面還有我父親的筆跡呢。

運動中過關

高　淵：你父親在 1949 年後一些政治運動中，受到的衝擊大嗎？

向隆萬：中華人民共和國成立初期一開始是"三反""五反"，這個主要是針對幹部和工商界人士，我父親是旁觀者。然後就是思想改造運動，這次的對象是知識分子，我父親就感受到波動了。

我父親加入過國民黨，又當過國民政府的法官，很多朋友都很擔心他會受到嚴重的衝擊。聽我母親後來說，我父親當時也有些不安，但他自己想想，當法官的時候始終公正廉明，沒做過什麼壞事。他沒有想到，1949 年前的法院裏還有中共地下黨員，他們對父親的為人非常了解，所以順利"過關"了。

父親在思想改造運動中，交代了以前的經歷，把所有留著的歷年國民政府的委任狀都上交了。而且，他對自己受英美法學影響的思想也做了自我批判。他在小組交代的時候，都實話實說，沒有誇張的地方，別人也說不出他以前有什麼劣跡，所以沒有受到多大衝擊。

高　淵：1957 年的遭遇怎麼樣？

向隆萬：復旦的反右相當激烈，王造時、陳仁炳等都被稱作"大右派"，是全國批判的大右派。我父親那個小組裏，有國民政府最後一任最高法院檢察署代理檢察長楊兆龍、莎士比亞研究專家孫大雨等人，對他們的批判也很激烈。

我父親平時的一言一行都很熱愛新中國，所以最終沒什麼問題。他當時覺得，雖然 1949 年後法制建設不夠，但是國家欣欣向榮，造出了汽車飛機，解放前《六法全書》俱全，不也民不聊生嗎？

讓我父親大吃一驚的是，1949 年前他法院裏的兩個地下黨員，卻被劃成了右派，他一直覺得這兩人為人很好。

高　淵：這次運動對你父親有什麼潛在影響嗎？

向隆萬：我父親從 1956 年開始，就在著手整理東京審判的資料，準備寫一部回憶錄。經過了反右之後，他就停筆了。

我母親說，60 年代初，他後來還動過心，但在批判"三家村"《海瑞罷官》後，很快"文革"風暴到來，就再也不提這事了。梅汝璈先生在 60 年代初開始撰寫關於東京審判的專著，也是因為"文革"而中途擱筆，非常可惜。

其實，我父親是從東京審判中方組團開始就加入的，參加了全過程，他不寫回憶錄損失挺大的，很多經歷只能被湮沒掉了。

高　淵："文革"開始後，他的境遇怎麼樣？

向隆萬：我父親是 1960 年離開上海社科院，調到新成立的上海財經學院，當基礎部英語教研室主任。在那裏工作了五年，到 1965 年退休的。幸虧退休了，後來沒有遇到紅衛兵的"打砸搶"。

他在財大當英語教授，法律肯定是不能再教了。他在 1964 年生了一場病，前列腺肥大開了刀，然後注射鏈黴素，可能劑量用大了，聽覺越來越差。本來學校還不讓他退休，但他說他是教英語的，現在聽不清學生的發音，這個怎麼行？而且，年紀也確實大了，退休那年已經 73 歲。

高　淵：在那場運動中，他還能身處事外嗎？

向隆萬：開始兩年基本沒事，但也一直擔驚受怕。當時我們住在銅仁路上的一個大樓裏，看到好幾個鄰居被抄家，有的家裏地板也被撬開，財物都被紅衛兵拿走了。我父母一直日夜不寧、草木皆兵。

好在我們家有一張新華社記者拍的大照片 —— 毛主席和我外祖父周震鱗握手。外祖父是同盟會發起者之一，孫中山和黃興的戰友。毛主席青年時代聽過他的演說，1949 年後，就把外祖父全家接到北京。每年，毛主席都要宴請章士釗、王季范、仇鰲和我外祖父這幾位湖南元老。曾有紅衛兵光顧我們家，一看到這張照片就諾諾而退了。

到了 1968 年夏天，我父親這樣的退休教師突然都被召回學校，說要

"清理階級隊伍"。讓他們參加學習小組,每個人都要自我批判,他主要是交代東京審判的情況。

他每天早上六點前就要出門,晚上十點以後才能到家。白天還要勞動,讓他們掃廁所、除草,等等。回到家已經疲憊不堪,但還要寫一篇學習心得。我父親做事又認真,要花很多時間寫。我母親看他太辛苦,後來就幫他寫好,等他回來抄一遍就行。有時候,我父親抄著抄著就睡著了。

高　淵:你父親被批判時態度一直很好嗎?

向隆萬:主要是他耳朵不好,別人批判他,他也聽不清,就站在那裏點頭。其實我父親脾氣很強的,如果他聽清楚了,一定會反駁。

到了1969年初,學校開了落實政策的大會,我母親也去參加了。在那個會上,主持人說,向哲濬對以前的錯誤能夠認識清楚,勞動態度也很好,從今天起予以解放,不必再來學校參加學習了。

高　淵:"文革"結束後,他是否精神一振?

向隆萬:是的。應該說,那十年他已是身心交困。1976年打倒"四人幫"後,竟然奇跡般精神煥發,1977年,他一個人去北京探望我哥哥和姐姐,住了大半年。第二年,他又隻身坐火車到西安來看我,當時我在西安交大工作。他還登上了驪山,那年已經86歲了。

我父親出身湖南農家,勞動之餘,一直喜歡洗冷水澡,且不碰煙酒。但我覺得,最關鍵的還是心態好。即便在"文革"中,他也要找點事情做做,最經常做的就是教青少年學英文。

我記得,他買過幾十本英文版《毛主席語錄》,像發撲克牌一樣,見到年輕人就送。他送過送報紙的、修皮鞋的,還有鄰近一家煙紙店的一對兄妹。他總喜歡問人家:"你想學英語嗎?我可以教你。"

高　淵:有多少小孩跟他學?

向隆萬:他教過很多人,像那家煙紙店的兄妹,哥哥興趣不大,妹妹卻很想學。我父親就每個星期都上他們家去,當時沒有教材,除了英文版《毛主席語錄》,只有《北京週報》,1972年尼克遜訪華後,中英文的《中美公報》就是很好的教材。"文革"後,煙紙店的這個妹妹考上大學,我父親還在病床上為她批改英文作業。

後來，那個女孩當了大學教師，又去美國深造，現在在美國任教。她總是說，是向老改變了她的命運！

高　淵：他對物質上一直要求不高？

向隆萬：其他不說，比如說房子。1949 年後一直住在銅仁路的一個公寓房裏，房子不錯，但很小，建築面積大概四十來平方米，最多的時候住了八九個人，三代同堂。他一直心態特別好，不然也不會高壽。

高　淵：什麼時候身體出問題的？

向隆萬：大概 90 歲的樣子吧。先是小中風一次，後來又經歷盲腸炎手術，身體一直沒恢復過來。到他最後兩年，人已經有點糊塗了。1987 年的夏天特別悶熱，他沒熬過去，享年 96 歲。

後代沒有法律人

高　淵：向先生的後人有沒有學法律的？

向隆萬：沒有。我有一個哥哥和一個姐姐，我們考大學的時候，國內大學的法律系大都解散了，還怎麼讀法律？

1958 年，我填大學志願的時候，原來想報歷史或者中文。回來問我父親，他說你是不是數理化很差？我說其實都挺好的。他說，現在國家建設很需要人才，應該學數理化。然後他又說了一句，學人文社科呢，如果不能獨立思考是很痛苦的。

我那年 17 歲，只聽懂了前半句，但我還是改了志願，選了文理都需要的建築，考上了同濟大學建築工程系。

高　淵：但後來你改學了數學？

向隆萬：我的經歷蠻複雜的。1957 年蘇聯的人造衛星上天，據說有一次毛澤東問赫魯曉夫，為什麼蘇聯能趕在美國之前上天？赫魯曉夫說，這個很簡單，我們的傳統就是數學和物理的基礎特別強。

後來，教育部要求有條件的大學，多培養一些學數學和物理的學生。記得我們班在大學一年級的暑假去崇明進行測量實習，回來的船上宣佈，根據黨的需要，你們中間要各抽 30 個人學數學和物理。下船就宣佈名單了，我是學數學。

論數學的師資條件，肯定是復旦更好，所以我兩年級就轉到復旦數學系代培。本來畢業後回同濟任教，但是隨著"調整、鞏固、充實、提高"八字方針的貫徹，1963 年我從復旦畢業後被分配到西安交通大學任教。1984 年，為了照顧年邁的父母，又調回上海交通大學任教，直至今日。

其實我的數學才能並不強，個人特長應該是人文學科。但後來做了一輩子數學，改革開放後，還被公派到美國哥倫比亞大學當訪問學者，學的也還是數學。

高　淵：你是從什麼時候開始想收集東京審判資料的？

向隆萬：父親比我大 49 歲，等到我長大成人，他已是古稀老者，平日很少講到東京審判，我的確知之甚少。2005 年胡錦濤總書記在紀念抗日戰爭勝利 60 週年時，第一次高度評價東京審判。我面對媒體採訪，幾乎無言以對，慚愧之餘，才決心收集東京審判的第一手資料。

1948 年底，東京審判結束後，我父親整理了兩大箱的資料，包括四萬多頁庭審記錄和兩萬多頁證據，他特意和秘書高文彬先生帶著資料坐船回國。回來後，一份給了南京國民政府，一份給了東吳大學法學院。但後來都下落不明。

我曾經問過上海圖書館和國家圖書館，他們答覆說都沒有東京審判的史料。我那時只是想找到這些史料，了解我父親當年到底做了什麼。

高　淵：哪年正式付諸行動的？

向隆萬：2006 年初，上海歐美同學會組團去美國，我是團長。到了華盛頓，我就去國會圖書館，發現有庭審記錄的縮微膠卷，他們還把東京審判的庭審記錄縮印編成了二十多卷書。以前是一頭霧水，這次算是摸清楚史料在哪裏了。

那年 5 月，我又去了一趟美國，參加小兒子的碩士畢業典禮。藉此去了華盛頓國家檔案館和紐約哥倫比亞大學東亞圖書館，除文字外，還尋找照片和紀錄片。

高　淵：做這些事要花不少時間，經濟上有壓力嗎？

向隆萬：我當年在哥倫比亞大學留學時，導師是華裔教授朱家鯤，也是交大校友。他經歷過上海淪陷的日子，對日本鬼子深惡痛絕。他見到我就給了我一張 5000 美元的支票，大力資助我。

但紐約市區賓館很貴，我和太太住在新澤西的一個朋友家裏。每天清晨，朋友的太太開車把我們送到火車站，乘火車到紐約，而後轉乘地鐵到位於曼哈頓的哥倫比亞大學。晚上再原路返回，朋友太太開車來接。路上單程要兩個小時，這樣持續了一個月。

高　淵：最終成果怎麼樣？

向隆萬：2007 年我又去了一趟，翻拍了二十多張照片，根據查閱索引複印了一百多頁父親的講話，還有兩段錄像資料，回來時就感覺比較有底氣了。

到 2010 年，我編輯出版了一本書，書裏收錄了我父親在東京法庭上 10 次講話的英文原稿和中文翻譯，還附上了母親周芳的回憶錄。看到這些塵封多年的史料重見天日，我覺得可以給自己一個交代了。

高　淵：很多人都說向先生是那個時代中國最優秀的法律人之一，在你的心目中，他是一個怎樣的人？

向隆萬：他在家裏很少跟我們說起當年東京審判的往事，很多事情似乎都藏在心裏。但只要在報紙上看到日本又有人否認南京大屠殺，或者日本官員參拜靖國神社，他就會無比憤慨。有時候，他也會抱病參加一些會議，痛斥日本有人企圖復活軍國主義的行徑。

父親是一個博學、溫和的人，他已經離開我們 29 年了。上海交大在 2011 年 5 月 3 日東京審判開庭 65 週年之際，成立了“東京審判研究中心”。2016 年是開庭 70 週年，五年來關於東京審判的史料正在陸續整理出版，我們最近還倡議建立“東京審判紀念館”。

我想，這些工作都是我父親和他當年東京審判的同事們最希望看到的。

首席顧問倪徵燠：
不拿下元兇，無法見江東父老

倪徵燠

東京審判中方首席顧問。1906 年出生於蘇州吳江的黎里鎮，1928 年畢業於東吳大學法律學院（1935 年改為東吳大學法學院），之後留學於美國史丹福大學法學院，獲得博士學位。1946 年參加東京審判，任中方法律顧問。1984 年，當選為聯合國國際法院法官，任期九年。2003 年病逝於北京，享年 97 歲。

倪乃先

倪徵燠之女，1941 年生於上海，北京市交通局原副局長。

"父親是個理性沉靜的人，但晚年只要說到東京審判，他都會激動落淚……我的父親還是幸運的，在東京審判結束後的55年裏，他的法學專業學識依然有很大的用武之地。"

　　1948 年 12 月，倪徵燠（媒體多用"燠"，但經本書作者與倪家人確認，實應為"燠"）完成在東京的工作，回到國內。當時，家裏正商議舉家赴台。

　　但後來決定不去了。一是他岳父說不去，已經七十多歲了，年紀太大了；二是倪徵燠認為，共產黨也需要正直的司法人員，"我一身清，一點都沒有顧慮，我能找到工作的，教書也可以"。他馬上去東吳大學法學院教書，當了法律系主任、教務長。

　　1949 年後，先是思想改造，然後就是院校調整，所有私立學校都經歷調整。當時成立了一個 17 所私立大學的聯合辦公室，就設在東吳大學法學院，倪徵燠當了二把手，他就天天在那兒上班。

　　到了 1952 年，東吳大學被撤銷了，他被安排進入同濟大學，擔任圖書館主任。當時同濟大學一直在傳要搬家，一說要到西北，一說到新疆。而且，同濟沒有法律專業，他自己在同濟大學也覺得很另類，李國豪教授跟他開玩笑說："你是我們同濟裏面唯一的法律教授。"

　　倪徵燠開始自學俄文。他解放前住在上海法租界，那裏有俄國禮拜堂，在那兒已經學過俄文，所以有一點基礎。他花了兩年時間，拿到了上海俄語廣播學校（上海中蘇友好協會與華東·上海人民廣播電台合辦）的結業證書。然後馬上現學現賣，給同濟大學一年級學生教俄文。

　　在他女兒倪乃先看來，父親是很識時務的，他看到整個國家往蘇聯一邊倒，覺得必須學點俄文，而且他覺得自己有這個精力，當時不過四十多歲，完全能夠學會。"他當初決定留在新中國，是想繼續從事法律教育工作，這裏是有差距。但不能說事與願違，只能說有差距，沒有發揮法學專長的空間。"

如今，75 歲的倪乃先住在北京東交民巷。

這座外表普通的 13 層樓房裏，住著不少中國外交界的名人及他們的後代。在這裏，她的父親倪徵燠度過了 97 年人生的最後歲月。

倪乃先說一口北京話，顯得爽朗麻利。她說，今年是他們全家從上海搬到北京的整整 60 年。我問："您還能說上海話嗎？" 她立刻轉換成標準的上海話，說："怎麼會不記得，我和父母在家裏一直說上海話的。"

倪徵燠先生是蘇州黎里人，夫人張鳳楨是地道的上海人，家就住在老城隍廟旁邊。在東京審判中，倪徵燠中途加入支援，以中國檢察組首席顧問的身份出庭，舌戰土肥原賢二和板垣征四郎的日本和美國律師團，最終扭轉不利形勢，將這兩個罪大惡極的戰犯送上絞刑架。

東京審判是倪徵燠人生與事業的高峰，但不是唯一的。用東京審判大法官梅汝璈的兒子梅小璈的話來說，倪先生的後半生是享有 "剩勇"；中方檢察官向哲濬的兒子向隆萬說得更直白："倪先生的下半輩子很輝煌。"

從東京歸來後的 55 年，倪徵燠這位中國法學界泰斗級人物，到底經歷了怎樣的人生歲月？

憶審判：步步緊逼，把土肥原的律師和證人問得啞口無言

高　淵：你父親當年在家裏，會經常說起東京審判的往事嗎？

倪乃先：他講得很少，後來在海牙當法官的那幾年，他才慢慢跟我講一點。

我父親是蘇州人，他從小特別喜歡看公案戲（以清官辦案為主線的劇目），立志要學法，當一名清官。到了 1928 年，他從東吳大學法律系畢業，考進了美國史丹福大學，只用了一年就拿下了法學博士學位。現在想想，這個速度實在有點驚人。

回國之後，他先後去東吳大學、大夏大學教授國際法，還當律師，然後就去了南京的司法部工作，後來當過上海第一特區地方法院推事。1941 年太平洋戰爭爆發後，他一個人去了重慶，擔任過重慶地方法院院長。

高　淵：你父親不是第一批去東京的，他是去支援中國檢察組的嗎？

倪乃先：當時遠東國際軍事法庭審判日本戰犯，中方因為證據不足，難以使土肥原、板垣等十惡不赦的戰犯伏法，中方首席檢察官向哲濬回國求援，要求再派幾位得力的人去東京。

我父親是 1947 年春節後去東京的，他當時考察歐美法律體系剛回國不久，本來想靜心寫作的，但一聽到這件事，立刻就動身了，身份是中國檢察組首席顧問。

英美司法的特點是保護被告者，東京審判中的被告不僅有日本律師團，主導審判的美國還為被告指派了美國律師。我父親到達東京後，就和同事趕到日本前陸軍省檔案庫，以日本人自己保存的材料來指證他們的罪行。他還去當時的北平收集日軍罪證，找到當年被日本人謀殺的吳佩孚的夫人，拿到了第一手證據。

高　淵：後來當庭質詢土肥原賢二和板垣征四郎，都是你父親出庭的，為何是首席顧問走上前台發問？

倪乃先：我後來問過高文彬先生，他當時是中國檢察官辦事處秘書，

現在還健在。小高叔叔說，因為倪先生的思維各方面都跟得上，他的訴訟能力和技巧都擺在那兒的，他和向哲濬配合得非常好，最後是集體完成了庭審辯論。

還有一點，我父親是蘇州人。很多人都說，別看蘇州人說起話來軟軟的，但經常是綿裏藏針。

當時，我父親步步緊逼，把土肥原的律師和證人問得啞口無言。土肥原很狡猾，乾脆放棄了當庭親自辯護，就是想避免被我父親進一步盤詰。我父親想了一個辦法，決定在隨後板垣征四郎的庭審時，把兩個人的罪證一起提出。

我父親質問板垣，當年跟你一起商定軍事計劃的，是不是現在坐在被告席上的第幾排第幾人，板垣說是，這樣土肥原就逃不掉了。

父親晚年談起東京審判時，仍然很激動，他說：“如果不能拿住這兩個元兇的話，我們只能集體跳海了，就沒法回國見江東父老了！”

赴北京：被動調至外交部

高　淵：1956年，你父親迎來了人生的又一個轉折點？

倪乃先：對，當時外交部遇到一個事情，有一艘日本船在中國領海出沒，需要懂國際法的人一起參與處理。周恩來讓外交部推薦幾個人，經過一番評審以後，認為我父親的歷史比較清白，可以直接用，就決定調我父親去北京。

我聽他說，那天他正在同濟大學的食堂吃飯，學校人事部門的一個負責人過來跟他說，一會兒跟你談一下。我父親也不知道什麼事，想談一下就談一下。到了辦公室才知道，北京來調令，調他去外交部工作。記得是那年4月20日上的火車，今年正好是我們全家來北京的第60個年頭。

他為外交部寫了英美司法制度的考察報告，因為當時很多幹部不知道外國人怎麼處理案子的。另外他還帶年輕徒弟，同時接幾個案子，他跟交通部、司法部的人交往很多，大家一起商討案子，全部是涉外的。

高　淵：你父親在 1957 年的境遇怎麼樣？

倪乃先：那年春天，外交部和全國其他單位一樣，開展了整風運動。當時很多人在提意見時，都說得比較激動，尤其是被雪藏的那些人。我父親的發言還比較溫和，他在座談會上主要講了三個搶救，就是搶救人、搶救書和搶救課程，主要意思是要重視法制建設。隨後運動轉入了反右，但我父親還好沒被劃為右派，只是受到了批評。

這之後，他一直在外交部，工作受到的影響不大。應該說，中央和部委領導對他還是很尊重的。1958 年 8 月，他和周鯁生、劉澤榮兩位老專家一起，應召到北戴河面見毛澤東和周恩來，主要討論中國領海寬度和領海法律問題。

我父親他們幾個專家提議，一些發達國家以 3 海里為領海寬度，是因為他們想憑藉他們的實力侵犯其他國家的海洋資源，而我們作為發展中國家，領海寬度應該為 12 海里甚至更寬。這個意見被採納了，我父親也很受鼓舞。1959 年，外交部又推薦他擔任全國政協委員。

高　淵："文革"開始後情況怎麼樣？

倪乃先：跟社會上的很多知識分子相比，外交部的老專家們總體上還算幸運。當時，我父親沒有被抄家，還經常上班。

1969 年，大批幹部下放，我父親是當時外交部唯一留在部裏工作的老專家。他和條法司的三位幹部，一起組成了留守小組。

但當時覺得肯定要被下放的，我們全家還討論，如果我父親被下放後，我母親是跟著去，還是和我一起留在北京。直到那年 9 月的一天，我父親去火車站為去幹校的同事送行，當時的外交部部長喬冠華過來跟他說，過了國慶節蘇聯人要來談珍寶島的邊界問題，要他做個準備。我父親回來跟我們說，看來他不會被下放了。

高　淵：那幾年你父親除了上班，平時還做點什麼？

倪乃先：他沒事就去中科院地理所，去查中國領海中的島礁資料，把歷史和地理結合起來研究。

沒有領導讓他去做這個，他對這方面感興趣，可能覺得以後有用吧。後來參與國際海洋法討論的時候，這些東西都派上了大用場。

高　淵：外交部的人一直很尊重你父親嗎？

倪乃先：後來不少外交部的老同志，跟我講過這樣一件事。1970 年初，周恩來要求查看 1918 年美國對德國的封鎖令，必須在第二天上班時報給他。外交部圖書館留守小組一直找到當天深夜，也沒有找到。

這時候，有人突然想到我父親還留在北京，半夜來問他。我父親說，你們可以查查《美國國際法雜誌》。這份雜誌其實就在大家手邊，伸手一翻，立即找到了全文。他們說我父親真的就是手到擒來，不服不行。

高　淵：你父親正式復出是什麼時候？

倪乃先：我記得 1972 年初，我正在休產假，他忽然給我看了一張發票，中國照相館的護照照片發票。我很吃驚，說你要什麼護照？他說要去紐約開會。

他去參加“聯合國海底委員會”和隨後的海洋法會議，從這時候他又走出了國門，後來一年要出去好幾次。

高　淵：這是他 1949 年後第一次出國嗎？

倪乃先：是的。出發那天是 1972 年 2 月 22 日，就是美國總統尼克遜訪華的第二天，我們到了機場，還看到尼克遜的大飛機停在那兒。一起去的幾個年輕人跟我父親說，他應該請客。我們就在機場餐廳裏吃了頓飯，那時候外面吃飯都要糧票，機場餐廳不用。

他當時的身份是中國代表團法律顧問，有時候也叫高級顧問。後來中國代表團在紐約買辦公用房，還讓我父親幫著看看合同文本。

蒞海牙：“海牙國際法院法官之間鈎心鬥角的事情不多。”

高　淵：你父親是什麼時候當選為海牙國際法院法官的？

倪乃先：1984 年 11 月，第 39 屆聯合國大會上通過的。國際法院法官的任命，需要安理會和聯合國大會通過。

他是新中國成立以後國際法院的第一任中國法官。國際法院是聯合國的主要司法機關，1946 年在荷蘭海牙成立。國際法院的第一任中國法官，是當年國民政府外交部次長徐謨。

高　淵：推薦你父親當國際法院法官，當時有什麼不同意見嗎？

倪乃先：有些人也是好心，覺得我父親已經 79 歲了，又做過眼睛手術，怕他堅持不了。後來讓他帶一個學生去，作為他的助手。但我父親很多年來一直是辦案的人，他喜歡親力親為，自己動手幹。

高　淵：但他畢竟這麼大歲數了，生活上需要照料吧？

倪乃先：一開始是我母親陪著去的，但她也年紀大了，身體又不好。我父母半年後回國休假，父親跟我說，他有點堅持不了，問我能不能跟單位提一下，陪著他一起去？

我當時是北京市交通局副局長，我要向組織部門請假，到 1985 年 8 月份就去了海牙。當時請了一年假，沒想到在那裏待了八年半，直到 1994 年他卸任。

我在海牙主要是照料我父親的生活，我母親後來患肺癌，在海牙去世了。同時，還要幫我父親整理賬務。我父親的收入是聯合國支付的，但當時的規定是"實報實銷、結餘上交"，賬務挺複雜的，我是做企業管理的，這方面還懂一點。

另外，跟中國使館的聯繫工作也是我來做的，我可以參加使館的支部活動。我父親不去使館的，根據國際法院的規定，法官不能有政治背景，所以他出國前，連全國政協委員都辭掉了。

高　淵：你父親到任已年近八旬，是不是所有法官裏面年紀最大的？

倪乃先：剛到的時候，年紀最大的是蘇聯法官，他因為和戈巴卓夫意見不合，不久就卸任了。那以後，我父親成了年紀最大的，但從在國際法院的資歷來說，還是比較淺的，排在倒數第三。他們法官的座次都是根據年資排的。

高　淵：國際法院的總體氛圍怎麼樣？

倪乃先：國際法院首先講人事關係，相對來說不是那種劍拔弩張的，大家都很有修養。在探討問題的時候，經常會約在外面吃飯，先摸摸底，也是互相啟發。

另外，荷蘭政府和女王都會定期請這些法官吃飯，都是帶著家屬一起去的，大家都玩得挺好。鈎心鬥角的事情不多，意見擺在那兒，一致就一致，不一致就不一致。

高　淵：當時你父親跟誰的關係最好？

倪乃先：跟波蘭法官關係特別好，他為人很好，資歷深，學問高，是位猶太人。我們跟美國法官關係也很好，他也是猶太人，是約翰‧霍普金斯大學畢業的，是我母親的校友，他認我母親是師姐。跟其他國家的法官其實也都相處不錯。

高　淵：剛才你說到你父親的工資是聯合國支付的，收入情況怎麼樣？

倪乃先：那時候 15 位法官裏面有三種情況，一種是高於原來國內工資的，像中國、蘇聯、東歐都是這種情況；第二種是本來就在歐美的大學裏當教授，基本差不多；第三種是不如國內工資的，日本法官就是這種情況，他們政府還要給他發補貼。

高　淵：當時遇到過特別棘手的案子嗎？

倪乃先：一個是蘇格蘭洛克比空難，還有就是波黑共和國狀告南斯拉夫違反聯合國憲章，這兩個案子都挺緊張的，都集中在 1993 年，我父親卸任前一年。

高　淵：你父親當了 9 年法官，任期算長嗎？

倪乃先：有人連選連任當了 27 年。但我父親年紀大了，1994 年退休的時候，已經 88 歲了。

此前，他還當選了歐洲國際法研究院院士，這在國際法學界的地位是挺崇高的。這是終身制的，一共 108 人，必須去世或辭職才能遞補。我父親是1987 年當選了候補院士，1991 年成為正式院士。

97 年人生：要不是非典，他的生命還可以再延續下去

高　淵：你父親最後是患什麼病去世的？

倪乃先：他查出患癌症很久了，但最後的直接原因是肺炎。

在 1993 年 11 月，就是我們要從海牙回來的前幾個月，他發現尿血。但那邊的醫院都得預約，預約到檢查已經過去將近一個月了，確診是膀胱癌。

當時已經快到聖誕節了，我去請教當地一位華人醫生，是在荷蘭動手術還是回國再動？因為我們有荷蘭的醫療保險，完全可以在那裏治療。那位醫生建議回國動，因為可以中西醫結合治療。到 1994 年 2 月 7 日任期屆滿，我們 17 日就回國了，18 日我拉他到醫院，馬上就開了住院單。

我父親一開始很擔心，因為周恩來晚年就是這個病，他以為是很痛苦的。但治療以後，生活質量還是挺高的。這個病每三個月或半年檢查一次，如果看到它長出來，趕快燒掉就行，不致命。後來轉移到了前列腺，也能治，但要用激素。治療以後特別容易出汗，他受不了，就停止治療了。到 2003 年初的時候，發現再度轉移了。

高　淵：當時正值“非典”時期吧？

倪乃先：是的，那年要不是“非典”，他的生命還可以再延續下去。當時醫院裏找不到護工，護工都逃回家了，沒有辦法把他攙起來，只能躺在那裏插管子，後來是因吸入性肺炎去世的。

高　淵：在你的心目中，你父親是一個怎樣的人？

倪乃先：小時候因為和他聚少離多，我覺得他很嚴肅，是個嚴父。到了後來我發現不是，他很慈愛的，而且很有情趣和品位。

我父親一生清正，他在當國際法院法官時，聯合國發給他的工資，他不是都進自己口袋的，而是嚴格執行實報實銷，餘下部分全部上交，應該說數額挺可觀的。

在荷蘭的時候，當地華人社團過年舞獅，要請一位德高望重的人來點睛。他們一看我父親是中國法官，又是老人，就請他點睛。他很高興去點了，對方按規矩送了一份“利是”，弄得我父親很緊張，他說這怎麼可以，

讓人看到我一個中國法官在這兒收人錢，讓我一定要退回去。回國以後也是這樣，出去講課從來不肯收講課費，他就是潔身自好。

高　淵：所以他當年就說過，自己的官聲很好的。

倪乃先：20 世紀 30 年代的時候，他在上海當法官。他說，經常會有人來請託，有些親戚朋友也會受人之託，到家來說情送禮。他一聽就說，家裏不談公事，有事咱們到法院裏去談。所以，我們那些親戚朋友都說他官聲好，他自己說："我不吃'藥'的。"

高　淵：他有什麼興趣愛好？

倪乃先：他非常熱愛生活，最喜歡崑曲，自己還唱。晚年也很喜歡旅遊，喜歡到處看看。他絕對不囉唆，但該說的都會說。

高　淵：他自己怎麼看待他在東京審判中所起的作用？

倪乃先：我父親是個理性沉靜的人，但晚年只要說到東京審判，他都會激動落淚。

他在自傳中寫道："這場戰鬥，對我來說，是一場殊死戰，因為我受命於危難之際，當時已把自身的生死榮辱，決定於這場戰鬥的成敗。事後追憶，歷歷在目，既有酸辛苦楚，亦堪稍自告慰，有不可言喻之感慨。"

我的父親還是幸運的，在東京審判結束後的 55 年裏，他的法學專業學識依然有很大的用武之地。

後記

把天聊起來，聊下去

四年前，剛開始做"高訪"時，我曾做過一個夢。

好不容易約到一位"骨灰級"大佬，那天在他家客廳等了許久，他女兒帶我去臥室，路很長。我在老先生的床前坐下，他女兒發話："你採訪吧，但老人家身體欠安，只有五分鐘，現在開始計時。"我突然想起，事先擬好的採訪提綱忘了在客廳，跑回去拿肯定超過五分鐘。我只能硬著頭皮問："您今天午飯吃了什麼？"

醒來想想，如果真的問到中午吃啥，或許比問些缺乏新意的官樣問題更有意味。因為深度往往蘊藏於細節中。

這幾年，我把每次採訪當作一次聊天的機會。但和名人聊天，心中還是會有些忐忑，擔心準備工作做得不充分，無法真正做到平視。

平視是一種態度。與高端人物對話，最需要的就是平視。因為只有不仰視，不關注他們的頭銜，才能不卑不亢，才能更好地關注人和人性，才能讓他們說出真實的想法。這既是心態上的平等，對知識儲備也有較高的要求。

那次，我採訪中國復關入世第三任首席談判代表谷永江，他回憶起20世紀90年代中期在上海嘉定開的一次會，說到會議組織者是當時的機械工業部部長，但一時說不出名字。他拍著額頭感慨："你看這一上了年紀，連這麼熟的人的名字都忘了。"我說："是何光遠吧？"谷永江一拍大腿："對啊！"

接下來，他有問必答，主動跟我說了很多鮮為人知的細節，臨別還邀我以後來京去他家，繼續聽他講故事。

不過，平視還有一個更深層次的思考。正如白岩松跟我聊到的，不僅要平視人，還要平視社會。他說，平視社會意味著輿論監督走進中國的傳媒，尤其是電視。過去我們報道的社會生活，全是陽光燦爛的那 180 度，但是從《東方時空》開始，以及第二年誕生的《焦點訪談》，我們看到了生活中的另外 180 度，那裏可能有很多問題、缺點、腐敗等，這樣呈現的社會生活開始變得真實起來。

但說到底，平視只是表象，在它背後還有隱藏更深的理念。

我初當記者時，有位媒體前輩來給我們這些新記者上課，他說當記者一定要學會三樣東西：電腦、開車和外語。當時覺得有點難度，但時移世易，對於現在大學新聞專業的畢業生來說，應該已經不在話下了。

如果說這三樣本領是硬件的話，還應該有三個軟件：追求真實、崇尚理性與尊重常識。方漢奇先生說，媒體的核心屬性是真實性。那麼，追求真實、探究真相當然是媒體人的責任。同時，在這個眾聲喧嚷的時代，如何保持冷靜，理性地看待問題便顯得尤為重要。

最為基礎的，應該也是最為樸素的理念，就是尊重常識。尊重那些經過歷史驗證的思想，尊重先賢實踐得出的真知，尊重家中老人從小在耳邊嘮叨的規範。

限於篇幅，未能將這幾年做的"高訪"盡數收入本書，希望以後有機會再版時彌補。感謝三聯書店（香港）有限公司出版本書的繁體版。此外，雖然本書出版前我對所有訪談又做了一次校對梳理，但依然會有疏漏，期待讀者朋友們指正。

聊天是件有趣的事。只有把天聊起來，才是好的訪談。我期待，不僅把天聊起來，也要把天聊下去。

謝謝各位！

高　淵

2019 年 2 月 20 日

中國尋路者 訪談錄

著　　者	高　淵

責任編輯	許正旺
書籍設計	任媛媛

出　　版	三聯書店（香港）有限公司 香港北角英皇道 499 號北角工業大廈 20 樓 Joint Publishing (H.K.) Co., Ltd. 20/F., North Point Industrial Building, 499 King's Road, North Point, Hong Kong
香港發行	香港聯合書刊物流有限公司 香港新界大埔汀麗路 36 號 3 字樓
印　　刷	美雅印刷製本有限公司 香港九龍觀塘榮業街 6 號 4 樓 A 室
版　　次	2020 年 3 月香港第一版第一次印刷
規　　格	16 開（170mm×240mm）376 面
國際書號	ISBN 978-962-04-4561-3

© 2020 Joint Publishing (H.K.) Co., Ltd.

Published & Printed in Hong Kong

原書名：《中國尋路者：訪談錄》

作　者：高淵

本書經北京世紀文景文化傳播有限責任公司正式授權，同意經由三聯書店（香港）有限公司出版中文繁體字版本。